U0516001

权威·前沿·原创

皮书系列为
"十二五""十三五""十四五"国家重点图书出版规划项目

BLUE BOOK

智库成果出版与传播平台

大数据蓝皮书
BLUE BOOK OF BIG DATA

中国大数据发展报告 No.6

REPORT ON THE INNOVATIVE DEVELOPMENT
OF CHINA'S BIG BATA No.6

主　编／连玉明

执行主编／张　涛　龙荣远　宋希贤

社会科学文献出版社
SOCIAL SCIENCES ACADEMIC PRESS (CHINA)

图书在版编目（CIP）数据

中国大数据发展报告 . No. 6 / 连玉明主编 . --北京：
社会科学文献出版社，2022. 5
　（大数据蓝皮书）
　ISBN 978-7-5228-0017-2

　Ⅰ. ①中… 　Ⅱ. ①连… 　Ⅲ. ①数据管理-研究报告-
中国 　Ⅳ. ①F279. 23

中国版本图书馆 CIP 数据核字（2022）第 060681 号

大数据蓝皮书
中国大数据发展报告 No. 6

主　　　编 / 连玉明
执行主编 / 张　涛　龙荣远　宋希贤

出 版 人 / 王利民
组稿编辑 / 邓泳红
责任编辑 / 吴　敏
责任印制 / 王京美

出　　　版 / 社会科学文献出版社 · 皮书出版分社（010）59367127
　　　　　　地址：北京市北三环中路甲 29 号院华龙大厦　邮编：100029
　　　　　　网址：www. ssap. com. cn
发　　　行 / 社会科学文献出版社（010）59367028
印　　　装 / 天津千鹤文化传播有限公司

规　　　格 / 开 本：787mm×1092mm　1/16
　　　　　　印 张：23　字 数：342 千字
版　　　次 / 2022 年 5 月第 1 版　2022 年 5 月第 1 次印刷
书　　　号 / ISBN 978-7-5228-0017-2
定　　　价 / 128. 00 元

读者服务电话：4008918866

大数据战略重点实验室重点研究项目

基于大数据的城市科学研究北京市重点实验室重点研究项目

北京市哲学社会科学京津冀协同发展研究基地重点研究项目

北京国际城市文化交流基金会智库工程出版基金资助项目

大数据战略重点实验室成立于 2015 年 4 月，是贵阳市人民政府与北京市科学技术委员会共建的跨学科、专业性、国际化、开放型研究平台，是中国大数据发展新型高端智库。

大数据战略重点实验室依托北京国际城市发展研究院和贵阳创新驱动发展战略研究院，建立了大数据战略重点实验室北京研发中心和贵阳研发中心，建立了全国科学技术名词审定委员会研究基地、浙江大学研究基地、中国政法大学研究基地、上海科学院研究基地和中译语通多语种语言服务研究基地，形成了"两中心、五基地"的研究新体系和区域协同创新新格局。

大数据战略重点实验室研究推出的《块数据》《数权法》《主权区块链》"数字文明三部曲"是大数据理论发展新的里程碑，被誉为重构数字文明新秩序的三大支柱，在国内外具有较大影响。大数据战略重点实验室研究编纂出版的《数典：大数据标准术语体系》是全球首部全面系统研究大数据标准术语体系的多语种专业工具书，《大数据百科术语辞典》汉外对照系列丛书是全球首套系统研究大数据术语的多语种智能化专业辞典，获得全国科学技术名词审定委员会和联合国教科文组织国际工程科技知识中心的认可与推荐。

大数据战略重点实验室全国科学技术名词审定委员会研究基地是贵阳市人民政府与全国科学技术名词审定委员会共建的跨区域协同创新研究平台。基地充分发挥首都科技创新资源优势，依托全国科学技术名词审定委员会组建大数据战略咨询委员会，指导贵阳大数据发展理论研究和实践应用，研究、编纂和出版多语种对照《数典：大数据标准术语体系》和《大数据百科术语辞典》，开发"数典术语在线"平台，推进大数据名词的审定、发布和应用，建设成为国内一流水平和较大国际影响力的大数据科技术语研究中心。

　　大数据战略重点实验室浙江大学研究基地是贵阳市人民政府与浙江大学共建的跨区域协同创新研究平台。基地充分发挥浙江大学学科、专业、人才优势，研究、出版和翻译《主权区块链》理论专著，共建大数据金融风险防控重点实验室，研究开发大数据金融风险防控指数，开展大数据金融和互联网金融重大课题研究，建设成为国内一流水平和较大国际影响力的大数据金融风险防控理论研究中心、应用创新平台和人才培养基地。

　　大数据战略重点实验室中国政法大学研究基地是贵阳市人民政府与中国政法大学共建的跨区域协同创新研究平台。基地充分发挥中国政法大学的理论研究和学术创新优势，为国家大数据综合试验区建设提供法律智库服务，共建中国政法大学数权法研究中心和中国政法大学政法大数据研究中心，研究、出版和翻译《数权法》和"数权法译丛"，抢占数权法理论研究和应用研究制高点，委托开展大数据地方立法及大数据法律研究、培训和咨询服务，建设成为国内一流水平和较大国际影响力的大数据立法及大数据法律研究新型智库。

大数据战略重点实验室上海科学院研究基地是贵阳市人民政府与上海科学院共建的国际化开放型协同创新研究平台。基地充分发挥上海计算机软件技术开发中心的科技创新优势和联合国教科文组织国际工程科技知识中心（IKCEST）平台优势，共建大数据国际工程科技知识重点实验室，研究开发"数典云平台"，建设成为大数据开源开放动态数据库和世界通用语言的全球开放平台。

大数据战略重点实验室中译语通多语种语言服务研究基地是贵阳市人民政府与中译语通科技股份有限公司共建的跨区域协同创新研究平台。基地充分发挥中译语通多语种翻译资源和科技优势，推进以大数据标准术语体系为核心的跨语言翻译工程。推动"大数据多语种语言服务全球共享平台"建设，研究开发"丝路数典通"，建设成为面向全球各国特别是"一带一路"沿线国家的大数据多语种标准术语翻译服务平台。

大数据蓝皮书编委会

主编简介

连玉明　博士、教授。北京国际城市发展研究院院长。

2001 年，创办北京国际城市发展研究院，任北京市人民政府专家咨询委员会委员、京津冀协同发展研究基地首席专家、基于大数据的城市科学研究北京市重点实验室主任。曾担任北京 2008 年奥运功能区发展规划首席规划师、北京奥运中心区环境建设总规划师、北京奥运会残奥会奥运医疗卫生保障工作顾问。提出的"城市价值链理论"被誉为世界三大竞争力理论之一。代表作为《城市的觉醒》《城市的战略》《城市的智慧》"新城市主义三部曲"等。

2014 年，创办贵阳创新驱动发展战略研究院，任贵阳市委市政府首席战略顾问、大数据战略重点实验室主任、中国政法大学数权法研究中心主任。代表作为《块数据》《数权法》《主权区块链》"数字文明三部曲"和《大数据蓝皮书：中国大数据发展报告》（No. 1～No. 5）等。主编出版的《数典：大数据标准术语体系》和《大数据百科术语辞典》是全球首部全面系统研究大数据标准术语的多语种智能化专业工具书。

现为第十三届全国政协委员、提案委员会委员，第十一届、第十二届北京市政协委员，第十一届、第十二届、第十三届、第十四届北京市朝阳区政协副主席。荣获"北京市劳动模范""首都劳动奖章""北京市有突出贡献的科学、技术、管理人才"称号。

摘　要

2021年，世界百年未有之大变局加速演进，新兴技术发展叠加疫情因素，深刻改变了全球经济发展模式、社会生活方式、国际政治关系以及全球竞争格局。在十九届中央政治局第三十四次集体学习时，习近平总书记强调，要充分发挥海量数据和丰富应用场景优势，促进数字技术与实体经济深度融合，赋能传统产业转型升级，催生新产业新业态新模式，不断做强做优做大我国数字经济。面对抗疫非均衡、贸易保护主义抬头、数字安全与霸权等多重挑战，包括中国在内的世界各国，更加期待从数字科技创新、数字产业融合、数字社会重塑、数字政府建设、数字法治缔造与数字安全保护等方面谋求更多机会。本书在原有相关研究的基础上创新性构建数字竞争力指数、数字经济指数、数字社会指数、数字政府指数、数字法治指数与数字安全指数六大指数，对评价体系进行系统更新和局部创新，并结合权威统计数据，对2021年大数据各领域发展进行综合评估，以期系统研判大数据各领域发展效能与总体态势，为相关机构提供决策支持与研究借鉴。

数字竞争力指数篇聚焦数字创新能力、数字产业能力、数字治理能力、数字服务能力、数字安全能力五个方面构建数字竞争力指数，在进一步丰富指标层级与扩充数据来源的基础上，对G20国家和全球22个重要城市的数字化发展水平进行综合评估，深入分析各国或地区数字化发展的优势与不足，把脉全球数字化发展进程，为各国或地区全面提升数字竞争力提供有益参考。

数字经济指数篇从数字经济的理论框架出发，聚焦数据价值化、数字产

业化、产业数字化和治理生态化四个评价维度构建数字经济指数，围绕我国31个省级行政区和31个大中城市开展综合测评，旨在衡量和评估各地区在经济数字化转型发展过程中产生的竞争优势以及凭此优势带动其他领域发展的能力。同时，围绕数据要素的价值释放和数据资源开发利用，在系统分析相关现状和问题的基础上，提供了针对性路径建议。

数字社会指数篇以数字服务普惠度、数字生活便捷度和数字城乡宜居度作为三大支撑点，构建数据驱动的数字社会生态模型和指数框架，面向我国31个省级行政区开展综合评估，重在从发展规模、应用成效、可持续发展能力等方面客观反映各地区数字社会建设发展效能。此外，本篇还聚焦可信数字身份建构与治理及数字公民实践创新，探索了构建数字社会治理共同体的实现路径。

数字政府指数篇以治理现代化理论、新公共治理理论、技术治理理论为基本支撑，构建包含基础设施保障度、数据资源支撑度、数据应用融合度、政务服务完善度、治理效能提升度、社会公众满意度六大维度的数字政府指数框架，旨在客观呈现我国31个省级行政区数字政府建设进程及其成效，为地方政府数字化改革发展提供参考。同时，本篇面向政府及其领导者构建数字领导力的理论及评价模型，为深入理解与评估政府数字领导力提供了参考架构。

数字法治指数篇在全面梳理数字法治进展与数字法治因素的基础上，从数据立法、数字司法、数权保护三个维度构建数字法治理论模型及评估体系，综合评测我国31个省级行政区数字法治发展水平，以期为数字法治发展提供有效评估借鉴，助力各地区数字法治能力和水平提升。此外，本篇从立法进程、立法区域、立法模式及适应范围等方面系统分析了地方大数据立法的总体趋势，对比分析了地方立法的关键领域与特色亮点。

数字安全指数篇在全面梳理数字安全各领域发展态势的基础上，从安全制度、安全产业、安全能力、安全生态四个维度构建数字安全指数评价体系，系统呈现我国31个省级行政区的数字安全状况及其发展趋势，以期为各地数字安全制度构建、产业布局、能力提升和生态建设提供有益参考。同时，本篇对比分析了数据安全领域立法实践的国际发展格局，全面总结了我国《数据安全法》出台的现实意义和时代价值，提出了相应完善建议。

关键词： 数字竞争力指数　数字经济指数　数字社会指数　数字政府指数　数字法治指数　数字安全指数

走入数字经济与实体经济深度融合的大时代

当前，世界百年未有之大变局加速演进，新冠肺炎疫情起伏反复，国际环境错综复杂。与此同时，数字化浪潮汹涌而至，数字科技在政治、经济、文化等各个领域不断渗透，成为重组全球要素资源、重塑全球经济结构、改变全球竞争格局的关键力量，全球加速进入数字技术跃迁、经济范式转换、生产要素重置、治理模式变革的重要窗口期。

党的十八大以来，党中央审时度势、精心谋划，提出了实施国家大数据战略、建设数字中国的重大决策。国务院和相关部门先后印发《促进大数据发展行动纲要》《数字经济发展战略纲要》《大数据产业发展规划(2016—2020年)》等指导性文件，为大数据发展提供根本遵循。过去几年，我国大数据实现了跨越式发展，数字基础日益坚实，各类行业融合应用逐步深入，生态体系日趋完善，经历了从高速增长到中高速增长、从赋能生产到服务生活、从模式创新到技术创新等巨大转变，综合发展实力显著增强，国家大数据战略和数字中国建设逐渐走向深化。"十四五"时期，我国走向数字经济与实体经济深度融合的大时代，数字化进程进一步转向深化应用、规范发展、普惠共享的新阶段。

从锋芒初露到如今的格局初成，大数据的星星之火早已成燎原之势。数字中国指数（群）自2017年面世以来，采集517个指标，累计万余条数据，并陆续发布了20余份分析报告。通过指数构建与数据分析，数字中国指数（群）客观地反映国家、地区和城市大数据发展和建设的现状和特点，持续追踪大数据发展趋势，展示地区数字中国建设取得的成就

和存在的问题，为社会提供全面、系统、深入的大数据全景观测"风向标"。

一　从大数据到数字经济

近年来，大数据从单一的技术概念逐渐发展为新要素、新战略、新竞争力。大数据是信息技术发展的产物，在经历了以单机应用为主要特征的数字化阶段、以联网应用为主要特征的网络化阶段后，人类社会正在进入以"大数据+人工智能"跨领域深度融合为主要特征的智能化阶段，数据要素在更大范围、更深层次发挥作用，催生出新的经济范式——"数字经济"。

数字经济已成为世界各国抢抓发展新机遇、塑造国际竞争新优势的焦点，各国竞相制定国家发展战略、出台鼓励政策，国家战略布局和产业发展创新进入新高潮。美国发布数字经济议程、《美国全球数字经济大战略》，将发展大数据和数字经济作为实现经济繁荣和保持竞争力的关键。欧盟发布《欧盟数据战略》《2030 数字指南针：欧洲数字十年之路》等系列数字化转型规划，旨在加速引领数字时代的发展，全面提升在数字经济领域的竞争力。党的十八大以来，我国高度重视数字经济发展，将其上升为国家战略。党的十八届五中全会提出，实施网络强国战略和国家大数据战略，拓展网络经济空间，促进互联网和经济社会融合发展，支持基于互联网的各类创新。党的十九大提出，推动互联网、大数据、人工智能和实体经济深度融合，建设数字中国、智慧社会。党的十九届五中全会提出，发展数字经济，推进数字产业化和产业数字化，推动数字经济和实体经济深度融合，打造具有国际竞争力的数字产业集群。综合来看，各国的发展重心，从关注土地、人力、机器的数量和质量转移至数字技术、数字化发展水平，从物理空间加速向数字空间转移。

围绕以数据要素为核心的数字经济，大国间尤其是中美之间战略竞争态势更趋激烈。2020 年，中共中央、国务院发布《关于构建更加完善的要素市场化配置体制机制的意见》，将"数据"与土地、劳动力、资本、技术并列，作为新的生产要素，并提出"加快培育数据要素市场"。而美国在《联邦数据战略与 2020 年行动计划》中提出，"将数据作为战略资源开发"是其战略核心目标。由数字技术转向数据资产，成为中美两国的共同关注点，也带动了数字经济整体发展态势和未来趋势的重要变化。从大数据到数字经济，标志着我国正式进入数据红利大规模释放的新阶段。

二 从"大数据+"到"数智化×"

"大数据"作为一种概念和思潮由计算领域发端，之后逐渐延伸到科学和商业领域。近年来，大数据相关技术、产品、应用和标准快速发展，逐渐形成了覆盖数据基础设施、数据分析、数据应用、数据资源、开源平台与工具等板块的大数据产业格局，历经从基础技术和基础设施、分析方法与技术、行业领域应用、大数据治理到数据生态体系的变迁。与此同时，在"人机物"三元融合的大背景下，以"万物均需互联、一切皆可编程"为目标，数字化、网络化和智能化呈融合发展新态势。从"大数据+"到"数智化×"，数据作为新生产要素正日益发挥其乘数效应，以数据流引领技术流、物质流、资金流、人才流，打通生产、分配、流通、消费各环节，促进资源要素优化配置。"数智化"进程放大了数据要素的动力变革作用，加速国内国际、生产生活、线上线下的全面贯通，驱动管理机制、组织形态、生产方式、商业模式的深刻变革，为构建新发展格局提供支撑。

"数智化"的内部逻辑从"扩张逻辑"变为"深耕逻辑"，推动数字化整体进入深水区。有数据显示，数字经济的内部结构呈现出数字产业化占比逐年下降、产业数字化占比逐年提升的趋势，更强劲的增长动力来自产业数字化。从需求侧来看，数字化的落脚点正在下沉，数字化转型进入下一站。从供给侧来看，科技创新更需要"躬身入局、深水笃行"的定力和恒心。伴随数字化和科技创新步入产业深水区，创新者接受考验的链条、维度更多，需要把自身服务体系和客户业务机理环环咬合，既要面临产业内生的复杂性，又要面临技术突破本身的艰难性。

三 从大数据发展指数到数字中国指数群

数字化发展是一个技术创新扩散的过程，数字中国发展评估的目的之一在于引起大数据决策者、研究者和实践者对国内外大数据领域正在发生的关键性变化的关注。随着大数据的持续发展和对其认识的持续深入，数字化测度理论体系和模型框架得以不断拓展和调整，技术方法和数据支撑不断进步，而建立在这些基础之上的大数据发展指数也同步演进，构建了数字竞争力指数、数字经济指数、数字社会指数、数字政府指数、数字法治指数、数字安全指数六大指数体系，形成了数字中国指数群。数字中国指数群是一个涉及多主体、多维度、多要素、多活动的复杂系统，反映数字化转型、数字经济发展、社会服务创新、政府治理创新、数据立法进程和数据安全防范等方面的区域格局与影响因素。

面向"十四五"，新型网络建设、基础能力创新、数据价值凸显、信息技术赋能、数字规则重塑等新动能新机遇加速孕育突破，我国大数据将进一步迈向高质量发展阶段，但同时也面临着国际竞争实力仍然较弱、产业端融合深度不足、数据要素市场尚在探索、平台规范发展亟待加强、数据治理规则尚不健全等深层次问题，亟须在理论和实践的探索和学习中不断总结经验、开拓创新。数字中国指数群科学准确地呈现在整个经济社会运行过程中，大数据发展的全过程，是认识运行状况、完善运行机制、消解决策盲区的重要依据，是指导政府运用大数据技术和大数据思维有效应对和解决不断变化、日益复杂的公共问题的新理念新视角，是政策评价、量化评估数字经济、数字政府、数字社会创新应用的重要组成部分。希望通过数字中国指数群，从理论层面论证和说明数字化发展的理想形态，为数字中国建设提供长远参照；从实践层面全方位掌握当前各地数字化发展状况，有效识别出若干发展先驱省份和城市，为提高大数据效能规划路径；从操作层面设计数字化转型的技术路线图，为下一阶段固优势、补短板、强弱项提供依据。

目　录 ⌐弓

Ⅰ　数字竞争力指数篇

Ⅱ　数字经济指数篇

Ⅲ　数字社会指数篇

Ⅳ 数字政府指数篇

Ⅴ 数字法治指数篇

Ⅵ 数字安全指数篇

Ⅶ 附录

皮书数据库阅读**使用指南**

数字竞争力指数篇

Global Digital Competitiveness Index

B.1

数字全球化与 G20国家数字
竞争力指数研究

摘　要： 当前，全球新冠肺炎疫情起伏反复，深刻改变了全球经济发展模式、社会生活方式、国际政治关系以及全球竞争格局。与此同时，全球数字变革加速推进，数字经济逆势增长，数字化转型成为世界各国应对新冠肺炎疫情冲击的重要选择。随着数字全球化的持续发展和对其认识的持续深入，课题组对 G20 国家数字竞争力指数同步进行了拓展和调整，以期呈现 2021 年数字化进程的新特点和新趋势。

关键词： 数字全球化　G20 国家　数字竞争力

一　后疫情时代：通过数字化实现转型复苏

2021 年，世界百年未有之大变局加速演进，新兴技术发展叠加疫情因

素，推动经济社会运转方式发生转变。疫情期间，全球多领域数字化进一步提速，共享经济、平台经济覆盖领域不断拓宽，数字经济新业态和新模式持续涌现，并成为产业转型和全球经济恢复的主要动力。疫情冲击下，面对经济恢复、国际格局重塑等挑战，主要国家纷纷加快战略调整，聚焦数字化转型，培育竞争新优势，提高国际竞争力。

（一）数字基础设施高速泛在化，"新型数字鸿沟"受关注

疫情期间，数字设备成为人们工作生活的重要连接器，各国普遍意识到加快基础设施建设的必要性和紧迫性。国际电信联盟（International Telecommunication Union）的《衡量数字化发展：2021 年事实与数字》（*Measuring Digital Development Facts and Figures 2021*）显示，全球互联网用户数量从 2019 年的 41 亿猛增到 2021 年的 49 亿。其中，2020 年互联网用户量增长率为 10 年来最高，达 10.2%。贫困、教育程度低、缺乏数字设备，以及缺乏数字技能和认知成为人们被数字化排斥在外的重要原因，全球数字鸿沟逐步由"接入鸿沟"[①] 向"能力鸿沟"[②] 演变，全民数字素养与技能日益成为国际竞争力和软实力的重要指标。2020 年 9 月，欧盟发布《数字教育行动计划（2021—2027 年）》（*Digital Education Action Plan 2021-2027*），将提高数字化转型的数字技能和能力作为重点战略。2021 年 11 月，中国发布《提升全民数字素养与技能行动纲要》，提出"要把提升全民数字素养与技能作为建设网络强国、数字中国的一项基础性、战略性、先导性工作"。此外，英国伦敦发布《数字包容创新计划》（*Digital Inclusion Innovation Programme*），提出"到 2025 年，实现每个伦敦人都具备基本的数字技能，并为他们提供上网所需的设备或支持"的目标。

---

① "接入鸿沟"是指一部分人可以接入数字技术而另一部分人无法接入数字技术所导致的在信息可及性层面的差异。

② "能力鸿沟"是指近年来随着生产生活的数字化水平不断提升，数字技术逐渐成为一种通用技术，数字化生存成为现实，这一阶段的数字鸿沟不再局限于数字技术的发展和使用层面，而是体现为不同群体在获取数字资源、处理数字资源、创造数字资源等方面的差异。

（二）全球经贸数字化加速，数字经济有效应对疫情冲击

面对突袭而至的疫情，数字化新业态新模式蓬勃发展，网上购物、在线教育、远程办公广泛应用并成为常态。同时，全球产业数字化转型加速推进，催生出无人工厂、工业机器人等制造业数字化生产新方式，在减少人员流动、降低疫情传播风险、满足人们生产生活需求、稳定经济增长等方面做出了重要贡献。各国深刻认识到数字经济在推动传统产业转型升级、培育发展新动能等方面的重要作用，并结合自身特点探索各自的数字经济发展道路。2021 年 2 月，美国信息技术与创新基金会（Information Technology and Innovation Foundation）发布《美国全球数字经济大战略》（*A U. S. Grand Strategy for the Global Digital Economy*），提出美国政府必须制定全面、宏大的战略以指导美国 IT 和数字发展，维护其全球数字经济领导地位。2021 年 2 月，欧盟发布《塑造欧洲的数字未来》（*Shaping Europe's Digital Future*）、《欧盟数据战略》（*European Data Strategy*）等重要数字战略，意在建立新的数字空间框架，使欧盟成为全球数字经济及创新应用领域的引领者。同年 3 月，欧盟发布《2030 数字指南针：欧洲数字十年之路》（*2030 Digital Compass：The European Way for the Digital Decade*），提出欧盟未来数字经济发展的具体目标与实现路径。

数字贸易作为数字时代的重要贸易方式，在疫情期间为全球经济活动运行注入新动能。为防控疫情，许多国家陆续采取旅行限制以及港口关闭等举措，数字贸易逐渐成为各国企业的重要选择。2020 年，全球数字服务贸易规模达 3. 16 万亿美元，占服务贸易的比重大幅提升至 63. 6%，相比上年提高 11. 8 个百分点，增幅超过过去 10 年的总和。[①] 与此同时，数字贸易规则博弈激烈，部分"赢家通吃""一家独大"的现象从国内拓展到国际，如何对超大型跨国平台进行监管成为各国关注的焦点。

---

① 中国信息通信研究院：《全球数字治理白皮书》，http://www.caict.ac.cn/kxyj/qwfb/bps/202112/t20211223_394423.htm，2021 年 12 月 23 日。

（三）在线服务覆盖面扩大化，数字抗疫成为数字化服务重点

新冠肺炎疫情冲击了传统的线下治理方式和手段，数字化手段成为政府防控疫情、供给服务的重要方式。一方面，大规模筛查、社交距离监控等防疫要求有赖于数字化、智能化应用；另一方面，数字化治理提升政府服务效率，有效减少人群聚集及接触。各国不断更新优化电子政务服务系统，及时向公众和医疗工作者提供准确的防控疫情相关信息，同时与平台提供者等其他利益相关方合作，不断尝试数字服务新做法、新举措，进一步深化数字政府创新实践。一是从一体化平台信息公开到多平台信息共享。在新冠肺炎疫情期间，各国的信息共享举措不再局限于传统的信息公示，而是分成提供信息、监控和建立专门的防控新冠肺炎疫情门户平台三类。防控疫情应急信息需求激发数字应用的出现，中国推出"健康码"（疫情防控健康码系统），实现流动人员的健康信息采集和核验，推动复工复产。二是在线服务的覆盖面不断扩大，服务水平明显提升。2020 年，至少提供一种在线事务服务的国家和地区数量从 2018 年的 140 个增加到 2020 年的 162 个，提高了 16%。通过短信服务或移动应用程序提供最新信息的国家数量与 2018 年相比平均增加了 38%，是通过订阅提供最新信息的国家数量的两倍。① 三是多国政府积极平衡疫情防控需求和个人隐私保护，推动移动应用的基础服务转向基于用户自愿的数据监测。新冠肺炎疫情在全球快速蔓延，各国对新冠肺炎疫情的本土防控需求不断增加，用于开发接触者追踪应用程序的数字技术，能够让政府和公民了解感染病例数量，追踪感染者的密切接触者以减缓病毒传播。移动设备作为公民随身物品，在新冠肺炎疫情期间被赋予了定位、接触锁定、社交距离监测、核酸报告提取等新的重要功能。

（四）全球多个数字议题常态化，国际数字规则制定竞争激烈

全球数字治理新问题新议题不断涌现。随着数据流动、人工智能、数字

---

① 联合国：《2020 年联合国电子政务调查报告》，https：//publicadministration. un. org/egovkb/en-us/Reports/UN-E-Government-Survey-2020，2020 年 7 月 10 日。

贸易等议题的兴起，二十国集团（Group of 20）、经济合作与发展组织（Organization for Economic Cooperation and Development）、亚太经济合作组织（Asia-Pacific Economic Cooperation）等国际组织均已常设数字议题，涉及数字技术发展、监管、治理、安全等多方面。个人信息保护渗透人工智能新业态新应用监管规则，美欧明确禁止企业在公共场所使用人工智能识别个人特征。数字平台权责成为数字贸易规则体系建立中的重要关注点，各国纷纷探索"数字守门人"制度。此外，全球数字税收规则取得历史性突破，2021年 10 月，G20/OECD 包容性框架第十三次全体成员大会发布的《关于应对经济数字化税收挑战双支柱方案的声明》（*Statement on a Two-Pillar Solution to Address the Tax Challenges Arising from the Digitalisation of the Economy*），对完善多边框架下的数字税收规则具有里程碑意义。

表 1　全球主要国际组织常设数字议题情况

常设数字议题		国际组织					
		WTO	G20	OECD	G7	APEC	一带一路
1	人工智能		√	√	√		√
2	区块链		√				
3	加密资产		√	√			
4	宽带/数字基础设施		√			√	√
5	消费者政策		√	√	√	√	
6	数字经济		√	√	√	√	√
7	数字政府		√	√			√
8	数字税		√	√			
9	数字隐私					√	
10	跨境贸易/电子商务	√	√		√		

资料来源：中国信息通信研究院：《全球数字治理白皮书》，http://www.caict.ac.cn/kxyj/qwfb/bps/202112/t20211223_394423.htm，2021 年 12 月 23 日。

多边机制下的数字制度竞争面拓宽。欧盟力图重塑"规则影响力"，主动深化数字领域的全球合作。2021 年 9 月，欧盟正式发布《欧盟印太合作战略报告》（*The EU Strategy for Cooperation in the Indo-Pacific*），提出要与日

本、新加坡等国家达成新的数字伙伴协定，加强与印太伙伴在科学技术、数字治理等方面的合作，推动数字合作伙伴关系规范化、制度化、稳固化。美国致力于强化与欧洲及亚太地区盟友合作，共同推动数字治理新规则、新标准的制定。2021年4月，美国与日本建立"美日全球数字连接通伙伴关系"（The Japan-U. S. Global Digital Connectivity Partnership），加强多边论坛合作，促进两国数字经济发展和安全连接，提升数字竞争力。9月，美国与欧盟成立"贸易和技术委员会"（Trade and Technology Council），致力于贸易壁垒消除、技术标准制定和关键技术创新，推动美欧在数字领域的协同发展。

（五）全球数字安全风险多元化，数字安全政策法规持续深化

疫情突袭而至，随着远程办公、线上支付等远程协作模式的普及，全球数据泄露风险和范围越来越大，数字安全形势愈发严峻，各类APT攻击事件、勒索挖矿事件、数据泄露事件、漏洞攻击事件频发。美国威瑞森通信（Verizon）的研究显示，2020年全球数据泄露数量及其严重性创历史新高，确认的数据泄露事件达到5258起，较2017年增长137%。[①]

面对数字安全方面的严峻态势，各国不断完善数字安全战略布局。2020年起，欧盟发布了《可信和网络安全的欧洲》（A Trusted and Cyber Secure Europe）、《数字时代的欧盟网络安全战略》（The EU's Cybersecurity Strategy for the Digital Decade）等一系列政策，以期增强数字基础设施韧性，强化技术主权并推进全球网络空间开放合作。2021年，中国正式发布《中华人民共和国数据安全法》《中华人民共和国个人信息保护法》，明确数据安全和个人信息保护领域的相关制度，规范数据及个人信息处理活动。2021年10月，新加坡政府发布《网络安全战略2021》（The Singapore Cybersecurity Strategy 2021），提出建设弹性的基础设施、创建安全的网络空间、强化国际网络空间规范与合作等战略举措。

---

① 中国信息通信研究院：《全球数字经济白皮书——疫情冲击下的复苏新曙光》，http：//www. caict. ac. cn/kxyj/qwfb/bps/202108/t20210802_ 381484. htm，2021年8月2日。

二 全球数字竞争力指数的构建

（一）数字竞争力评估与模型

1.数字竞争力评估

新冠肺炎疫情全球蔓延，国际经济社会格局发生深刻调整，数字经济在面临新要求的同时也面临新的发展机遇，数字化深刻影响着各国经济转型发展的方式和效率，赋予了国家竞争力更加丰富的内涵。各国的发展战略重心从物理世界的资金、土地、能源扩展至数字世界。通过对数字资源的配置整合和开发利用，一国的科技实力、经济实力乃至综合国力将快速提升。数字竞争力评价能反映国家或地区在数字化发展过程中创造和保持竞争优势的基础和能力，以及凭此优势带动其他领域发展的能力。[1] 随着全球数字化转型的不断深入，数字竞争力的内涵也在不断调整和丰富。数字竞争力的优势不只局限在数字技术本身，而是在很大程度上体现为数字技术与其他领域的融合，以及数字创新驱动经济社会各方面的进步和变革。

2.数据价值链竞争理论模型

新一轮科技创新给全球经济社会带来了新的变革，数字世界和现实世界深度融合，数据与技术、物资、资金、人才、服务等要素资源加速流动，进一步推动价值链各环节优势资源转换，激发全社会创造力和市场活力，带动经济社会系统性的转型升级，并形成数字创新能力、数字产业能力、数字治理能力、数字服务能力、数字安全能力五方面的新优势。这些优势相互影响和支撑，并形成以数字创新能力为基础，数字安全能力为保障，数字产业能力、数字治理能力和数字服务能力为核心的数字竞争力体系。

（二）G20国家数字竞争力评价指标体系

国家数字竞争力涉及多层次、多维度要素。其中，数字创新能力、数字

---

[1]　连玉明主编《大数据蓝皮书：中国大数据发展报告 No.4》，社会科学文献出版社，2020。

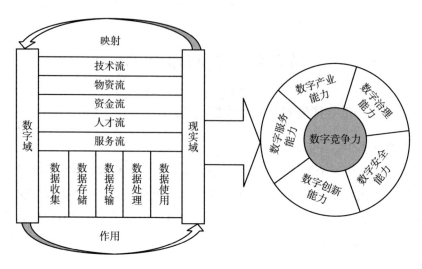

图 1 数据价值链竞争理论模型

产业能力、数字治理能力、数字服务能力、数字安全能力是组成数字竞争力的五大核心能力，共同描绘出一个国家数字竞争力的全貌。

表 2 G20 国家数字竞争力评价指标体系

一级指标	二级指标	三级指标	数据来源
数字创新能力	数字投资	研发经费 GDP 占比	世界银行 WDI 数据库
		知识产权使用费	世界银行 WDI 数据库
		专利申请数	《世界知识产权指标报告 2021》
	数字人才	R&D 研究人员数	世界银行 WDI 数据库
		人才竞争力指数	《全球人才竞争力指数 2021》
		数据工程师数量	《全球人工智能人才报告 2020》
	数字基建	互联网普及率	国际电信联盟数据库
		固定宽带订阅量	国际电信联盟数据库
		超级计算机 500 强数量	《全球超级计算机 500 强榜单》
数字产业能力	新经济	数字经济规模	《全球数字经济白皮书——疫情冲击下的复苏新曙光》
		电子商务收入	Statists 数据库
	新金融	数字支付交易额	Statista 数据库
		智能投资交易额	Statista 数据库
		替代性贷款交易额	Statinta 数据库

一级指标	二级指标	三级指标	数据来源
数字治理能力	新贸易	信息与通信技术产品出口占比	世界银行 WDI 数据库
		全球数字贸易促进指数	《全球数字贸易促进指数分析报告 2020》
	治理基础	网络治理能力	《世界互联网发展报告 2021》
	数字参与	电子参与指数	《2020 年联合国电子政务调查报告》
	在线服务	在线服务指数	《2020 年联合国电子政务调查报告》
数字服务能力	企业服务	数字广告支出	Statista 数据库
	个人服务	数字媒体市场规模	Statista 数据库
		电子阅读普及率	Statista 数据库
		智能家居普及率	Statinta 数据库
	社会服务	电子服务市场规模	Statista 数据库
		数字健康市场规模	Statista 数据库
数字安全能力	制度安全	数字安全法律法规	公开资料收集
		数字安全战略组织	《全球网络安全指数 2020》
	设施安全	安全互联网服务器	世界银行 WDI 数据库
	技术安全	数字安全技术水平	《全球网络安全指数 2020》

（三）2021年 G20国家数字竞争力指数

根据综合测度，2021 年 20 个 G20 国家[①]数字竞争力指数得分与排名，以及分指数测评结果及排名情况如表 3 所示。2021 年 G20 数字竞争力总体水平较 2020 年略有提升，2021 年数字竞争力总体平均分略高于 2020 年。从国家来看，中美依然是 G20 数字竞争中的"领头羊"，2021 年数字竞争力综合得分分别为 68.41 和 80.26，均高于上年得分。但也有部分国家受疫情影响较大，数字化转型停滞，如阿根廷、南非等 2021 年数字竞争力综合得分均大幅度落后于上年。

---

① 考虑到欧盟成员国与 G20 中的 20 方存在重叠，课题组重点选取中国、阿根廷、澳大利亚、巴西、加拿大、法国、德国、印度、印度尼西亚、意大利、日本、韩国、墨西哥、荷兰、俄罗斯、沙特阿拉伯、南非、土耳其、英国、美国 20 个具有代表性国家的数字竞争力情况进行量化分析。

表 3　2021 年 G20 国家数字竞争力指数评价结果

排名	国家	总指数	数字创新能力	数字产业能力	数字治理能力	数字服务能力	数字安全能力
1	美国	80.26	14.05	12.49	18.83	15.16	19.73
2	中国	68.41	12.60	13.74	17.06	14.99	10.03
3	韩国	48.01	9.04	6.95	17.25	3.59	11.18
4	英国	46.23	7.80	3.94	17.21	5.53	11.76
5	日本	45.10	9.32	5.60	14.83	4.37	10.99
6	荷兰	39.39	9.17	4.05	13.59	2.39	10.19
7	加拿大	37.71	7.25	3.46	13.18	3.34	10.47
8	澳大利亚	36.12	6.42	3.10	13.33	3.05	10.22
9	法国	35.25	6.91	3.08	12.40	2.01	10.86
10	德国	34.54	8.37	4.15	7.33	2.89	11.80
11	俄罗斯	27.60	4.47	0.66	11.18	0.93	10.36
12	意大利	23.23	4.16	1.81	8.04	1.51	7.72
13	土耳其	22.89	2.93	1.73	8.86	0.32	9.05
14	巴西	22.69	3.09	0.22	9.63	0.78	8.96
15	印度	22.36	1.40	1.07	9.50	1.17	9.21
16	墨西哥	18.61	2.12	3.71	5.36	1.13	6.30
17	沙特阿拉伯	18.05	4.65	1.26	1.87	0.78	9.48
18	印度尼西亚	14.21	0.92	0.93	2.43	1.16	8.76
19	阿根廷	11.96	3.21	0.03	7.53	0.88	0.30
20	南非	9.11	1.50	0.14	3.36	0.27	3.83
平均分		33.09	5.97	3.61	10.64	3.31	9.56

三　2021 年 G20 数字竞争力发展态势

新冠肺炎疫情突袭而至，各国纷纷将数字技术和创新作为经济复苏和可持续发展的关键推动力。2021 年 8 月 5 日，二十国集团数字部长会议在德国的里雅斯特（Trieste）举行。在前期会议成就和承诺的基础上，会议强调了新冠肺炎疫情对全球经济、就业和社会福祉的影响，并通过了《G20 数字部长宣言：数字化促进韧性、强劲、可持续和包容性复苏》（*Declaration of G20 Digital Ministers：Leveraging Digitalisation for a Resilient，Strong，Sustainable and Inclusive Recovery*），提出了加速数字化转型的 12 项行动①。

（一）梯队发展：连续三年"2+8+10"，中美尤为突出

2019~2021 年，G20 各国数字竞争力水平差异较大，总体呈现"2+8+10"梯队发展态势。第一梯队包括美国和中国，连续三年列 G20 数字竞争力指数总排名前两名。尤其是美国，在数字创新、数字安全等多个领域处于 G20 乃至全球领导地位。第二梯队包括韩国、英国、日本、荷兰、加拿大、澳大利亚、法国和德国 8 国，该梯队内部竞争最为激烈，内部平均相邻指数分差约为 1.92，互相之间的差距较小，三年内部排名频繁波动。德国在数字化方面起步早，但后续发展迟滞，数字竞争力指数排名从 2019 年的第 7 名跌落至 2021 年的第 10 名。第三梯队包括俄罗斯、意大利、土耳其、巴西、印度、墨西哥、沙特阿拉伯、印度尼西亚、阿根廷和南非 10 国，其中大部分国家仍处于数字化转型初期，2021 年该梯队数字竞争力指数平均得分为 19.07，大幅度落后于前两个梯队（第一梯队平均分为 74.34，第二梯队平均分为 40.29）。

（二）先发优势：发达和高收入国家数字转型能力更强

整体来看，经济发展水平相对较高的国家资本、技术占优，在数字转型中具有明显的先发优势。而大部分新兴市场和发展中国家、中高收入国家等则刚刚进入数字转型初期，蕴含着巨大发展潜力。按国际货币基金组织

---

① "12 项行动"包括：生产中的数字化转型以实现可持续增长，利用值得信赖的人工智能促进 MSME 的包容性提升和初创企业的推广，数字经济的衡量、实践和影响，全球数字经济中的消费者意识和保护，数字环境中的儿童保护和赋权，鼓励智能城市和社区的创新，连通性和社会包容性，具有信任和跨境数据流动的数据自由流动，公共服务数字工具，数字身份，敏捷监管，将工作组转变为常设工作组。

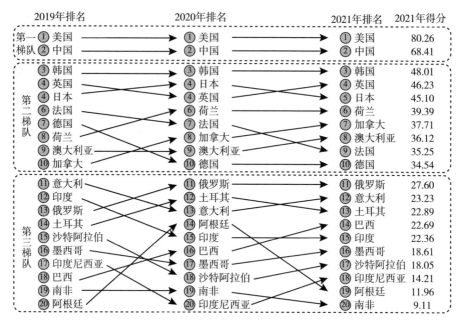

图 2　2019～2021 年 G20 数字竞争力指数排行榜

（International Monetary Fund）的发达经济体标准，本研究测算的 20 个 G20 国家中，有 10 个发达国家、10 个新兴市场和发展中国家。① 其中，G20 发达国家数字竞争力平均值（42.58）是 G20 新兴市场和发展中国家平均值（23.59）的 1.81 倍。按世界银行（World Bank）的国家收入组别标准，② 本研究测算的 G20 国家可分为高收入（High Income）、中高收入（Upper-middle Income）、中低收入（Lower-middle Income）三类。其中，G20 高收入 11 国数字竞争力平均值为 40.35，是 G20 中高收入 7 国平均值（25.90）的 1.56 倍、中低收入 2 国平均值（18.28）的 2.21 倍。与此同时，也应看到，中国虽归为新兴市场和发展中国家、中高收入国家，但其数字转型水平高于大部分发达国家和高收入国家。

---

① 按国际货币基金组织的发达经济体标准，测算国家中，美国、韩国、英国、日本、荷兰、加拿大、澳大利亚、法国、德国、意大利 10 个国家为发达国家，其余国家为新兴市场和发展中国家。

② 为反映不同国家的国民收入状况、消费能力等差异，世界银行将各国划分为高收入国家、中高收入国家、中低收入国家及低收入国家。

表 4　2021 年 G20 高收入国家、中高收入国家、中低收入国家数字竞争力指数比较

高收入国家 （High Income）		中高收入国家 （Upper-middle Income）		中低收入国家 （Lower-middle Income）	
美国	80.26	中国	68.41	印度	22.36
韩国	48.01	俄罗斯	27.60	印度尼西亚	14.21
英国	46.23	土耳其	22.89		
日本	45.10	巴西	22.69		
荷兰	39.39	墨西哥	18.61		
加拿大	37.71	阿根廷	11.96		
澳大利亚	36.12	南非	9.11		
法国	35.25				
德国	34.54				
意大利	23.23				
沙特阿拉伯	18.05				
平均值	40.35	平均值	25.90	平均值	18.28

（三）创新驱动：欧美人才储备雄厚，中国新基建领先

当前新一轮科技创新给全球经济社会带来了新的变革，全球创新版图正在重构，数字创新以其先导性和强渗透性，已成为数字经济时代国家提升竞争优势的重要动力源。数字竞争力强的国家的数字创新能力都不弱，如美国、中国数字创新能力得分均超过 12，韩国、日本、荷兰的数字创新能力得分均超过 9。

中国在数字投资和数字基建方面具有优势，美国、荷兰和英国在数字人才方面占据优势。从数字投资来看，疫情大环境中 G20 各国均不断加大数字创新投入。2020 年，中国知识产权使用费达 377.81 亿美元，仅低于美国（429.84 亿美元）和荷兰（427.68 亿美元），约是墨西哥（3.29 亿美元）的 115 倍、南非（11.98 亿美元）的 32 倍。[①] 而在专利申请方面，2020 年中国专利申请数（1497159 件）是美国（597172 件）的 2.51 倍、荷兰

---

① 数据来源于世界银行数据库。

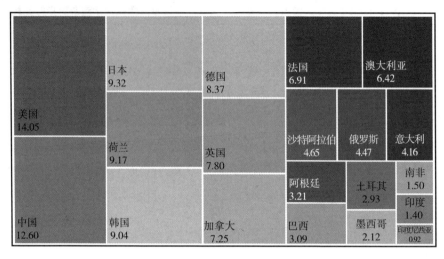

图3　G20国家数字创新能力得分

（3023件）的495.26倍。从数字基建来看，加快以5G为代表的新型基础设施建设是中国关注的重点，中央层面多次部署与"新基建"相关的任务。2020年，中国固定宽带用户达48355万人，居G20第一。截至2021年6月，中国5G基站总数达96.1万个，占全球的70%以上。与此同时，中国高性能计算机快速发展，已达到国际先进水平。据最新的TOP500全球超级计算机榜单，中国超级计算机数量占比高达42%，远超其他国家。从TOP10来看，中国超级计算机"神威太湖之光"和"天河2A"分别列榜单第4位和第7位。从数字人才来看，欧美人才基础雄厚，美国数字人才突出。据《全球人才竞争力指数2021》（*The Global Talent Competitiveness Index 2021*），美国、荷兰、澳大利亚、英国、加拿大、德国和法国人才竞争力指数均接近或超过70，而中国人才竞争力指数仅为57.17。据《全球人工智能人才报告2020》（*Global AI Talent Report 2020*），美国数据工程师数量达29000人，约是中国数据工程师数量（3600人）的8.06倍，值得一提的是，印度数据工程师数量约9700人，超过中、英等国，居G20第二。

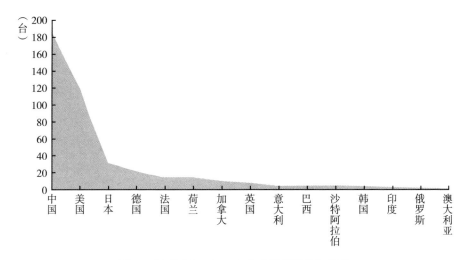

图 4　主要国家 TOP500 全球超级计算机数量

（四）产业韧性：中、美、德三国数字经济规模占比约七成

数字产业加快向其他产业渗透，并展现出顽强的韧性，成为各国应对新冠肺炎疫情冲击、加快经济社会转型的重要选择，并驱动催生了新经济、新金融、新贸易。2020 年，美国数字经济在全球独占鳌头的地位依然稳固，中国则在电子商务、数字支付等方面积极探索。从 G20 数字产业能力来看，中国数字产业能力得分为 13.74，略高于美国（12.49）。而 G20 国家数字产业能力平均得分仅为 3.61，仍有很大发展空间。

美国、中国和德国数字经济规模连续两年位列 G20 前三，2020 年分别达 135997 亿美元、53565 亿美元和 25398 亿美元，三国数字经济规模之和约占 G20 数字经济规模的 69%。美国数字经济发展依然全球领先，全球市值排名前十的公司中有 7 家是美国公司（见表 5）。但是中国数字经济的快速崛起对美国构成了巨大的竞争压力。2020 年，中国数字经济同比增速达 9.6%，为 G20 中增速最快的国家。

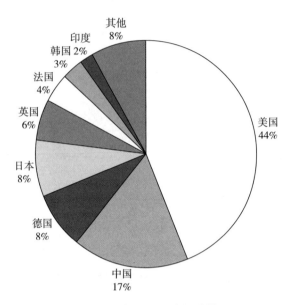

图 5　2020 年 G20 数字经济情况

表 5　全球市值最高的十家数字经济公司

公司名称	市值（亿美元）	主营业务	国家和地区
苹果	16200	智能终端	美国
微软	15800	软件和云服务	美国
亚马逊	15000	电子商务和云服务	美国
谷歌	10200	网络搜索	美国
脸书	6862	在线社交	美国
腾讯	6490	在线社交	中国
阿里巴巴	6345	电子商务和云服务	中国
台积电	3148	芯片代工	中国台湾
特斯拉	2577	智能电动汽车	美国
英特尔	2468	芯片设计	美国

注：数据截至 2020 年 7 月 8 日。

资料来源：王滢波：《美国数字经济发展报告（2021）》，载《全球数字经济竞争力发展报告（2021）》，社会科学文献出版社，2022。

线上经济的繁荣推动移动支付等新兴支付方式逆势增长，数字支付成为更多消费者的选择。Statista 数据显示，中国数字支付交易额达 28924.94 亿

美元，占 G20 数字支付交易额的 48.22%。印度数字支付交易额达 1392.61
亿美元，排名第八，超过加拿大、澳大利亚等发达国家。此外，新冠肺炎疫
情期间，数字贸易增速超过普通货物贸易，中国、韩国信息和通信技术
（ICT）产品出口占比分别达 26.5% 和 25.8%。与此同时，各国积极完善数
字贸易营商环境相关政策法规。继法国、英国开征数字服务税之后，印度、
印度尼西亚等发展中国家也于 2020 年相继发布了各自的数字服务税收政策。
美国、欧盟、日本等发达经济体在市场开放和准入方面更关注电信和计算及
服务的开放承诺，相比之下，阿根廷等国则更关注开放政策的灵活性和包容
性，以便其可以自由选择市场开放程度和开放时间表。

（五）社会服务：进入数字化新常态，各国发展差距较大

新冠肺炎疫情加剧了经济不确定性，加速数字服务常态化。联合国教科
文组织的调查显示，疫情期间，世界各地学校的教学秩序受到严重影响，高
峰期 91% 的全球学生被迫选择线上听课或学习。与此同时，大型线下活动停
摆，数字内容消费加速，视频、音乐、游戏等用户订阅服务数量持续增长。
2020 年，全球可穿戴设备出货量为 4.447 亿个，同比上升 28.4%。

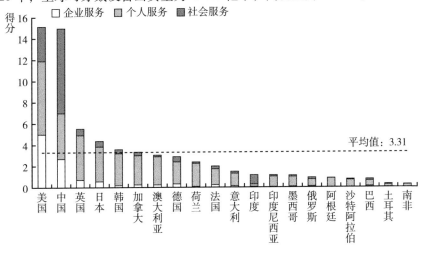

图 6　G20 数字服务能力得分

从 G20 来看，美国和中国数字服务发展态势较好，数字服务能力得分分别达 15.16 和 14.99。美国企业服务数字化、个人服务数字化和社会服务数字化均高速发展，智能家居普及率达 40.1%、电子阅读普及率达 38.1%。而其他国家数字服务处于建设初期，数字服务能力得分均低于 6。与此同时，各国政府对数字服务的重视程度逐年提升。印度政府发起了"数字印度"（Digital India）计划，以期推动印度成为数字化赋权社会。日本强调利用数字技术促进城市发展，积极使用数字技术感知和收集城市基础数据，拓展远程办公、远程学习、远程医疗服务，并将 MaaS（移动即服务）作为交通运输服务目标，全面打造智慧城市样板。

（六）韩国：数字治理"排头兵"，在线服务、数字参与水平均居首位

数字化深刻改变着政府管理的运作方式和创新模式，国家层面一体化信息服务平台的建设不断加快，地方电子政务服务功能不断完善，基于移动端的交互性应用服务不断拓展。从数字治理能力来看，美国、韩国、英国、中国、日本列 G20 数字治理能力前五位。其中，韩国电子政务的发展已经达到全球领先水平，在在线服务和数字参与方面表现突出。美国在网络空间的关键资源和规则制定方面依然占据优势，网络治理能力得分居 G20 第一。中国不断加强数字空间国际对话与交流，并提出《全球数据安全倡议》，为全球数字治理注入发展中国家的智慧和力量。

自 20 世纪七八十年代韩国政府大力发展 IT 经济以来，韩国的数字政府建设便迈出了快速发展的第一步。经过多年努力，韩国数字治理建设成果丰硕且在世界范围内得到了认可，成为全球电子政务建设的最佳实践典范之一。1998 年，韩国政府网站（www.eGov.go.kr）、公共请愿服务、房产登记服务陆续上线；2002 年，韩国政府建立了包括公民请愿服务、电子采购服务、国内税收服务及国家教育信息系统等在内的综合性门户网站；同年，实现了政府机构之间房产、汽车、税务等与民生密切相关的 20 种行政信息的共享，大幅度提高了行政效率。2012 年，韩国政府公布并开始实施"智慧

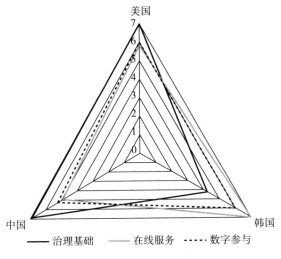

图 7 中美韩数字治理能力对比

化数字政府计划"(Smart E-Gov Plan),重点聚焦移动化的电子政务服务,加强电子政务与移动通信技术的结合。至今,韩国政府已设有完善的电子政务管理机构,设立了政府数据中心及政府与公众互动平台,实现了各级政府服务数字化、政府与社会公众的良性互动。

(七)德国:数字安全"守门人",安全互联网服务器数量排名第二

没有数字安全就没有国家安全。面对数字安全方面的严峻态势,G20 各国持续提升数字安全战略地位,积极推动本国数字安全能力建设。其中,美国数字安全能力得分最高,为 19.73,遥遥领先于其他国家。而中国数字安全能力得分仅为 10.03,略高于 G20 数字安全能力均值(9.56),亟待进一步提升相关安全技术及安全设备水平。

德国一直高度重视数字安全问题,其数字安全能力得分仅低于美国,居 G20 第二位。在数字安全设备方面,2020 年,德国安全互联网服务器达 810.96 万个,占 G20 安全互联网服务器总量的 10.7%。在数字安全制度建设方面,德国成立了多重网络安全职能部门,并务实推进网络安全

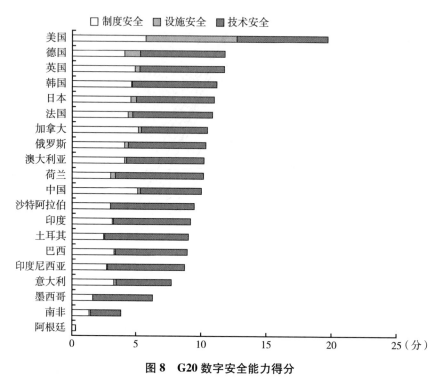

图8 G20数字安全能力得分

战略。2011年德国首次推出《网络安全战略》（*Cyber Security Strategy for Germany*），2015年通过了《德国网络安全法》，为关键基础设施的安全运行创造了必要条件，并确立了网络安全报告制度。在数字经济的监管方面，德国政府在落地欧盟《通用数据保护条例》（*General Data Protection Regulation*）的同时，于2019年启动了《反对限制竞争法》（*Gesetz Gegen Wettbewerbsbeschränkungen*）的第十次修订工作，加强对大型数字平台的竞争行为的监管，尤其是阻止大型企业对"数据入口"的垄断，具有一定的创新性，有望为欧盟境内甚至全球的数字经济监管树立一个典范。

四　G20数字竞争力典型发展模式

纵览G20各国数字化转型路径和发展特点，各不相同，主要可以分为以应用、技术、规则为主导的三种模式，分别是以中国为代表的应用驱动模式、以美国为代表的技术驱动模式、以欧盟为代表的规则推动模式。在全球数字转型竞争的上半场，三大模式各有千秋，"三驾马车"并驾齐驱，但是在国际竞争持续加剧、产业逐步进入深水区的当下，技术、人才、监管等关键因素的支撑作用将愈发重要。

（一）"应用驱动"模式：以中国为代表

"应用驱动"模式主要得益于市场用户需求，依托在数字经济、数字服务、数字政府等市场应用层面的庞大需求倒逼技术进步，如在新冠肺炎疫情期间大量的"无接触"活动需求倒逼远程办公、无人配送等数字新技术加速落地。

近年来，中国政府持续完善数字化转型发展的顶层战略设计，各地政府根据当地实际情况推进颇具地方特色的数字化发展计划。立足于网民数量的高速增长和丰富的应用场景，中国数字产业快速崛起，中国数字化转型实现了跨越式发展，从"跟跑""随跑"逐步转为"领跑"。依托庞大的网民规模，中国拥有全球最大的数字市场。随着数字消费扩容提质，面向大众、低线城市和农村地区的高性价比数字消费将进一步增长。多样化的数字化需求激发市场活力，数字产业生态不断完善，并催生丰富的数字应用市场。一是中国数字产业生态不断完善，2021 年互联网企业迈入高质量发展新阶段。截至 2021 年 6 月，互联网上市公司总市值达到 18.8 万亿元人民币，11 家企业上榜全球市值 TOP30。二是经济活动加速向线上迁移，数字化应用和服务需求快速增加。截至 2021 年 6 月，中国在线教育用户规模达 3.25 亿，在线医疗用户规模达到 2.39 亿，网约车用户规模达3.97 亿，占比均超过全体网民的 23%。三是电子政务水平稳步提升，数字政府建设成为优化数字营商环境的有力牵引。浙江、上海等地以"最多跑一次""一网通办"为主线，持续加强数字政府建设，营商环境进一步优化。

（二）"技术驱动"模式：以美国为代表

"技术驱动"模式主要是通过技术变革，释放创新驱动原动力，推动产品升级和更新换代，创造新商业新市场，引领经济社会数字化转型发展。

美国科技实力、资金和人才资源雄厚，成为现代数字技术的策源地和引领者。一方面，美国一直致力于培育和发展多元化、高技能的劳动力市场，并通过在基础研究和应用研究、基础设施和教育领域加大投入，打造世界顶尖的研究型大学、联邦实验室等创新资源。2020 年 3 月，美国联邦通信委员会授权 spaceX 搭建将用户连接到其星链（Starlink）卫星互联网网络所需的地面天线。截至 2021 年 5 月，星链总共发射卫星 1737 颗，占全球在轨卫星数量的一半，用户预订量超过 50 万。另一方面，美国政府高度重视前沿性、前瞻性研究，布局抢占"未来产业"先机。2020 年，美国政府进一步加大投入，通过成立专门职能部门、加强产学研合作等方式巩固其在关键核心技术领域的领导地位。在美国联邦政府 2021 财年预算中，联邦研究与开发方面投资额为 1422 亿美元，比 2020 财年预算增加 6%，其研发优先方向包括人工智能、量子信息科学、先进制造、生物技术和 5G 技术等关键技术领域。此外，全球科技竞争不断加剧，面对中国科技实力的提升，美国不断调整相关部署以谋求保持长期科技优势，积极推动包括数字技术在内的科技领域与中国脱钩。2021 年 6 月美国更是通过《美国创新与竞争法案 2021》（ *United States Innovation and Competition Act of 2021* ），从法律层面上正式确立了在科技和产业领域全面推行遏制中国的战略。

（三）"规则推动"模式：以欧盟为代表

"规则推动"模式主要得益于监管创新，重视监管体系完善与整体生态优化。以规则制度建设为抓手，通过规范市场行为，推动产业健康发展，促进科技成果转化。

欧盟数字化转型基础好，数字基础设施建设、数字政府建设水平均居全球前列。欧洲互联网普及率高达 84%，在全球各地区中高居首位。同时，欧盟成员国电子政务发展水平相对较高，所有成员国全部位于"非常高"或"高"组别。[①] 然而，与总体实力不相适应的是，欧盟数字企业的发展水平长期滞后，缺乏行业领先的科技巨头企业。截至 2021 年 1 月底，排全球前 70 位的上市互联网企业中欧盟企业仅有 5 家，远远落后于美国的 41 家和中国的 15 家，5 家企业市值仅占 70 家企业总市值的 2.25%。[②]

欧盟持续推进反垄断监管和数字税改革，调整数字领域的竞争和监管规则。欧盟是融入全球经贸程度最深、对多边主义最为坚定的主要经济体之一，其数字化规则具有不同于单个国家的特征，数字规则制定的出发点更多地体现在努力破除成员国之间的壁垒和把规范摆到更突出的位置。由于在数字市场中，欧盟更多的是承担数字产品和服务的消费者角色，本土市场主要被境外企业占据，数字平台监管成为欧盟在数字化转型领域关注的核心问题。通过征收"数字服务税"，欧盟能够实现遏制税基被侵蚀和利润被转移，同时可利用数字服务税对信息的使用提供一定的补偿，从而起到调节收入分配的作用；对大型数字平台企业，特别是跨国平台（亚马逊、谷歌、微软等）的市场垄断起到遏制作用，为欧盟本土数字平台企业发展提供良好的环境。此外，2020 年 12 月，欧盟公布《数字市场法》（*Digital Market Act*）和《数字服务法案》（*Digital Service Act*），以期通过遏制科技巨头在欧洲的垄断和不正当竞争行为，打通成员国之间的市场和法律壁垒，促进欧洲中小数字企业的发展。

参考文献

连玉明主编《大数据蓝皮书：中国大数据发展报告 No.5》，社会科学文献出版社，2021。

---

① 联合国：《2020 年联合国电子政务调查报告》，https://publicadministration.un.org/egovkb/en-us/Reports/UN-E-Government-Survey-2020，2020 年 7 月 10 日。
② 数据来源于国家工业信息安全发展研究中心。

联合国：《2021 年数字经济报告——数据跨境流动和发展：数据为谁而流动?》，https：//unctad. org/page/digital-economy-report-2021，2021 年 10 月。

中国信息通信研究院：《全球数字经济白皮书——疫情冲击下的复苏新曙光》，http：//www. caict. ac. cn/kxyj/qwfb/bps/202108/t20210802_ 381484. htm，2022 年 1 月 12 日。

中国网络空间研究院：《世界互联网发展报告 2021》，电子工业出版社，2021。

吴翌琳：《国家数字竞争力指数构建与国际比较研究》，《统计研究》2019 年第 11 期。

B.2
2021年全球重要城市数字
竞争力指数分析报告

摘　要： 当前，数字化转型成为全球经济发展的主旋律，城市数字化成为各国争夺竞争制高点的新赛道。本报告延续上年度研究视野，聚焦全球22个重要城市数字化实践及其成效，全面评估各城市年度数字化发展综合实力，分析其特点及趋势。研究发现：中国城市数字化发展实现逆势突破，欧美城市显著降温，赛道追逐相对激烈，数字化优势凸显城市韧性。

关键词： 全球重要城市　数字竞争力　数字化转型　智慧城市

　　数字转型推动经济发展实现了质量变革、效率变革及动力变革，全球进入数字经济新时代。数字化发展赛道上，全球各个国家和地区加快制定和实施数字发展战略，推动数字要素与各个领域加速融合。疫情考验下，全球城市从疫情冲击中逐步恢复，中国及其他多数亚洲城市在数字化助力下表现出非同寻常的韧性与活力，快速实现了经济复苏。对于城市来说，数字化力量已成为城市发展的核心生产力，城市的数字化智慧化水平就是新时代的创新发展水平、数字竞争力就是高质量发展竞争力，更加均衡、普惠的数字全球化正加速演进。

一　评估指标体系、数据来源与评估对象

（一）指标体系：涵盖数字创新、数字产业、数字治理、数字服务、数字安全五大维度

　　2021年全球重要城市数字竞争力评价指标体系的主要维度与2019年、

2020 年的评价指标体系基本保持了一致，其中进一步使数字经济聚焦数字产业，并将一级指标都加上了"能力"二字，更加凸显指数构建的目标。此外，课题组也对二级及三级指标进行了系统优化，二级指标的整体逻辑性与体系性更强，对三级指标对标的主要评估维度及其具体数据来源进行了综合调整，整体数量较上年增加 1 个至 24 个。

表 1 2021 年全球重要城市数字竞争力评价指标体系

序号	一级指标	二级指标	三级指标
1	数字创新能力	数字投资	研究开发水平
2			创新主体基础
3			专利申请量
4		数字人才	高等教育人数
5			IT 学校教学质量
6		数字基建	免费 WiFi 服务
7			网络连通速率
8	数字产业能力	新经济	数字经济规模
9			独角兽企业数
10		新金融	数字支付发展
11			网上财务公开
12		新贸易	机场连接性
13			外商直接投资
14	数字治理能力	治理基础	数据开放共享
15		数字参与	网络投票可行性
16		在线服务	智慧平台建设
17	数字服务能力	企业服务	营商环境水平
18		个人服务	网上求职便利度
19			智慧交通发展
20		社会服务	网上医疗服务
21			共享单车渗透率
22	数字安全能力	制度安全	在线反馈响应度
23		设施安全	信息安全保护水平
24		技术安全	网站或 App 用户满意度

（二）数据来源：权威数据库及最新研究报告

本报告以数据的权威性、前沿性及完整性为基本原则，同时考虑数据的可持续性和整体质量，综合筛选相关国际权威数据库及最新数字化主题年度研究报告作为全球重要城市数字竞争力测度的主要数据来源，以增强评估的科学性和可操作性。

表2　全球重要城市数字竞争力评估可操作指标体系数据来源

发布机构	数据来源	对应指标编号
日本森纪念财团（Mori Memorial Foundation）	《全球城市竞争力指数报告2021》（Global Power City Index 2021）	1
清华大学产业发展与环境治理研究中心（CIDEG）联合自然科研（Nature Research）发布	《国际科技创新中心指数2021》（Global Innovation Hubs Index 2021）	2
欧洲工商管理学院（INSEAD）联合Portulans Institute发布	《全球人才竞争力指数2021》（The Global Talent Competitiveness Index 2021）	3,4,12,13
瑞士洛桑国际管理发展学院（IMD）	《智慧城市指数2021》（Smart City Index 2021）	5,6,7,10,11,15,16,17,18,19,20,21,22,23,24
胡润研究院	《全球独角兽榜2021》（Global Unicorn Index 2021）	9
上海社会科学院	《全球重要城市开放数据指数2021》	14

（三）评估对象：22个Beta等级及以上全球重要城市

本报告评估对象是在全球化与世界城市研究网络（Globalization and World Cities Study Group and Network，GaWC）编制的《世界城市名册》（The World According to GaWC）中选取,[①] 城市等级皆为Beta等级及以

---

① GaWC即全球化与世界城市研究网络，是一个由欧美学者组成的学术机构，定期对世界各大城市进行定义与分类，一般每间隔2~4年公布一次。GaWC发布的《世界城市名册》（The World According to GaWC）是全球关于世界城市等级划分的权威研究成果，其一般将城市划分为四个等级：Alpha、Beta、Gamma、Sufficiency。

上。在 2021 年的研究对象选取方面，除了将德国法兰克福替换为柏林外，其余城市与 2020 年保持一致，表 3 中的城市等级为 2020 年公布的信息，人口数据来源于《智慧城市指数 2021》（*Smart City Index 2021*）。

表 3　全球重要城市数字竞争力评估对象基本情况

序号	城市	国家	城市等级	人口
1	伦敦	英国	Alpha++	8870000
2	纽约	美国	Alpha++	18800000
3	香港	中国	Alpha+	7550000
4	新加坡	新加坡	Alpha+	5940000
5	上海	中国	Alpha+	27060000
6	北京	中国	Alpha+	20460000
7	迪拜	阿拉伯联合酋长国	Alpha+	2880000
8	巴黎	法国	Alpha+	9850000
9	东京	日本	Alpha+	37390000
10	悉尼	澳大利亚	Alpha	4930000
11	洛杉矶	美国	Alpha	12450000
12	多伦多	加拿大	Alpha	6200000
13	阿姆斯特丹	荷兰	Alpha	1000000
14	米兰	意大利	Alpha	1410000
15	墨西哥城	墨西哥	Alpha	21780000
16	芝加哥	美国	Alpha	8870000
17	莫斯科	俄罗斯联邦	Alpha	12540000
18	雅加达	印度尼西亚	Alpha	10770000
19	首尔	韩国	Alpha-	9960000
20	深圳	中国	Alpha-	12360000
21	柏林	德国	Beta+	3670000
22	开普敦	南非	Beta	4620000

二 价值追逐：数字化赛道彰显城市韧性

（一）榜单概览：中国城市三星闪耀，欧美城市显著降温

2021年全球重要城市数字竞争力指数评估结果显示，中国北京、上海、深圳数字化发展水平综合得分位列前三，总指数得分均超过75，数字化发展表现异常突出。欧美大城市纽约、伦敦、巴黎分别排名第4、第9、第13位，整体排名较上年下降较多，数字化发展有所降温。22个城市总指数均值为42.85，11个城市得分超过均值，占比50%，整体得分分布相对均衡。值得一提的是，迪拜政府已成为全球第一个完全无纸化办公的政府，其综合排名由中下游位置跃升至第5位，综合表现尤为亮眼。

从各城市数字化发展实践来看，2021年是中国"十四五"开局之年，各大城市针对数字化发展都制定了全新的战略规划，同时，还相继出台了许多关于数字化发展领域的顶层设计。如北京全年发展主题"五子联动"中的"三子"与数字化发展息息相关，更是针对性地提出打造全球数字经济标杆城市。上海围绕经济、生活、治理三大领域，全面推进城市数字化转型，提出要建成具有世界影响力的国际数字之都。深圳市专门成立了智慧城市和数字政府建设领导小组，提出打造全球数字先锋城市等。这些顶层设计及与其配套的系列政策无疑成为推动中国各大城市数字化发展不断迈向新台阶的核心力量。相对来说，欧美及其他城市则属于常态化发展阶段，不存在规划节点的顺时发力，甚至还存在疫情反复等不利因素的影响，数字化推进略显乏态。

表4　2021年全球重要城市数字竞争力指数评估结果

排名	城市	总指数	数字创新能力	数字产业能力	数字治理能力	数字服务能力	数字安全能力
1	北京	77.85	16.43	15.56	13.22	19.08	13.55
2	上海	75.71	14.47	14.59	14.19	18.81	13.65

续表

排名	城市	总指数	数字创新能力	数字产业能力	数字治理能力	数字服务能力	数字安全能力
3	深圳	75.32	15.07	12.04	13.46	19.76	14.99
4	纽约	58.00	12.67	19.83	10.22	9.42	5.87
5	迪拜	57.16	7.60	13.36	9.38	14.05	12.77
6	新加坡	55.91	13.65	11.81	7.34	12.20	10.92
7	首尔	48.98	13.06	8.32	10.01	8.38	9.21
8	洛杉矶	47.32	10.85	13.28	9.93	7.70	5.56
9	伦敦	46.37	11.35	14.04	7.73	8.21	5.04
10	莫斯科	43.31	8.94	5.75	8.05	12.15	8.42
11	雅加达	43.27	5.60	5.01	9.36	14.27	9.03
12	香港	37.87	11.61	8.08	6.03	8.14	4.01
13	巴黎	34.69	8.88	9.39	5.66	6.08	4.68
14	阿姆斯特丹	34.46	7.67	10.42	3.77	7.37	5.22
15	悉尼	33.65	7.79	5.45	5.80	7.92	6.69
16	芝加哥	31.82	8.13	6.28	9.09	6.10	2.22
17	多伦多	30.98	8.18	6.91	5.82	5.49	4.58
18	米兰	26.42	3.33	6.85	2.82	7.89	5.53
19	东京	26.34	9.27	8.35	2.71	1.07	4.93
20	开普敦	23.06	3.67	5.95	4.30	5.06	4.09
21	柏林	22.12	5.89	6.28	3.16	4.31	2.49
22	墨西哥城	12.14	1.94	2.48	3.68	3.31	0.73
	均值	42.85	9.37	9.55	7.53	9.40	7.01

（二）区间分布：四梯队角逐新赛道，局部竞争相对激烈

根据全球 22 个重要城市数字竞争力指数评估结果，结合各城市数字化发展实际，可将其大概划分为四个梯队，即全面领跑型城市（得分为 60～100）、发展突破型城市（得分为 45～60）、优化提升型城市（得分为 30～

45）和培育壮大型城市（得分为 0~30），相应的城市数量分别有 3 个、6 个、8 个和 5 个，整体呈正态分布。从各类型城市的表现来看，全面领跑型城市平均值 76.29，是培育壮大型城市平均值 22.02 的 3.46 倍，各类型城市间存在明显发展差距。从各类型城市内部分差来看，所有类型城市的评估得分标准差均较小，最大的为 5.23，最小的仅为 1.11，各类型城市数字化竞争力相近，城市间的追逐突破之势相对激烈。

表5　全球重要城市数字竞争力指数得分区间划分

全面领跑型（得分为 60~100）		发展突破型（得分为 45~60）		优化提升型（得分为 30~45）		培育壮大型（得分为 0~30）	
城市	得分	城市	得分	城市	得分	城市	得分
北京	77.85	纽约	58.00	莫斯科	43.31	米兰	26.42
上海	75.71	迪拜	57.16	雅加达	43.27	东京	26.34
深圳	75.32	新加坡	55.91	香港	37.87	开普敦	23.06
		首尔	48.98	巴黎	34.69	柏林	22.12
		洛杉矶	47.32	阿姆斯特丹	34.46	墨西哥城	12.14
		伦敦	46.37	悉尼	33.65		
				芝加哥	31.82		
				多伦多	30.98		
平均值	76.29	平均值	52.29	平均值	36.26	平均值	22.02
标准差	1.11	标准差	4.83	标准差	4.49	标准差	5.23

（三）发展趋势：九市综评屡创新高，东京、巴黎跌幅甚大

从 2019~2021 年全球重要城市数字竞争力指数得分排名变化趋势来看，北京、上海、深圳、迪拜、洛杉矶、莫斯科、雅加达、阿姆斯特丹、米兰等城市数字竞争力指数得分排名呈逐年上升趋势。其中，雅加达、迪拜、莫斯科、深圳四个城市排名提升幅度较大，分别上升 9 个、8 个、7 个、6 个位次，数字化发展稳步推进，成效显著。值得关注的是，东京、巴黎近两年位次下降幅度较大，分别下降 9 个和 6 个位次。从各分指数表现来看，东京数字治理能力与数字服务能力分指数均排最末位，数字安全能力分指数单项仅

列第 15 位,巴黎该三项分指数亦排在中下游位置,两个城市其他两个分指数排名也处于中游水平,这导致了两个城市总指数排名出现大幅下滑。

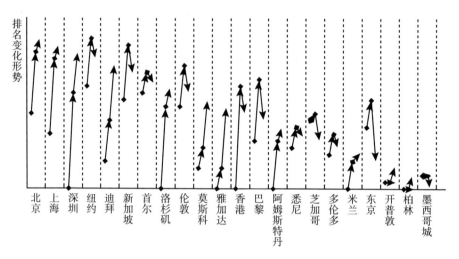

图 1 2019~2021 年全球重要城市数字竞争力指数得分排名变化趋势

注:各城市排名 2019 年为端点处,2020 年为左箭头顶点处,2021 年为右箭头顶点处,点所处位置越高,代表该城市当年排名越靠前,点位于横轴代表该城市当年无排名。

(四)单项冠军:北京三载终登榜首,深圳单项入袋两魁

根据全球重要城市数字竞争力指数评估得分情况,纽约 2019 年和 2020 年连续两年总指数得分排名第 1,北京在历经 2019 年排名第 5、2020 年排名第 3 后于 2021 年摘得桂冠,这更多的是得益于北京互联网与硬科技创新热土的充分滋养及其在数字化转型中发挥的重要作用,更叠加着各层级针对性政策红利的驱动。而从 2019~2021 年分指数表现来看,各分指数得分位列前三的城市每年皆有变化,各大城市在各领域争相突破。2021 年,北京、纽约、上海、深圳、深圳分别居数字创新能力、数字产业能力、数字治理能力、数字服务能力、数字安全能力分指数得分单项第一,深圳在上年仅数字服务能力分指数得分排名第 2 的基础上,2021 年一举入袋两魁,整体表现可谓惊艳。

表6　2019~2021年全球重要城市数字竞争力各指数得分TOP5

年份	排序	总指数	数字创新能力	数字产业能力	数字治理能力	数字服务能力	数字安全能力
2019	1	纽约	北京	北京	首尔	纽约	东京
	2	首尔	纽约	上海	纽约	伦敦	芝加哥
	3	新加坡	首尔	新加坡	芝加哥	东京	新加坡
	4	伦敦	巴黎	首尔	上海	新加坡	纽约
	5	北京	上海	新加坡	巴黎	首尔	首尔
2020	1	纽约	新加坡	北京	上海	北京	新加坡
	2	新加坡	北京	上海	北京	深圳	东京
	3	北京	纽约	纽约	纽约	纽约	悉尼
	4	上海	上海	伦敦	新加坡	纽约	香港
	5	伦敦	伦敦	新加坡	首尔	上海	多伦多
2021	1	北京	北京	纽约	上海	深圳	深圳
	2	上海	深圳	北京	深圳	北京	上海
	3	深圳	上海	上海	北京	上海	北京
	4	纽约	新加坡	伦敦	纽约	雅加达	迪拜
	5	迪拜	首尔	迪拜	首尔	迪拜	新加坡

（五）疫情影响：冲击与韧性并存，数字化优势凸显潜力

从外部冲击来看，新冠肺炎疫情"黑天鹅事件"正在充分检验着城市的数字化发展成效。从各城市数字竞争力指数得分与所在国疫情数据交叉分析不难看出，疫情防控形势较好的地区，数字化发展受到的影响有限，而疫情形势严峻甚至失控的地区数字化发展的正常推进受限较大，疫情增加了城市的脆弱性，使得城市管理等各方面发展面临更加复杂和困难的局面，严重影响了城市数字化进程。同时，数字化技术在抗疫方面释放的巨大价值和展现的绝对优势，也让诸多城市更加重视数字化技术的应用，这在一定程度上也倒逼和加速了城市数字化转型。可以说，疫情下城市数字化发展在面临冲击的同时也拥有巨大潜力，谁能在疫情大考中挖掘数字化发展的价值并采取积极行动，谁便能在疫情下逆势前进，在未知风险中拥有强大韧性和更加从容。

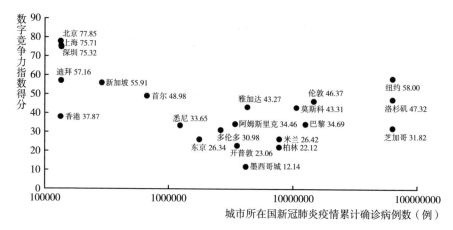

图2 全球重要城市数字竞争力指数得分与所在国疫情数据交叉分析

注：疫情数据来自百度新冠肺炎疫情实时大数据报告，截至 2022 年 1 月 12 日。

三 领域突破：包容性生态塑造竞争优势

（一）数字创新：老牌强市底蕴深厚，后发城市积极追赶，数字创新显现"鲶鱼效应"

根据全球重要城市数字创新能力分指数得分与均值比较情况，中国北京、深圳、上海、香港四个城市得分排名均位列前十，其中北京、深圳、上海雄居前三，数字创新取得重要突破。其他老牌强市如新加坡、首尔、纽约、伦敦、洛杉矶等均位居前列，创新底蕴依然深厚。22 个评估城市数字创新能力分指数得分均值为 9.37，9 个城市得分位于均值线上，占比接近 41%，未过半，侧面反映出多数城市在数字创新方面还需进行针对性突破。从整体得分波动来看，22 个评估城市数字创新能力得分标准差仅为 3.84，反映了各城市在数字创新方面竞相追赶的发展态势，也反映了后发城市紧盯数字化前沿，持续补强短板，努力缩小与先发城市之间的差距，力争在数字化赛道上夺得一席之地的积极作为。

从数字创新能力各指标表现来看，在数字投资方面，数字创新能力排名

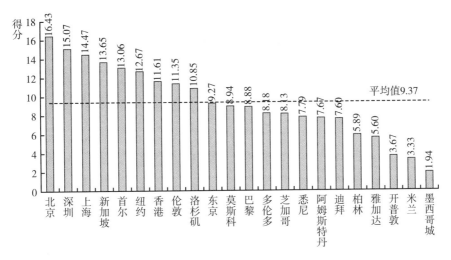

图3　全球重要城市数字创新能力分指数得分与均值比较

前十的城市综合实力较其他城市较为突出，欧美城市整体实力较强，东京该单指标位列第1，表现颇为突出。在数字人才方面，各城市分指数得分较为均衡，重视人才的核心作用及加大培养力度成为各城市的基础性共识。数字基建方面，中国及其他亚洲城市综合表现较好，数字化发展的支撑基础更加牢固。从全球科技创新投资来看，根据欧盟统计局数据，全球研发投入

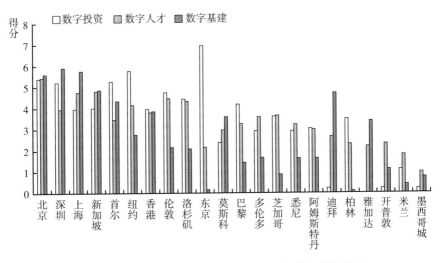

图4　全球重要城市数字创新能力分指数各指标得分情况

TOP2500 家企业的行业分布中，信息与通信技术（ICT）制造占比 23%，ICT 服务占比 16.9%，数字技术领域研发投入逐年加大。在数字人才培养及数字基建普及方面，各城市推出了各类人才培养计划或方案，加速推进数字基础设施建设，抢占数字化先机，其他城市纷纷效仿，数字创新氛围显现鲶鱼效应。

（二）数字产业：纽约领跑一骑绝尘，数字"三新"异常活跃，产业生态加速缔造

根据全球重要城市数字产业能力分指数得分与均值比较情况，22 个评估城市得分均值为 9.55，13 个城市得分未达到这一水平，占比 59%，反映出全球城市间数字产业能力尚存差距，多数城市整体数字产业发展略为滞后。从个别城市表现来看，纽约数字产业能力分指数得分高居榜首，约为排名最末的墨西哥城的 8 倍，数字产业实力可谓一骑绝尘。同时，若以均线划分，均线以上城市分指数得分标准差为 2.56，均线以下城市分指数得分标准差为 1.72，表明两个梯队内城市间发展实力皆比较接近，并且后发城市发展更为均衡。

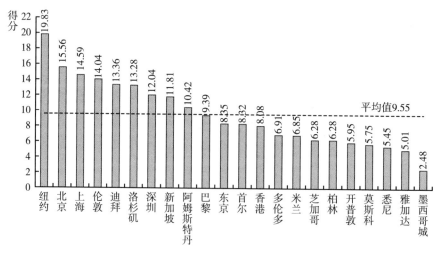

图 5 全球重要城市数字产业能力分指数得分与均值比较

从数字产业能力各指标表现来看，新经济方面，纽约保持了强势地位，洛杉矶、伦敦、北京、东京、上海等城市紧随其后，属于数字产业发展领先梯队。新金融方面，中国城市北京、深圳、上海居前三，其他亚洲城市如迪拜、新加坡、雅加达等表现也很亮眼。在新贸易方面，阿姆斯特丹、迪拜分别得分为7.14和6.95，远高于位列第三的新加坡的得分4.05，可谓双星闪耀，凸显了两城在外商投资领域和交通便利方面的极大优势。

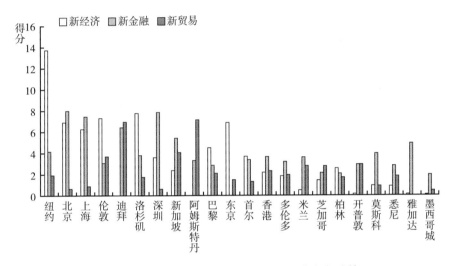

图6　全球重要城市数字产业能力分指数各指标得分情况

从具体评估指标来看，新经济方面，独角兽企业作为在一定程度上能够反映未来产业发展方向及新兴产业发展水平的重要体现，也将是数字产业的主要力量。胡润研究院发布的《全球独角兽榜2021》显示，世界上一半左右的独角兽企业都是金融科技、软件服务、电子商务、人工智能和健康科技领域的公司，网络安全和区块链为2021年新进入前十的行业。拥有独角兽企业总部数量最多的中国城市中，北京、上海、深圳位列前三，分别拥有91家、71家、32家，估值超千亿元的8家独角兽企业中，北京和深圳各有2家，上海有1家，占比超过60%。得益于此，三个城市的得分表现显然不俗。在新金融发展方面，浙江大学互联网金融研究院等发布的《2021全球

金融科技中心城市报告》显示，从洲际分布来看，亚洲、美洲等地区持续引领全球金融科技发展，欧洲、亚洲、非洲在 TOP50 城市中席位占比相较上年均有所提升，纽约、北京、上海、伦敦等城市金融科技发展指数居头部城市之列，是其优秀数字产业能力的重要支撑和印证。在新贸易方面，国务院发展研究中心对外经济研究部与中国信息通信研究院联合发布的《数字贸易发展与合作报告 2021》显示，2020 年受新冠肺炎疫情影响，全球服务贸易受到重挫，下降幅度达 20%，而数字服务贸易所受影响则较小，在服务贸易中的比重持续上升，超过六成，仅 2020 年一年时间提升 11.5 个百分点超过过去十年涨幅总和。而国际大城市作为国际贸易的先锋，数字贸易发展将更为突出，已成为各城市经济增长的新引擎。由此可见，数字产业发展已在全球进入纵深拓展期，数字产业生态正在加速缔造。

（三）数字治理：数治赛道竞相追赶，场景突破卓有成效，智慧建设如火如荼

根据全球重要城市数字治理能力分指数得分与均值比较情况，22 个评估城市数字治理能力分指数得分基本按每三个城市为一组呈阶梯状分布，整体层次性特征较为明显，所有城市得分均值为 7.53，均值线上下城市数量各占五成，各城市评估得分标准差为 3.41，整体发展相对均衡，这从侧面反映出各城市数字治理综合实力在数字化发展赛道上呈现竞相追赶之势。从个别城市的表现来看，得益于数据开放共享、智慧平台建设等方面的积极作为，上海、深圳、北京三个城市高居榜单前三，治理场景突破成效显著，数字治理势能突出。

从数字治理能力各指标表现来看，在治理基础方面，各城市数据开放共享表现尤为突出，70% 左右的城市尤为重视数据开放共享，整体发展呈现大繁荣之态。在数字参与方面，主要通过网络投票可行性指标来反映其综合表现，数据显示，亚洲地区城市表现较好，欧美地区城市发展相对滞后，这一结果更多的可能与各个城市数字治理应用程度及国家制度差异有关。在在线服务方面，就智慧平台建设这一主要评估项来说，技术基础较为发达的城市

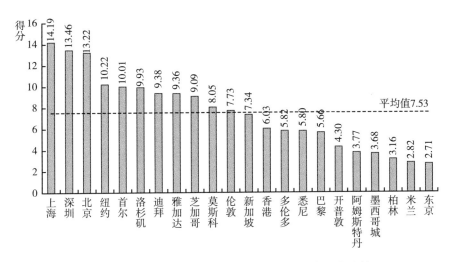

图7　全球重要城市数字治理能力分指数得分与均值比较

表现更为突出，这与疫情下各城市线下服务向线上服务转移时数字技术将发挥重要作用的趋势和判断基本吻合。

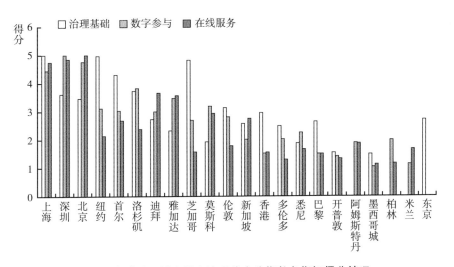

图8　全球重要城市数字治理能力分指数各指标得分情况

从数字治理实践来看，城市的数字治理能力更多的是指运用数字化技术完善和提升城市治理体系和治理能力现代化的综合水平，主要体现在数字政

府、智慧城市、"互联网+治理"等领域。具体来说，数据开放共享是核心支撑，智慧平台是主要实现路径，在线治理是基本形态，城市智慧化是终极目的。以中国城市发展为例，据不完全统计，所有副省级以上城市、超过90%的地级市均已开展智慧城市建设。评估城市中，上海积极打造"两张网"，即"一网通办""一网统管"，"一网通办"以"高效办成一件事"为目标，"一网统管"则以"高效处置一件事"为方向，城市数字化、网络化、智能化水平显著提升。深圳打造"鹏城智能体"，实现了约95%的行政许可事项"零跑动"，城市高峰期机动车通行速度提升10%，智慧机场出港航班准点率达90%、旅客平均等待时间缩短近40%，创新推出的"秒报秒批一体化"每年至少惠及10万人，节约办事成本过亿元。北京市围绕数字政府建设，建成覆盖四级的一体化政务服务体系，81%的事项实现"全程网办"，138项事项实现"跨省通办"，9000余项事项实现市区两级"全城通办"。总的来看，智慧城市建设的大幕已完全拉开，治理场景不断实现新突破，数字赋能治理正在向纵深推进。

（四）数字服务：发展落差相对明显，数字民生渐入佳境，智慧图景初具雏形

根据全球重要城市数字服务能力分指数得分与均值比较情况，排名前十的城市中，深圳、北京、上海、雅加达、新加坡、首尔等城市皆来自亚洲地区，传统老牌欧美城市得分排名相对靠后，亚洲城市表现尤为突出。从整体表现来看，22个评估城市数字服务能力分指数得分走势呈类河谷状，部分节点落差明显，得分最高的城市深圳接近20，而得分最低的城市东京为1.07，评估城市得分均值为9.40，仅有8个城市超过这一水平，占比仅为36%，表明22个全球重要城市中多数城市数字服务发展相对滞后，呈现出的陡峭走势也反映出各城市在数字服务领域的发展不均衡，整体还存在较大提升空间。

从数字服务能力各指标表现来看，企业服务指标是以营商环境水平为代表，结果显示，亚洲地区城市整体表现优于欧美地区城市。作为极具吸引力

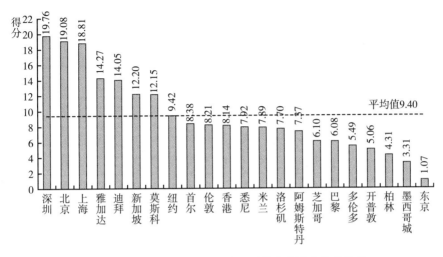

图9 全球重要城市数字服务能力分指数得分与均值比较

的投资意向地，西亚城市迪拜列第4位，其能为企业提供优质的数字服务。在个人服务和社会服务方面，从网上求职便利度、智慧交通发展、网上医疗服务及共享单车渗透率等维度展开评估，更多的是针对个体的，也是数字生活服务的主要方面。由评估结果可以看出，绝大多数城市尤为重视以个人服务与社会服务为代表的民生领域的数字服务发展，两项二级指标评估得分平均值皆超过3.5，是企业服务评估均值的2倍以上，呈现"两大一小"的融合发展之态，数字服务整体发展较快。

从数字服务发展趋势来看，疫情带来的社会封锁以及经济不确定性，倒逼很多行业加快数字化转型，服务业以前所未有的速度从线下向线上转移。根据联合国统计，2021年初世界手机用户数达到52.2亿，相当于世界总人口的66.6%，相比2020年初增长了1.8%（9300万）；全球有46.6亿互联网用户，同比增加3.16亿（7.3%），互联网普及率达59.5%；有42亿社交媒体用户，这一数字在过去一年内增长了4.9亿，同比增长13%以上，社交媒体用户人数相当于世界总人口的53%以上。从上述数据可以看出，全球范围内手机、互联网和社交媒体的普及率均在50%以上，而考虑到世界上

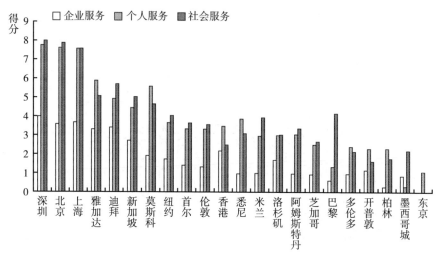

图10 全球重要城市数字服务能力分指数各指标得分情况

大多数国家的城市数字化设施普及率都远高于农村，对比全球城市化率数据，可以推断在大多数国家的城市人口中，手机、互联网和社交媒体基本得到了普及，这些无疑为全球生活服务业数字化转型带来了强大的设备支撑和发展空间，可以说，以数字技术革新和巨大消费潜力为基础，全球城市智慧生活图景已初具雏形。

（五）数字安全：两极分化异常突出，深圳显现"三驾齐驱"，安全态势不容乐观

根据全球重要城市数字安全能力分指数得分与均值比较情况，22个评估城市总体得分呈现两极分化，即表现突出的评估城市得分较高，而表现不佳的评估城市得分略低。就发展均衡情况来看，22个评估城市数字安全能力分指数得分均值为7.01，仅有8个城市得分超过这一水平，占比不足四成，评估得分标准差为3.92，极差超过14，可见各城市数字安全综合实力差异较为明显。从城市表现也可以看出，一向名列前茅的老牌欧美城市得分竟没有一个超过平均水平，而中国、印度尼西亚、俄罗斯等国家的城市表现可谓出乎意料，中国城市依然强势霸榜前三，其

他城市也都成为均值线上的主要力量，体现出这些国家的城市数字安全实践已在国际安全发展格局中占有重要地位。

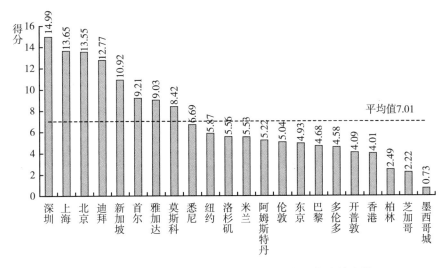

图11　全球重要城市数字安全能力分指数得分与均值比较

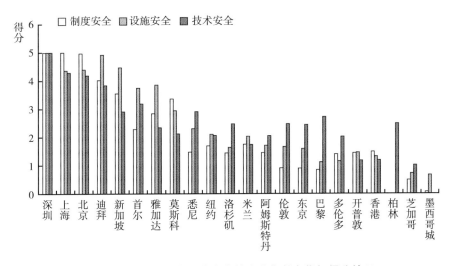

图12　全球重要城市数字安全能力分指数各指标得分情况

从数字安全各指标表现来看，数字安全能力分指数排名第一的深圳制度安全、设施安全与技术安全三个分指标表现可谓并驾齐驱，制度安全得分

4.99，设施安全与技术安全得分均为 5.00，仅制度安全得分与上海的 5.00 存在微弱之差，属于数字安全全能型城市。从其他城市各指标表现来看，少数城市三个分指标的表现也是可圈可点，但强弱城市间也存在明显差异。如图 12 所示，以莫斯科与悉尼中间为界，左边城市三个分指标得分表现比较均衡，而右边城市三个分指标得分差异则较为明显，三个分指标得分标准差分别为 1.53、1.49、1.13，整体发展不均衡。

从全球数字安全形势来看，自疫情暴发以来，APT 攻击事件、勒索挖矿事件、数据泄露事件、漏洞攻击事件等网络安全事件频发，安全形势不容乐观。以数据泄露为例，根据 Imperva 发布的最新报告，自 2017 年以来，全球网络攻击泄露数据记录的数量平均每年增长高达 224%，仅 2021 年 1 月报告的泄露记录的数量（8.78 亿）就超过了 2017 年全年的数量（8.26 亿）。城市作为数字安全的首选战场，是维护国家数字安全的主阵地，一旦政府服务系统、关键基础设施遭受网络攻击，城市将业务停摆、经济停滞、社会动乱，更有甚者将威胁国家安全。因此，全球各城市应把加强数字安全能力建设与推动城市的全面数字化转型放在同等重要的位置上，推动城市安全体系与数字体系融合发展，加快打造城市级数字安全基础设施，构建面向未来和适应发展的新一代安全框架和系统，实现数字城市稳健运行。

四　标杆动态：前瞻性探索引领数字典型

（一）数字创新方面：纽约启动物联网（IoT）战略

自 20 世纪 90 年代启动数个城市信息化和智能化项目以来，纽约推动城市转型升级的步伐从未停歇，2009 年提出打造"全球创新之都"，推动纽约在短短十年间从科技创新领域不突出的城市一跃成为全球领先的科技创新中心。2015 年发布《一个纽约：繁荣而公平的城市发展规划》，将建设智慧城市作为实现愿景的主要路径和手段，基本实现了"智能城市+公平城市"的智慧转型。当前，纽约开启了新一轮城市数字创新探索，2021 年 4 月，纽约提出了最新的物联网战略，以打造一个健康的跨部门物联网生态系统——富有成效、负责任和公平的生态系统。该战略提出纽约市未来两年内将在治理、隐私、安全、公平、可持续性和公众参与等领域采取关键行动，其作为纽约在智慧城市建设过程中的一项重要创新举措，将为纽约城市发展创造更多机遇和可能。

（二）数字产业方面：北京打造全球数字经济标杆城市

北京的城市数字化转型历经"数字北京""智慧城市1.0""智慧城市2.0"三个阶段。1999年，北京提出了"数字北京"发展规划，经过十余年的不懈努力，北京市的整体信息化水平大幅提升。2012年，北京颁布《智慧北京行动纲要》，标志着北京城市信息化发展由数字化向智慧化转变。2018年，"北京大数据行动计划"为北京智慧城市建设提供了"硬实力"和"软基础"。2021年3月，北京市发布了"十四五"时期智慧城市行动纲要，围绕"建设全球新型智慧城市标杆城市"的总体目标，北京全面进入"智慧城市2.0"阶段。在数字产业最新探索方面，北京以数字经济发展为锚，开启了数字产业大发展时代。2021年7月，北京发布《北京市关于加快建设全球数字经济标杆城市的实施方案》，明确提出培育新一代数字化出行、新型数字化健康服务、智能制造、数据支撑的研发和知识生产、数字金融、数字能源服务等新兴标杆产业集群，这是全球首次发布的数字经济标杆城市发展蓝图，描绘了北京数字经济十年发展的"路线图"和"施工图"，为北京城市数字化发展明确了目标任务。

（三）数字治理方面：首尔建设高性能元宇宙平台

韩国作为亚洲发达国家，具有很高的信息科技发展水平，其首都首尔更是早在1990年就开始布局电子政府与城市信息化建设。历经计算机化信息基础建设、城市服务信息实时在线连接，以及推动公共参与和共享的"U-Seoul"计划、智能首尔2015战略、全球数字首尔2020计划等全方位、长时间、多层级的努力，首尔在智慧城市建设方面成绩斐然，跻身全球领先行

列。在数字治理最新实践方面，首尔开启了元宇宙治理的前沿探索。2021年11月，首尔市政府正式宣布，将建立一个元宇宙平台，通过在线虚拟世界为广大市民提供新型智慧公共服务，到2022年底前，将初步建成高性能平台"元宇宙首尔"（Metaverse Seoul）。此次决定建立的元宇宙平台，实际上是首尔最新提出的未来城市规划"首尔愿景2030"的一部分，旨在运用先进的技术手段，实现跨部门、跨行业的技术、应用、体验全面融合，提升政府公共服务能级，增强市民在生活、出行、办事等各方面的便利感和幸福感，打造"未来智慧之城"。

（四）数字服务方面：上海构建高品质数字生活

作为智慧城市建设的先行者，历经十年蝶变，上海城市数字化转型已取得卓著成效。从时间维度来看，上海城市数字化发展每3年进入一个新的阶段。2011年9月制订首个智慧城市三年行动计划，2014年9月推出智慧城市建设新一轮三年行动计划，2016年9月印发《上海市推进智慧城市建设"十三五"规划》，上海城市数字化水平已达到国际领先水平。在2020年全球智慧城市大会上，上海从全球48个国家和地区的350座申报城市中脱颖而出，成为首个荣膺"世界智慧城市大奖"的中国城市。2021年，上海发布《关于全面推进上海城市数字化转型的意见》，提出到2035年将上海打造成为具有世界影响力的国际数字之都。在数字服务方面，上海制定了《推进上海生活数字化转型　构建高品质数字生活行动方案（2021—2023年）》，强调"以人为本"的数字生活体验，提出通过打造生活领域的智能中枢，打通数据孤岛，形成"制度+技术"双轮驱动的生活数字底座，到2023年推动上海建设成为全球数字生活的新兴技术试验场、模式创新先行区、智能体验未来城。可以说，以探索生活数字化转型为路径，促进城市生活品质提升的智慧生活将成为上海开创高品质数字生活的重要标志。

（五）数字安全方面：新加坡推出网络安全战略2.0

自20世纪80年代实施"国家电脑化计划"（National Computerization

Plan）起，以 1992 年发布"IT2000 智慧岛计划"、2000 年发布"信息通信 21 世纪计划"、2006 年推出"智慧城市发展蓝图"、2015 年在全球率先提出建设"智慧国"计划等为关键阶段性标志，新加坡的数字化水平持续提升。目前新加坡正在实施的"智慧国 2025"建设规划，更是进一步将建设智慧城市上升至国家战略层面，聚焦面向未来的城市组织机制创新和发展环境优化，塑造全球领先的竞争力和影响力。在数字安全最新探索方面，新加坡开启了网络安全战略 2.0 时代。2021 年 10 月，新加坡政府发布《网络安全战略 2021》，这是继 2016 年之后的第二份国家网络安全战略。新战略是在不断变化的网络威胁形势和新兴数字技术中建设"智慧国家"的蓝图，最终目标是创建开放、安全、稳定、可访问、和平和可互操作的数字环境，紧抓数字化发展所带来的机遇。作为世界金融和交通枢纽，新加坡从数字化经济中受益，加强网络安全能力建设的必要性更加凸显，其数字安全探索实践是顺时应势之举、转型发展之要，更是竞争制胜之本。

参考文献

连玉明主编《大数据蓝皮书：中国大数据发展报告 No.5》，社会科学文献出版社，2021。

国务院发展研究中心对外经济研究部、中国信息通信研究院：《数字贸易发展与合作报告 2021》，中国发展出版社，2021。

中国信息通信研究院：《全球数字经济白皮书——疫情冲击下的复苏新曙光》，中国信通院网站，http：//www.caict.ac.cn/，2021 年 8 月 2 日。

北京前沿金融监管科技研究院、浙江大学互联网金融研究院、浙江大学国际联合商学院、浙江数字金融科技联合会：《2021 全球金融科技中心城市报告》，新浪网，http：//k.sina.com.cn/article_ 3164957712_ bca56c1002001pieg.html，2021 年 9 月 4 日。

数字经济指数篇

Digital Economy Index

B.3

数字经济发展与数字经济指数研究

摘　要：　新冠肺炎疫情深刻改变了经济增长方式、国际分工合作态势以及全球竞争格局。为应对经济下行压力、迎接国际格局重塑挑战，各国加快政策调整，全球数字经济正向全面化、智能化、绿色化方向加速前进。本报告围绕数据价值化、数字产业化、产业数字化和治理生态化四个评价维度，综合构建数字经济指数，旨在衡量和评估各地区在数字化转型发展过程中形成的竞争优势以及凭此优势带动其他领域发展的能力，为地区把握当地数字化发展的形势提供参考。

关键词：　数字经济　大数据　数字经济指数

　　全球新一轮科技革命和产业革命孕育兴起，数字经济正在成为实现创新驱动和财富驱动发展的重要力量，更是实现全球经济发展的主要变革力量。同时，伴随着数字技术的持续深入发展，若干领域将取得重大突破，推动社会生产力发生新的质的飞跃，进一步推动经济向更高质量发展方向迈进。

一　大数据与数字经济

人类社会发展的历史经验表明，新生产要素的引入与汇集，往往催生和推动经济形态的巨大变革。类似于农业经济时代的劳动力和土地、工业经济时代的资本和技术，数据正逐渐成为数字经济时代的新生产要素，驱动经济社会的整体发展。

"大数据"是一种概念、技术、理念和思维方式，逐步在技术领域、科学领域和商业领域延伸。大数据是信息技术发展的产物，在经历了以单机应用为主要特征的数字化阶段、以联网应用为主要特征的网络化阶段后，人类社会正在进入以"大数据+人工智能"跨领域深度融合为主要特征的智能化阶段。数字化、网络化和智能化呈融合发展新态势，数据要素在更大范围、更深层次的作用发挥，催生出新的经济范式——"数字经济"。

围绕"数字经济"一词的资料考证显示，1996 年，由美国学者唐·泰普斯科特（Don Tapscott）完成的《数字经济：网络智能时代的前景与风险》一书中首次使用了"数字经济"一词。该书描述了"互联网将如何改变世界各类事务的运行模式并引发若干新的经济形式和活动"。2002 年，数字经济被认为是一种特殊经济形态，美国学者金范秀（Beomsoo Kim）将其本质概括为"商品和服务以信息化形式进行交易"。

随着相关信息技术的发展与应用领域的拓展，数字经济一词的内涵和外延发生了重要变化。2016 年 9 月 G20 杭州峰会通过的《二十国集团数字经济发展与合作倡议》指出，数字经济是"以使用数字化的知识和信息作为关键生产要素、以现代信息网络作为重要载体、以信息通信技术的有效使用作为效率提升和经济结构优化的重要推动力的一系列经济活动"。国务院印发的《"十四五"数字经济发展规划》进一步明确，"数字经济是继农业经济、工业经济之后的主要经济形态，是以数据资源为关键要素，以现代信息

网络为主要载体，以信息通信技术融合应用、全要素数字化转型为重要推动力，促进公平与效率更加统一的新经济形态"。

二 数字经济发展的态势与特征

2008 年国际金融危机爆发后，全球经济复苏乏力，这深刻地揭示出全球以往的经济增长模式已缺乏内生动力。在经历金融危机的短暂冲击后，世界主要国家开始探索引领经济重回潜在增长率的新动能。经过近十年的探索，在 2016 年的 G20 杭州峰会上，数字经济首次被 G20 列为创新增长蓝图中的重要议题。此后，数字经济被越来越多的国家和地区明确为经济发展新引擎。当前，数字经济进一步成为各国应对新冠肺炎疫情和经济下行压力的共同选择，全球加速进入数字技术跃迁、经济范式转换、生产要素重置、治理模式变革的重要窗口期。

（一）主要经济体展开数字经济战略布局

世界各国高度重视发展大数据和数字经济，纷纷出台相关政策。美国是最早布局数字经济的国家，1998 年美国商务部发布了《浮现中的数字经济》系列报告，近年来先后发布了数字经济议程、《美国全球数字经济大战略》等，将发展大数据和数字经济作为实现经济繁荣和保持竞争力的关键。

欧盟 2014 年提出数据价值链战略计划，推动围绕大数据的创新，培育数据生态系统；此后又推出欧洲工业数字化战略。2020 年 2 月，欧盟委员会推出《欧盟数据战略》，在此基础上，2021 年 3 月欧盟又发布了《2030数字指南针：欧洲数字十年之路》，对 2030 年欧盟数字化转型的目标和途径进行了规划。

英国在 2008 年国际金融危机和 2017 年脱欧未决之际，分别发布"数字英国"和"英国数字战略"两大国家战略，把数字化作为应对不确定性、重塑国家竞争力的重要举措，先后推出了《数字英国》《数字经济法案》《数字经济战略（2015—2018）》《英国数字战略（2017）》《国家数据战略（2020）》等战略计划，对全面推进数字化转型做出全面而周密的部署。日本自 2013 年开始，每年制定科学技术创新综合战略，从"智能化、系统化、全球化"视角推动科技创新。俄罗斯 2017 年将数字经济列入《俄联邦 2018—2025 年主要战略发展方向目录》，并编制完成俄联邦数字经济规划。

我国于 2015 年党的十八届五中全会首次提出实施网络强国战略和国家大数据战略。党的十九大提出"推动互联网、大数据、人工智能和实体经济深度融合"。党的十九届五中全会提出"发展数字经济，推进数字产业化和产业数字化，推动数字经济和实体经济深度融合，打造具有国际竞争力的数字产业集群"。从中央到地方出台了一系列推进数字经济发展的政策举措，构建了既有顶层设计又有具体措施的制度支持体系。比如，先后发布《网络强国战略实施纲要》《数字经济发展战略纲要》《"十四五"数字经济发展规划》等，从国家层面部署推动数字经济发展，还出台了十余项促进数字经济行业发展的政策，2017 年起连续 6 年将数字经济相关内容写入政府工作报告。

（二）数字经济持续快速增长，中国位居世界第二

全球数字经济发展迅猛。据中国信通院数据，2020 年进行统计的 47 个经济体数字经济规模合计为 32.6 万亿美元，增加值占 GDP 的比重为43.7%。分国别看，在数字经济规模方面，美国和中国分别居前两位，美国2020 年接近 13.6 万亿美元，中国约为 5.4 万亿美元；在数字经济增加值占GDP 的比重方面，德国、英国、美国居前三位，占比均超过 60%；在数字经济增长速度方面，中国同比增长 9.6%，增速位居全球第一。

我国数字经济发展活力不断增强，2020 年数字经济增加值占 GDP 的比重达 38.6%，同比增长 2.4 个百分点，对经济的贡献进一步加强。从细分结构看，数字产业化规模持续增长，软件业务收入从 2016 年的 4.9 万亿元增长至 2020 年的 8.16 万亿元，计算机、通信和其他电子设备制造业主营业务收入由 2016 年的 10 万亿元增长至 2019 年的 11 万亿元。产业数字化进程提

速升级，制造业重点领域企业关键工序数控化率由 2016 年的 45.7% 增长至 2020 年的 52.1%。信息消费蓬勃发展，2015~2020 年，我国信息消费规模由 3.4 万亿元增长到 5.8 万亿元。随着我国经济在后疫情时代的持续稳定恢复，数字经济发展将会持续向好，数字化会向更大范围、更深层次进行渗透，其渗透率提升空间较大。

（三）数据交易机构建设再掀热潮

数据要素市场配置的关键在于通过数据流通，使数据资源流向市场最需要的领域和方向，在生产经营活动中产生效益，以释放数据要素的价值。近年来，中央及各地政府相继出台政策鼓励数据流通，但数据区别于传统要素的诸多特性使其市场流通面临不小的挑战，各界正在积极探索数据流通困境的破局思路。大数据交易市场的第一轮建设热潮集中在 2014~2016 年，全国有数十家数据交易中心（所）成立，先行先试的政府和企业开始共同尝试探索数据确权、定价、交易等机制。但是，经过几年的探索，各地数据交易机构运营发展始终未达到预期效果。

2020 年中共中央、国务院明确提出"加快数据要素市场培育"① 以来，各地继续将设立数据交易机构作为促进数据要素流通的主要抓手，再次掀起建设热潮。新一批交易机构分别在山东、山西、广西北部湾和北京成立，并有越来越多的地方政府把建设数据交易机构写入数字经济或大数据发展规划中。与上一轮建设热潮相比，发展重心从交易数据转变为搭建可信的数据交换空间，建设主体和模式也从政府主导转向多元主体的政企合作，逐步实现数据的资源化、资产化和资本化的梯次价值转换，推动更大范围、更深层次的数据定价和数据确权。

（四）技术创新对数字产业发展驱动力日益增强

数字产业是数字经济发展的核心驱动力，具有科技和产业双重属性，

---

① 中共中央、国务院：《关于构建更加完善的要素市场化配置体制机制的意见》，中国政府网，http://www.gov.cn/，2020 年 4 月 9 日。

通过重组融合和不断延伸，从互联网、大数据、人工智能到量子计算、量子通信等前沿关键数字技术与生命科学、材料等基础学科的交叉创新，形成了庞大且交叉的技术簇群，推动数字产业化和数字经济社会快速发展。

近年来，伴随着各国再工业化战略的不断推进及制造业回流，各国对高科技产业、战略性新兴产业等的重视程度不断提高。尤其是以美欧为代表的发达国家和以中国为代表的新兴经济体，对数字产业战略尤其是前沿数字产业战略的规划和部署的重视程度不断提高。据不完全统计，截至 2021 年底，全球 60 多个国家和地区已部署了 AI 战略；超过 15 个国家和地区制定了量子技术战略，规划了研究框架及投资布局。数据显示，2021 年全球主要国家的前沿数字产业战略文件数量是 2017 年的 1.5 倍之多，战略制定速度不断加快。

就我国来说，2021 年 11 月 30 日，工信部发布《"十四五"大数据产业发展规划》，提出建立涵盖数据全生命周期的大数据产品图谱，构建稳定、高效的大数据产业链。梳理各地"十四五"相关规划可见，包括新一代信息通信、集成电路、智能终端、云计算等的数字产业成为各地的共同选择。

（五）跨界融合创新推动传统产业转型升级

跨界融合创新是数字产业实现创新发展的典型特征。在数字经济范式下，数字技术与传统产业的创新融合为数字产业发展不断注入新活力。数据显示，数字经济占第一、第二、第三产业增加值的比重分别为 8.0%、24.1%、43.9%。2021 年中央经济工作会议指出，加快数字化改造，促进传统产业升级。立足新的发展阶段，我国已形成了消费互联网和产业互联网双轮驱动的新格局。数字经济在促进产业基础高级化和产业链现代化进程中已成为关键抓手和重要驱动力。

2020 年以来，国家部委密集发布政策，全方位解决企业转型难题，大力推动产业数字化发展。2020 年 4 月，国家发改委和中央网信办围绕推进企业数字化转型、构建数字产业生态体系联合发文,① 从夯实技术支撑、构建产业互联网平台、加快企业"上云用数赋智"、建立数字化生态、加大支撑保障力度等方面作出系统部署。2020 年 7 月,国家发改委等 13 部门发文②要求,"把支持线上线下融合的新业态新模式作为经济转型和促进改革创新的重要突破口","建立政府—金融机构—平台—中小微企业联动机制,发展普惠性'上云用数赋智'",助力降低数字化转型难度。

地方政府瞄准数字化转型助力经济增长的巨大潜力,出台一系列政策文件。上海发布《关于全面推进上海城市数字化转型的意见》《上海市建设 100+智能工厂专项行动方案(2020—2022 年)》等,提出构建数据驱动的数字城市基本框架,持续开展智能工厂建设行动,推进重点行业的数字化、网络化、智能化升级。北京发布《北京市促进数字经济创新发展行动纲要(2020—2022 年)》,开展农业、工业、服务业数字化转型工程。深圳发布《深圳市数字经济产业创新发展实施方案(2021—2023 年)》,推进数字技术在传统产业领域的全面渗透和深度融合应用,持续引领产业迭代升级和经济高质量发展。

(六)数字经济制度体系不断完善

制度建设是数字经济健康发展的重要保障。2021 年我国数据立法取得突飞猛进的进展,备受关注的《数据安全法》和《个人信息保护法》先后出台,与《网络安全法》共同形成了数据合规领域的"三驾马车",标志着数据合规的法律构架已初步搭建完成。在此基础上,重点行业、新兴技术的法律和司法解释密集出台,地方性立法成果丰硕,为国家安全提供了有力的支撑,为产业、技术的发展提供了清晰的合规指引,也为人民提供了更全面的权益保障。其中,《数据安全法》和《个人信息保护法》的出台直面数字

---

① 国家发改委、中央网信办:《关于推进"上云用数赋智"行动 培育新经济发展实施方案》,http://www.gov.cn/,2020 年 4 月 10 日。
② 国家发展改革委等:《关于支持新业态新模式健康发展 激活消费市场带动扩大就业的意见》,中国政府网,http://www.gov.cn/,2020 年 7 月 16 日。

经济时代产业和社会发展的迫切需求，为数据要素市场化发展、数据安全保障和个人权益保护奠定了坚实的法律基础。

同时，各地方政府结合实际发展情况，纷纷制定相关数据条例（包括大数据条例、数据条例、数字经济条例，统称"数据条例"），不断推动数据的发展应用。据不完全统计，上海、深圳、福建、山东、广东、安徽、浙江、吉林、山西、海南、天津及贵州共12个地区已经正式颁布相关数据条例。从条例适用领域看，福建、山东、安徽、吉林、山西、海南、天津、贵州等出台的均为大数据条例，主要面向公共数据领域。公共数据主要是指各级行政机关和公共服务企业在履行职责和提供服务过程中积累的大量数据，有的城市将公共数据命名为政务数据，但数据类型相似。

三 数字经济发展评估与指数构建

（一）数字经济评估的理论框架

数字经济时代，国家或地区的宏观经济增长逻辑、产业组织形式、企业组织形态、社会治理模式等多个维度均产生了革命性变化，总体来看，呈现三个重要特征：一是数据引领。新一代信息技术深度渗入各个行业，促成其数字化并积累了大量数据资源，进而通过网络平台实现共享和汇聚，通过挖掘数据、萃取知识和凝练智慧，使行业变得更加智能。二是数据赋能。通过数据的开放、共享与流动，促进组织内各部门间、价值链上各企业间，甚至跨价值链跨行业的不同组织间开展大规模协作和跨界融合，实现价值链的优化与重组。三是泛在普惠。无处不在的信息基础设施、按需服务的云模式、各种商贸和金融等服务平台降低了参与经济活动的门槛，形成"人人参与、共建共享"的数字经济普惠格局。

基于这样的特征，我们把数字经济分为价值核心层、价值应用层和价值泛在层三个评估层次，从数据要素资源的价值发现与增值放大的角度进行描

述，同时具体对应了数据价值化、数字产业化与产业数字化、治理生态化四个评价维度。

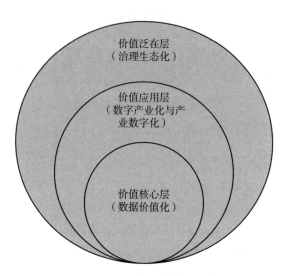

图1 数字经济测评的理论模式

（二）数字经济指数的测评体系

我们在对数字经济发展实践与特征规律的研究基础上，归纳构建数字经济的评估理论框架，匹配具有代表性和可持续性的指标数据，综合编制数字经济指数，力求从多个维度综合反映评价主体数字经济的发展水平与优劣势，总结数字经济发展的路径差异。

数字经济评价指标体系从数字经济评估理论框架出发，综合考虑多方面因素，从数据价值化、数字产业化、产业数字化、治理生态化四个方面选取相关指标。

数据价值化是数字经济发展过程中通过对数据的深度挖掘和价值发现，实现数据要素的资源化、资产化和资本化，引领和带动其他生产要素的优化配置，进而实现经济高质量发展，具体涉及数据要素供给、流通和带动三个方面。

　　数字产业化属于数字经济的价值应用层，是对数据资源的直接开发和应用，具体包括数字产品制造业、数字产品服务业、数字技术应用业、数字要素驱动业等领域。

　　产业数字化也属于数字经济的价值应用层，是指以新一代信息技术为支撑，带动传统产业及其产业链上下游全要素的数字化改造，通过与信息技术的深度融合，实现赋值、赋能，具体包括农业数字化、工业数字化、服务业数字化等领域。

　　治理生态化强调社会的数字化是数字经济发展的土壤，数字政府、数字社会、数字治理体系建设等构成了数字经济发展的环境，具体包括数字基础设施、制度环境建设、网络安全保护等方面。

　　数字经济指数主要开展面向 31 个省区市和 31 个重点城市的分级测评，在具体的指标体系设置上，在保持省域测评体系和市级测评体系一、二级指标结构稳定的情况下，针对区域特点和数据可获得性对三级指标做了差异化处理。

表 1　中国省域数字经济指数评价体系

一级指标	二级指标	三级指标
数据价值化	数据要素供给	数据开放平台上线情况
		开放数据质量
	数据要素流通	数据交易场所设立情况
		交易制度构建
	数据要素带动	数字经济规模
数字产业化	数字产品制造业	计算机、通信和其他电子设备制造业资产
	数字产品服务业	软件产品收入
		嵌入式系统软件收入
	数字技术应用业	互联网接入及相关服务业务收入
		互联网数据服务收入
	数字要素驱动业	电子商务交易额
		互联网平台收入
产业数字化	农业数字化	国家数字乡村试点数
		农业现代化示范区数

续表

一级指标	二级指标	三级指标
治理生态化	工业数字化	智能制造企业数
		智能制造企业区域平均水平
		两化融合管理体系贯标达标企业数量
		两化融合水平
	服务业数字化	金融科技企业数
		金融科技创新监管试点创建
		直播电商百强区县数
	数字基础设施	域名数
		IPv4 地址比例
		城乡互联网宽带接入普及率
		移动电话基站数
	制度环境建设	大数据管理机构设立情况
		数字经济政策法规数
	网络安全保护	数据安全制度建设
		网络安全服务收入

表 2 中国重点城市数字经济指数评价体系

一级指标	二级指标	三级指标
数据价值化	数据要素供给	数据开放平台上线情况
		开放数据量
		接入部门数量
	数据要素流通	数据交易场所设立情况
	数据要素带动	数字经济核心产业增加值占 GDP 比重
数字产业化	数字产品制造业	电子元件百强企业数
		电子信息百强企业数
	数字产品服务业	软件产品收入
		嵌入式系统软件收入
	数字技术应用业	信息技术服务收入
		电信业务收入
	数字要素驱动业	数据中心发展情况
产业数字化	农业数字化	国家数字乡村试点数量
		农业现代化示范区创建

一级指标	二级指标	三级指标
	工业数字化	智能制造企业数
		智能制造企业区域水平
		工业互联网试点示范项目数
	服务业数字化	金融科技企业实力
		城市互联网移动化
		跨境电商综试区发展情况
治理生态化	数字基础设施	互联网宽带接入普及率
		互联网宽带接入用户数
	制度环境建设	大数据管理机构设立情况
		数字经济专项规划
		电子商务营商环境
		数字经济专题规范性文件
	网络安全保护	网络安全互联网用户关注度
		网络安全新闻资讯关注度
		信息安全收入

（三）数据获取与指数计算

数字经济指数的基础数据来源选择是基于权威性、准确性、可持续性等原则。数据涵盖了各部委和各地区的公开统计公报与数据年报；国家统计局数据库、前瞻数据库等数据库；《中国统计年鉴》《中国城市统计年鉴》《中国地方政府数据开放报告》等权威机构的统计年鉴和数据分析报告。

数字经济指数是综合统计指标，指标体系的权重采用德尔菲法进行专家判断。指数计算以加权平均的方法计算评价值。

四 2022年数字经济发展趋势与展望

（一）算力将成为数字经济发展的重要指标

根据 IDC、EMC 的统计和预测，到 2025 年，全球数据总量预计将达到

180ZB。如果把它们全部存在 DVD 光盘中，这些光盘叠加起来可以绕地球 222 圈。近 10 年来，全球算力的增长明显滞后于数据的增长。从 2012 年开始，全球人工智能训练所用的计算量呈现指数级增长态势，平均每 3.43 个月便会翻一倍，计算量扩大了 30 万倍，远超算力增长速度。如果说在工业经济时代，电力是评估 GDP 增长的重要指标。那么，在数字经济时代，算力是 ICT 产业发展的关键要素，对推动科技进步、促进行业数字化转型以及支撑经济社会发展发挥着重要的作用，成为新的核心指标。算力对数字经济和 GDP 的发展有显著的带动作用，2016～2020 年，全球算力规模平均每年增长 30%，数字经济规模和 GDP 每年分别增长 5% 和 2.4%。

加快发展算力，是我国打造数字经济新优势、构建"双循环"新发展格局、提升国家整体竞争力的重要保障。2020 年 12 月，国家发改委等四部门联合印发《关于加快构建全国一体化大数据中心协同创新体系的指导意见》；2021 年 5 月，四部门发布《全国一体化大数据中心协同创新体系算力枢纽实施方案》，提出实施"东数西算"工程，加快建设全国算力枢纽体系。展望未来，在需求与政策的双重驱动下，全国各地将大力推进算力技术产业发展、基础设施建设及算力应用。

（二）国企数字化转型将创造超万亿级市场

在数字化变革时代，作为国民经济的重要支柱，国有企业的数字化转型具有重要意义。2020 年 8 月，国资委发文①就推动国有企业数字化转型做出全面部署，系统明确了夯实国有企业数字化转型的四大基础，推进产业数字化和数字产业化领域的七项重点工作，打造行业数字化转型示范样板，强化三方面举措确保转型工作顺利实施。此后，国资委与工信部签署《关于加快推进中央企业两化融合和数字化转型战略合作协议》，进一步推动作为国企主力军的央企的数字化转型。

---

① 《关于加快推进国有企业数字化转型工作的通知》，国务院国有资产监督管理委员会网站，http://www.sasac.gov.cn/，2020 年 9 月 21 日。

展望未来，在全球数字产业的竞争格局中，国有企业将成为代表中国企业参与全球竞争的先导力量。对于中国经济转型升级的大局来说，国有企业同时肩负着经济责任和社会责任，构成了市场经济主体数字化转型的中坚力量。由于国企在体量、占比方面的巨大优势，其数字化转型将形成对数字产品、服务、技术、金融等方面的巨大需求，创造超万亿级的数字化市场。

（三）隐私计算将开启数据协同新技术范式

2014 年开始先后成立的各类数据交易所、数据流通平台的发展大多不尽如人意，仍处于艰难探索中；政务、金融、互联网、医疗等各行业、各领域虽然有着巨大规模的数据需求却只能以分散化、碎片化的方式进行数据流通，隐患与顾虑重重。2021 年 5 月 24 日，国家发改委等四部门联合印发《全国一体化大数据中心协同创新体系算力枢纽实施方案》，提出"试验多方安全计算、区块链、隐私计算、数据沙箱等技术模式，构建数据可信流通环境，提高数据流通效率"。明确当前突破数据流通瓶颈的技术路径——促进以隐私计算为代表的数据流通技术的应用。数据安全和隐私泄露风险是制约组织间数据流通的一大障碍，以多方安全计算、联邦学习、可信执行环境等为代表的隐私计算技术为缓解数据保护与利用之间的矛盾、实现流通过程中数据的"可用不可见"提供了解决方案。

同期，中国人民银行在京苏浙等 14 个地区组织相关金融机构等开展金融数据综合应用试点。试点内容包括发挥一体化平台作用，运用隐私计算等多种技术实现多主体间的数据规范共享，确保"数据可用不可见""数据不动价值动"。此前，工业和信息化部、中国人民银行也在相关文件中鼓励企业应用多方安全计算等技术。这一系列举措将进一步促进隐私计算在金融及相关行业的落地应用。展望未来，数据流通已成为数字经济发展的新高地，而隐私计算作为数据流通的关键技术，将为数据要素的价值发现提供一条崭新的技术路径。

（四）平台经济仍将是监管执法的重点领域

2021 年开始，市场监管部门对互联网平台开展了一系列执法行动，"二选一"、算法共谋、大数据杀熟等词语频现报端，反垄断受到前所未有的关注。据统计，截至 2021 年 12 月，国家市场监管总局共发布反垄断处罚案例 120 余起，其中 90 余起与平台企业相关。

一方面，针对平台企业监管的制度体系逐步成型。2021 年 2 月 7 日，国务院反垄断委员会发布《国务院反垄断委员会关于平台经济领域的反垄断指南》，为监管部门在相关领域的反垄断工作提供了初步框架；2021 年 10 月，市场监管总局就《互联网平台分类分级指南（征求意见稿）》《互联网平台落实主体责任指南（征求意见稿）》公开征求意见，两个文件确立了平台分类分级的监管思路，中国"数字守门人"制度呼之欲出。

另一方面，2021 年 11 月，国家反垄断局正式挂牌，下设反垄断执法一司、反垄断执法二司和竞争政策协调司。从三个新司局的机构职责来看，反垄断执法一司涉及"组织实施数字经济领域垄断协议、滥用市场支配地位执法"，反垄断执法二司涉及"开展数字经济领域经营者集中反垄断审查"。

反垄断，既是促进平台经济健康发展的必要举措，也是数字经济高质量发展的内在要求。展望未来，随着数字经济的蓬勃发展，国内对互联网大型科技公司的反垄断执法将不断加强，平台经济面临更严监管，科学监管时代将要到来。

（五）数字经济时代下的人力资源素质将发生结构性变化

数字经济时代的全面到来使提升国民数字素养与技能的紧迫性日益凸显。当前全球主要国家和地区都在通过不断加大投入提升国民数字素养与技能，从而获得新的竞争优势。比如，欧盟发起成立了"数字技能与就业联盟"，并计划把超过 6700 亿欧元的复苏与恢复基金（RFF）中的 20%用于提高国民数字技能；加拿大、德国等国针对高技能 ICT 人才制定签证方案，实施优惠移民政策。我国"十四五"规划提出，到 2025 年，我国数字经济核心产业增加值占 GDP 比重超过 10%，我国经济发展对数字人才的需求将急剧增长，也对国民需要具备的数字素养与技能提出了更高要求。当前我国数字化人才缺口接近 1100 万，其中超过六成的数字化人才缺口需要通过提升现有劳动者数字素养与技能来满足。

2021 年 4 月 19 日，人社部发布《提升全民数字技能工作方案》，提到"要重点开展人工智能、大数据、云计算等数字技能培训，加快普及、提升公民数字素养"。2021 年 11 月，中央网信办发布《提升全民数字素养与技能行动纲要》，进一步明确目标，"到 2025 年，全民数字化适应力、胜任力、创造力显著提升，全民数字素养与技能要达到发达国家水平；2035 年，基本建成数字人才强国，全民数字素养与技能等能力达到更高水平"。展望未来，国民数字素养与技能的提升将被放在更加突出的位置，通过加强全民数字素养与技能培训，不断提升人力资本水平，实现人的全面发展能力，充分发挥人才红利的乘数效应，进一步激发创新活力，推动经济高质量发展。

参考文献

连玉明主编《大数据蓝皮书：中国大数据发展报告 No.4》，社会科学文献出版社，2020。

连玉明主编《大数据蓝皮书：中国大数据发展报告 No.5》，社会科学文献出版社，2021。

中国信息通信研究院：《大数据白皮书（2021 年）》，中国信通院网站，http：//www.caict.ac.cn/，2021 年 12 月 20 日。

中国信息通信研究院：《全球数字经济白皮书——疫情冲击下的复苏新曙光》，中国信通院网站，http：//www.caict.ac.cn/，2021 年 8 月 2 日。

中国信息通信研究院：《全球数字产业战略与政策观察（2021 年）》，中国信通院网站，http：//www.caict.ac.cn/，2022 年 1 月 28 日。

《行至水深处：2021 中国数字经济 50 条判断》，甲子光年网站，https：//www.jazzyear.com，2021 年 12 月 4 日。

B.4
2021年数字经济指数分析报告

摘　要： 发展数字经济，是我国立足国际国内、面向未来的战略选择，是增强我国数字竞争力的关键环节。持续对我国省域、市域数字经济发展情况进行指数分析、比较和总结，具有重大的现实意义。从评价结果来看，数字经济发展"五个新表现"已然浮出水面，31个省级行政区数字经济发展基本呈现"1+5+N"总体格局，31个大中城市数字经济发展已进入"25618"全面竞争时代。面对新挑战，迎接新机遇，各地在推动数字经济发展时，应遵循提高认识、创造机遇、回归初心、加强攻关、解决矛盾、加快研究的"二十四字诀"。

关键词： 数字经济　数字经济指数　数据要素市场

数字经济"正在成为重组全球要素资源、重塑全球经济结构、改变全球竞争格局的关键力量"。[①] 2021年是我国数字经济发展极其重要的一年。这一年，我国正式申请加入《数字经济伙伴关系协定》，中共中央政治局就推动数字经济健康发展进行第三十四次集体学习，国务院印发《"十四五"数字经济发展规划》，国家统计局正式发布《数字经济及其核心产业统计分类（2021）》。此外，习近平总书记在第三十四次集体学习时透露，我国还出台了《网络强国战略实施纲要》《数字经济发展战略纲要》。可以说，做强做优做大数字经济，已经成为我国的战略选择，持续对我国省域、市域数字经济发展情况进行指数分析、比较和总结，对各地抢抓先机、抢占制高点

---

① 习近平：《不断做强做优做大我国数字经济》，《求是》2022年第2期。

具有重大的现实意义。为此，我们以数字经济指标体系为工具，对我国省域和市域①进行量化评估。

一 数字经济发展"五个新表现"浮出水面

近年来，数字技术正以新理念、新业态、新模式全面融入人类生产生活各领域和全过程，极大地促进了数字经济的发展。特别是新冠肺炎疫情暴发以来，数字经济多样化、强渗透、广覆盖的特性日益凸显，对促进经济复苏、稳定经济增长的作用日益增强。综合来看，截至 2021 年底，我国数字经济发展的"五个新表现"已然浮出水面。

（一）新动能：数字经济成为经济增长点

2016 年以来，我国数字经济规模不断扩大。从 2016 年到 2020 年，我国数字经济规模从 22.6 万亿元增长到 39.2 万亿元，增加了 16.6 万亿元，增长了 73.45%；数字经济占 GDP 的比重不断上升，从 30.29% 提升到 38.58%，提高了约 8 个百分点。从增速上看，每年数字经济名义增速保持在高位，2017 年超过了 20%，2020 年在疫情影响下仍实现 9.5% 的增长。同时，从 2017 年到 2020 年，数字经济名义增速分别是同期 GDP 名义增速的 1.8 倍、1.4 倍、1.9 倍和 3.2 倍（见图 1）。另外，从 31 个省区市来看，北京、上海数字经济占 GDP 比重均超过了 50%，广东、浙江等六省市均超过了 40%，重庆、四川、贵州等八省市均超过了 30%；从 31 个大中城市来看，深圳、杭州、广州三大城市数字经济占 GDP 比重均超过了 50%，其余 28 个城市均超过了 37%，平均达到 45%。此外，国家统计局发布的数据显示，2021 年，高技术制造业增加值同比增长 18.2%，工业机器人、集成电路、微型计算机业增加值分别同比增长 44.9%、33.3%、22.3%，信息传输、软件和信息技术服务业增加值同比

---

① 省域方面，鉴于数据的可获得性和准确性，我们选取了除台湾、香港和澳门之外的 31 个省级行政区进行分析；市域方面，作为省域分析的延续，我们选取了除四个直辖市和拉萨之外的 31 个大中城市进行分析。

增长 17.2%；投资方面，电子及通信设备制造业投资增长 25.8%，电子商务服务业投资增长 60.3%。这些数据都预示着，2021 年我国数字经济实现了快速增长。可以说，在我国经济增速不断放缓，外加新冠肺炎疫情的影响下，数字经济的逆势增长，正为我国经济提供了新的增长点，成为经济增长的新动能。

图 1　2016~2020 年我国数字经济增长情况

资料来源：根据国家统计局、中国信息通信研究院公开数据计算。

（二）新趋势：数据要素市场建设蹄疾步稳继续加码

一方面，海量的数据、丰富的场景、广阔的市场是我国数字经济发展中相对于美国等数字强国的比较优势。另一方面，数据要素市场是数字经济发展的重要基石①。加快建设和完善数据要素市场，是我国数字经济发展的必由之路。②

① 国家统计局在《数字经济及其核心产业统计分类（2021）》中指出，数字经济是以数据资源作为关键生产要素、以现代信息网络作为重要载体、以信息通信技术的有效使用作为效率提升和经济结构优化的重要推动力的一系列经济活动。也就是说，数据是数字经济运行和发展的重要基础、重要基石。

② 加快建设数据要素市场，一直是党中央、国务院的重要关注点。2020 年 4 月，中共中央、国务院印发《关于构建更加完善的要素市场化配置体制机制的意见》，提出加快培育数据要素市场；2021 年 3 月，《中华人民共和国国民经济和社会发展第十四个五年规划和2035 年远景目标纲要》明确提出，发展技术和数据要素市场；2022 年 1 月，国务院办公厅印发《要素市场化配置综合改革试点总体方案》，要求探索建立数据要素流通规则。

从数据价值化评价结果来看，31个省级行政区的总体水平在6.11，高于治理生态化和数字产业化水平；从省域和市域简单对比来看，31个大中城市的数据价值化水平明显高于省域水平。与此同时，省域均值大于省域中位数，也显示出部分省区市在数据价值化方面走在了前列，取得了积极效果；市域均值小于中位数，则表明31个大中城市中过半数的城市数据价值化水平较高，但也暴露出部分城市水平较低的问题，发展不平衡的问题值得关注（见表1）。

表1 省域和市域数字经济指数平均水平

项目	数据价值化	数字产业化	产业数字化	治理生态化	总指数
31个省级行政区均值	6.11	3.92	9.67	5.88	25.59
31个省级行政区中位数	5.68	1.56	9.20	5.55	21.24
31个大中城市均值	7.54	6.65	11.83	8.01	34.01
31个大中城市中位数	8.40	5.96	10.51	8.17	29.26

具体来看，31个省级行政区中的19个地区、31个大中城市中的21个城市已经上线了数据开放平台。其中，截至2022年1月7日，21个城市累积开放数据约48.83亿条。另外，全国建成大数据交易所（中心、平台）累积超过28家[1]，正在筹建、建设大数据交易所（中心、平台）11家[2]，

---

[1] 初步统计，截至2022年1月18日，28家包括：中关村数海大数据交易平台、北京大数据交易服务平台、贵阳大数据交易所、长江大数据交易所、武汉东湖大数据交易中心、西咸新区大数据交易所、重庆大数据交易市场、华东江苏大数据交易中心、华中大数据交易所、河北津京冀大数据交易中心、哈尔滨数据交易中心、上海数据交易中心、广州数据交易平台、杭州钱塘大数据交易中心、浙江大数据交易中心、深圳南方大数据交易中心、河南中原大数据交易中心、青岛大数据交易中心、潍坊大数据交易中心、山东省新动能大数据交易中心、山东省先行大数据交易中心、河南平原大数据交易中心、吉林省东北亚大数据交易服务中心、山东数据交易公司（山东数据交易中心、山东工业大数据交易平台）、山西数据交易服务平台、广西北部湾大数据交易中心、北京国际大数据交易所、上海数据交易所。

[2] 初步统计，截至2022年1月18日，11家包括：西部数据交易中心、湖南大数据交易所、北方大数据交易中心、雄安大数据交易中心、安徽大数据交易中心、湖北大数据交易集团、广东省数据交易中心、粤港澳大湾区数据平台、内蒙古数据交易中心、川渝大数据交易平台、深圳数据交易所。

形成数据交易制度文件约 22 份。综合来看，我国数据要素市场建设已取得了一些成效，蹄疾步稳开了一个好头。预计"十四五"期间，我国将在数据要素市场建设上取得实质性的进展。

（三）新支点：产业数字化引领传统产业改造提升

不管是从省域看还是从市域看，我国产业数字化水平均高于数字产业化的水平，产业数字化成为当前阶段数字经济发展的重要支撑。具体来看，省域产业数字化平均水平是数字产业化平均水平的 2.47 倍，31 个大中城市的该数据为 1.78 倍（见表 1）。其中，市域产业数字化水平显著高于省域水平。分省区市来看，如图 2 所示，在 31 个省级行政区中，除北京和广东外，其他 29 个省级行政区的产业数字化水平都高于数字产业化水平，其中，以重庆、河北、河南、山东、安徽、湖北等省市最为突出。分城市来看，如图 3 所示，在 31 个大中城市中，除深圳和哈尔滨之外，其他 29 个大中城市的产业数字化水平均高于数字产业化水平，其中，以宁波、长沙、南宁、武汉等城市最为突出。综合来讲，近年来我国致力于推动实体经济发展，促进新一代信息技术赋能传统产业，推动制造业数字化转型，均取得了明显的进展。

（四）新空间：数字产业化发展潜力充足、空间巨大

从评价结果来看，当前我国数字产业化水平整体偏低，相较于发展不平衡问题，发展不充分问题更为突出。从省域来看，在 31 个省级行政区中，数字产业化水平超过 3.92 这一平均水平的仅有广东、北京、上海、江苏、浙江、山东、四川 7 个省市，占比 22.58%，不到 1/4。在其余的 24 个省区市中，云南、山西、吉林等 11 个省区市数字产业化水平均低于 1，处于待开发、待发展状态。从市域来看，在 31 个大中城市中，数字产业化水平高于 6.65 这一平均水平的城市有 12 个，占比 38.71%，超过了三分之一。在其余 19 个城市中，昆明、太原、海口等 8 个城市数字产业化水平均低于 1。对比来看，广东、北京等省市，以及深圳、杭州等城市的数字产业化水平均超过了 15。这表明，数字产业化发展虽然缓慢，但前景尤为广阔。同时，

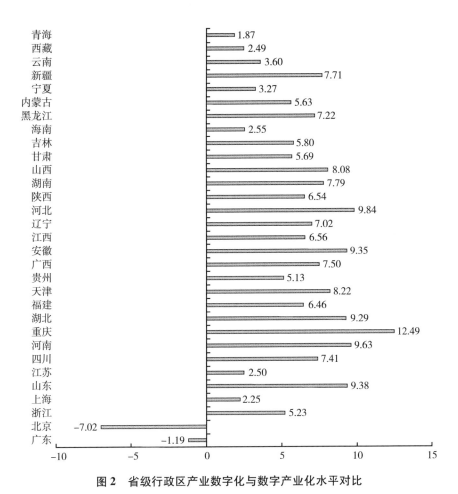

图2 省级行政区产业数字化与数字产业化水平对比

注：图中显示的是"产业数字化水平－数字产业化水平"的结果。

当下省域数字产业化水平仍整体大幅低于市域水平。这也预示着，全国各地的数字产业化发展具有巨大的空间。需要指出的是，数字产业化水平与新一轮科技革命和产业变革的进程息息相关，随着5G、大数据、物联网、区块链、人工智能、VR/AR等技术商业化应用进程的加快，数字产业化发展将迎来爆发期。而随着超级计算机、量子计算机、量子通信科学研究和试验取得新进展，以及人类对于元宇宙的积极探索、科学开发和合理利用，数字产业化或将成为数字经济发展的主力军。

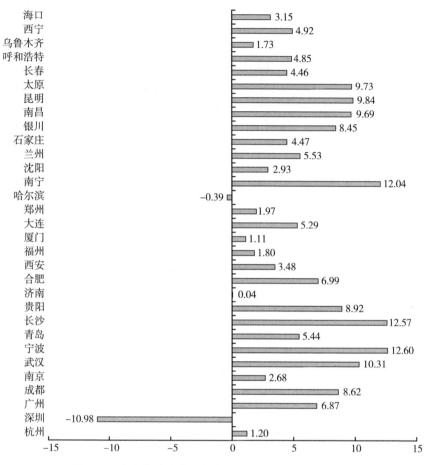

图3　31个大中城市产业数字化与数字产业化水平对比

注：图中显示的是"产业数字化水平−数字产业化水平"的结果。

（五）新问题：发展与治理矛盾突出造成不健康、不规范事件频发

当前，我国数字经济领域的主要矛盾是数字经济快速发展背景下，加速增长的良好数字生态需要与不健全不完善的数字治理体系之间的矛盾。具体来看，我国数字经济规模不断增长，但治理生态化总体水平偏低。在31个省级行政区中，治理生态化水平均低于15、超过10的仅有广东和北京；31个大中城市的治理生态化水平整体高于省域水平，但治理生态化水平超过

10 的也仅有 6 个城市。正是基于此，2021 年以来，我国数字经济发展中出现了诸多不健康、不规范的事件。这也在提醒我们，要不断加强数字治理，促进数字经济健康发展，造福广大群众。

二 省域数字经济发展基本呈现"1+5+N"的总体格局

从 31 个省级行政的数字经济发展情况看，截至 2021 年底，我国省域数字经济发展基本呈现"1+5+N"的总体格局。其中，"1"代表广东省"一枝独秀"，占据引领地位；"5"代表北京、浙江、上海、山东、江苏五省市竞相发展，各显优势和特色；"N"代表数字经济发展水平整体较低的其他 25 个省区市的特色和短板。

（一）东部地区发展水平遥遥领先，是中部、西部、东北地区的 2.19 倍

如图 4 所示，分地区看，我国数字经济发展呈现出东部遥遥领先的趋势。从平均水平来看，东部地区数字经济发展平均水平是西部地区、东北地区的两倍以上，是中部地区的 1.74 倍，是中、西、东北三大地区平均水平的 2.19 倍。其中，"1+5"位列前六强的省市都分布在东部。分领域看，东部地区数字产业化水平远远高于其他地区，数据价值化水平呈现东北—西部—中部—东部阶梯式上升态势，治理生态化水平的地区间差距较小，产业数字化水平整体较高。

（二）广东"一枝独秀"，全面引领数字经济发展

如图 5 所示，从评价结果来看，广东省数字经济发展总体水平达到 72.59，位列全国第一，高于位列第二的北京 14.39 个点，高于位列第三的浙江 20.47 个点。进一步来看，广东省数据价值化水平、数字产业化水平、产业数字化水平、治理生态化水平均位居全国第一，分别为 16.84、21.64、

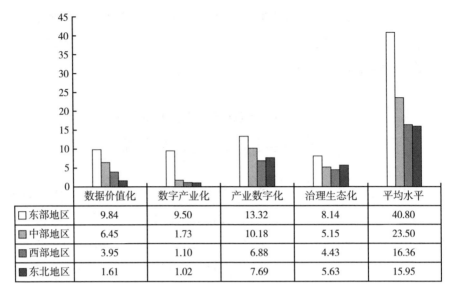

	数据价值化	数字产业化	产业数字化	治理生态化	平均水平
□东部地区	9.84	9.50	13.32	8.14	40.80
中部地区	6.45	1.73	10.18	5.15	23.50
西部地区	3.95	1.10	6.88	4.43	16.36
东北地区	1.61	1.02	7.69	5.63	15.95

图4 分地区数字经济发展平均水平

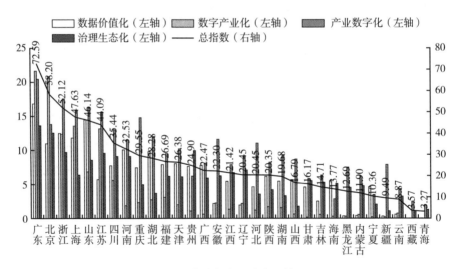

图5 省域数字经济发展情况

20.45、13.65；在二级指标中，广东省在数据要素流通、数据要素带动、数字产品制造业、服务业数字化、数字基础设施五个方面也位列全国第一，在数据要素供给、数字产品服务业、数字技术应用业、数字要素驱动业、网络安全保护等方面位列全国前五。可以说，广东省数字经济发展在全国"一枝独秀"，在数字经济发展中基本实现了全面引领。值得关注的是，就数字经济产业本身而言，广东省数字产业化实现了与产业数字化齐头并进，交相呼应、均衡发展，在全国31个省区市中率先实现较充分且均衡的发展。当然，我们也必须看到，在我国治理生态化水平整体偏低的情况下，广东省也未例外，应尽快补齐这一短板，并在数据价值化方面继续发力。此外，广东省还应加快推进工业数字化进程，补齐农业数字化、制度环境建设等方面的短板。

（三）京浙沪鲁苏五强竞逐，各显优势、各具特色

如图5和图6所示，相较于其他省区市而言，北京、浙江、上海、山东、江苏分列全国数字经济发展第二至第六位，整体水平较高。其中，列第六位的江苏高于列第七位的四川约9个点。至此，全国数字经济发展基本呈现"1+5+N"的总体格局。

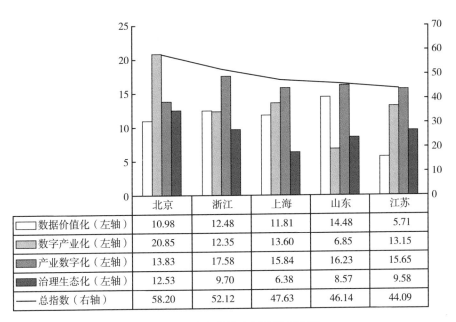

	北京	浙江	上海	山东	江苏
数据价值化（左轴）	10.98	12.48	11.81	14.48	5.71
数字产业化（左轴）	20.85	12.35	13.60	6.85	13.15
产业数字化（左轴）	13.83	17.58	15.84	16.23	15.65
治理生态化（左轴）	12.53	9.70	6.38	8.57	9.58
总指数（右轴）	58.20	52.12	47.63	46.14	44.09

图6 京浙沪鲁苏数字经济发展情况

进一步看，北京在数字产业化和治理生态化方面优势明显，分别达到20.85和12.53，与广东省同处最高梯队，远高于其他省区市的发展水平。其中，北京市在数字产品服务业、数字技术应用业及制度环境建设方面均位列全国第一。在全国数字产业化水平和治理生态化水平整体偏低的背景下，各省区市应先向北京看齐。

另外，相较于北京、上海、山东、江苏而言，浙江的产业数字化水平处于领先地位，在全国仅次于广东，达到17.58；数据价值化水平列全国第三位，治理生态化水平列全国第四位，数字产业化水平列全国第五位。值得关注的是，浙江数据要素供给列全国第一位，数字技术应用业列全国第二位，数字产品制造业列全国第三位，数据要素带动、服务业数字化、数字基础设施等均列全国第四位。

上海数字产业化水平列全国第三位，仅次于广东和北京。在二级指标中，上海数字要素驱动业居全国第一位，数字技术应用业、服务业数字化均列全国第三位，数据要素流通列全国第四位，数据要素带动列全国第五位。

相较于北京、浙江、上海而言，山东数据价值化水平走在前列，在全国仅次于广东，列第二位；产业数字化水平较高，在全国仅次于广东和浙江，列第三位。其中，山东在数据要素供给、数据要素流通、数据要素带动方面均居全国前三，在农业数字化方面居全国第二，在工业数字化方面居全国第四。

相较于北京、浙江、上海、山东而言，江苏在数字产业化、产业数字化、治理生态化方面均表现得较为平稳，分别列全国第四位、第五位、第五位。从二级指标看，江苏在数据要素带动、数字产品制造业、工业数字化、制度环境建设等方面均居全国第二位，但囿于数据要素供给、数据要素流通等数据价值化方面的短板，在五强竞逐中未取得显著的优势。

此外，在数字经济发展中，北京还需补齐工业数字化的短板，浙江还需补齐数据要素流通、制度环境建设、网络安全保护等方面的短板，上海还需补齐治理生态化，特别是数字基础设施等方面的短板，山东还需补齐数字产业化，特别是数字产品制造业方面的短板。

（四）河南：数据价值化迈入第一梯队，领跑中部

在全国数字经济"1+5+N"格局中，虽然广东、北京、浙江、上海、山东、江苏等"1+5"省市整体实力较强、优势明显，但在其他省级行政区中，也有不少地区数字经济的相关指标闯入了"1+5"前六强——第一梯队。如图7所示，河南数据价值化水平达到10.08，闯入全国第一梯队，列全国第六位，与上海、北京等地处于同一水平，在中部六省中处于领先地位。具体来看，河南省不仅在2017年就成立了河南中原大数据交易中心、河南平原大数据交易中心，还在2018年上线了公共数据开放平台，是国内较早布局推进数据价值化的地区。

图7　数据价值化水平全国省域六强

（五）重庆：产业数字化位列第一梯队，领先西部

在数字产业化指标中，全国六强均由广东、北京、浙江、上海、山东、江苏等"1+5"省市占据。但在产业数字化指标中，重庆市闯入了前六强，位列全国第六，与上海、江苏等处于同一水平。进一步来看，如图8所示，在西部十二个省级行政区中，重庆市产业数字化水平为14.81，远远高于6.88的平均水平。可以说，除与四川省基本持平外，在西部处于大幅领先的地位。在产业数字化之中，重庆市工业数字化位列全国第三、农业数字化位列全国第五，并且智能制造企业区域平均水平、两化融合水平均位居全国前列。

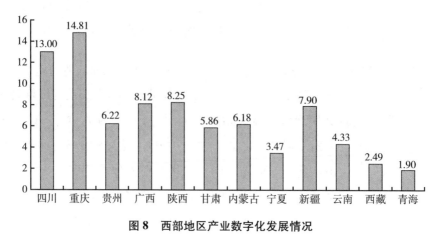

图 8　西部地区产业数字化发展情况

（六）贵州：治理生态化稳居第一梯队，位居第三

在数据价值化、数字产业化、产业数字化三个指标方面，前三强一般被广东、北京、浙江、上海、山东等五个省市包揽。但在治理生态化指标方面，贵州异军突起，位列全国第三，稳居第一梯队，这在一定程度上也打破了东部地区在数字经济发展上大幅领先的局面，为后发地区闯新路树立了典范。具体来看，根据中国互联网络信息中心 2021 年发布的第 48 次《中国互联网络发展状况统计报告》，截至 2021 年 6 月 30 日，贵州省的域名数为2952398 个，位居全国第三，占域名总数比例达到 9.4%。另外，贵州的数据安全治理走在了全国前列。据了解，除率先成立省厅级大数据管理机构外，贵州大数据安全工程研究中心已经成立四年有余，《贵州省大数据安全保障条例》《贵阳市大数据安全管理条例》已发布施行，贵州还成功入选全国首批数据管理能力成熟度评估试点地区，省内企业成功获批全国首家数据安全能力成熟度模型认证机构。

三　31 个大中城市数字经济发展进入 "25618" 全面竞争时代

从市域数字经济发展情况来看，31 个大中城市阶梯式格局明显，已然进入了"25618"全面竞争时代。其中，杭州和深圳位列第一梯队，广州、成都、南京、武汉、宁波 5 个城市位列第二梯队，青岛、长沙、贵阳、济南、合肥、西安 6 个城市位列第三梯队，其余 18 个城市则位列第四梯队（见图 9）。31 个大中城市的激烈竞争，既凸显了各城市对数字经济发展的重视，也表明了数字经济正成为我国经济转型升级、迈向高质量发展的大势所趋，更揭示了数字经济对新发展格局的深刻影响。

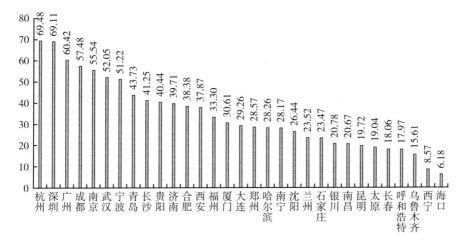

图 9　31 个大中城市数字经济发展情况

（一）两强争锋，杭深竞逐"全国数字经济第一城"

在第一梯队中，杭州和深圳的数字经济发展水平分别为 69.48 和 69.11，同处第一梯队，领跑 31 个大中城市，竞逐"全国数字经济第一城"。当下，杭州虽然略胜一筹，但就产业本身而言，深圳依然占据比较明显的优势。具体来看，如图 10 所示，杭州与深圳在数据价值化和产业数字化方面基本持平，杭州稍微领先；在数字产业化方面，深圳达到 27.55，高出杭州 10.7 个点，优势明显；在治理生态化方面，杭州大幅领先，高出深圳 7.2 个点。综合来看，杭州在治理生态化、数据价值化、产业数字化三个方面均领先于深圳，但在数字产业化方面相对于"鹏城"较为薄弱，仍需继续发力；深圳则需尽快补齐治理生态化短板，特别是相关制度建设方面的相对短板。

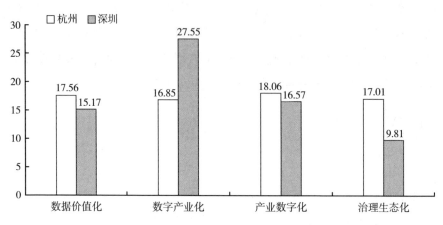

图 10　杭州和深圳数字经济发展情况

此外，对比 31 个大中城市中，深圳在数据要素带动、数字产品制造业、数字产品服务业、数字技术应用业、数字要素驱动业、服务业数字化等方面均位居第一，在数据要素供给方面位列第二；杭州在数据要素供给、制度环境建设方面均位居第一，在数据要素带动、数字产品制造业、数字要素驱动业、数字基础设施方面均位列第二。

（二）五城领先，成为区域数字经济中心城市

从图 9 我们可以直观地看出，在杭州和深圳两强争锋的背景下，广州、成都、南京、武汉、宁波五城紧随其后，位列第二梯队，数字经济总体水平超过 50，数字经济发展成效明显、趋势向好，成为区域数字经济中心城市。如表 2 所示，这主要体现在五大城市在某些指标上表现突出。例如，广州产业数字化居 31 个大中城市的第一位、数字产业化列第三位；成都产业数字化位列第二、治理生态化位列第三；南京治理生态化位列第二；武汉数据价值化位居第三，其中数据要素流通位列第一；宁波产业数字化位列第三。

表2　数字经济指数主要指标城市七强

排名	城市	数据价值化	城市	数字产业化	城市	产业数字化	城市	治理生态化
1	杭州	17.56	深圳	27.55	广州	21.92	杭州	17.01
2	深圳	15.17	杭州	16.85	成都	21.41	南京	15.22
3	武汉	14.24	广州	15.05	宁波	20.81	成都	12.21
4	广州	13.87	南京	13.66	武汉	19.37	宁波	11.45
5	青岛	11.73	成都	12.79	长沙	18.90	大连	10.41
6	成都	11.06	济南	9.55	杭州	18.06	济南	10.20
7	贵阳	11.06	西安	9.48	深圳	16.57	深圳	9.81

　　当下，五大城市正竞逐全国数字经济中心城市。其中，广州先行一步，已半步迈入全国数字经济中心城市行列，但仍需补齐治理生态化方面的短板（见图11）；成都紧随其后，在均衡发展上已取得积极成效，但面对产业数字化方面的激烈竞争，仍需打造自身的显著优势；南京在治理生态化方面表现突出，但各项指标水平各异、不均衡，仍需补齐数据要素流通等数据价值化方面的短板；武汉亦是如此，应尽快补齐制度环境建设等治理生态化方面的短板，力争在数字产业化方面取得新进展；宁波则需继续巩固产业数字化、治理生态化方面的领先地位，补齐数字产品服务业、数字技术应用业、数字要素驱动业等方面的短板。

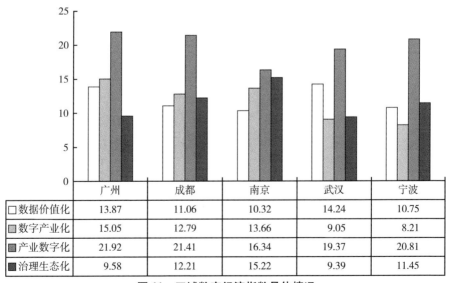

	广州	成都	南京	武汉	宁波
□数据价值化	13.87	11.06	10.32	14.24	10.75
▨数字产业化	15.05	12.79	13.66	9.05	8.21
▩产业数字化	21.92	21.41	16.34	19.37	20.81
■治理生态化	9.58	12.21	15.22	9.39	11.45

图11　五城数字经济指数具体情况

（三）六城追赶、十八城尚需努力，东西南北力争遍地开花

如图 9 所示，在区域数字经济中心城市之下，青岛、长沙、贵阳、济南、合肥、西安六城分列 31 个省级行政区数字经济发展水平第 8 至 13 位，位于第三梯队，平均水平低于第一梯队约 27 个点、低于第二梯队近 15 个点，处于追赶态势。六城之后，福州、厦门、大连、郑州、哈尔滨、南宁、沈阳等十八城位列第四梯队，平均水平低于第一梯队约 47 个点、低于第二梯队约 34 个点、低于第三梯队近 20 个点，在数字经济发展上仍需下一番功夫。

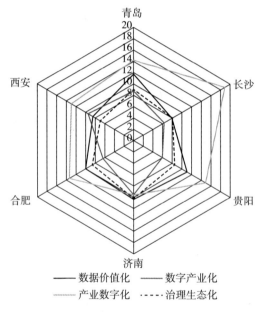

图 12 六城数字经济发展追赶态势

对比来看，青岛、长沙、贵阳、济南、合肥、西安六城在追赶五城、努力打造区域数字经济中心城市过程中，也取得了积极成效。如图 12 所示，长沙在产业数字化方面优势明显，但在数据价值化和数字产业化方面仍未见明显成效；青岛在数据价值化方面存在比较优势，但数字产业化发展并不充分，产业数字化的基础优势未得到有效发挥；贵阳在产业数字化和数据价值

化方面取得积极进展，但在数字产业化方面的短板仍然明显；合肥各项指标评价结果分布情况与贵阳相似，但在产业数字化与数据价值化方面稍逊一筹，尚无明显优势显现；西安在数字产业化方面较长沙、贵阳、青岛、合肥成效明显，但在产业数字化方面优势未显，仍需继续发力；济南在数字产业化方面与西安齐平，在治理生态化方面优势显现，但在产业数字化方面成效尚不明显。

（四）贵阳：数据价值化位列第六，以"创新机"引领"抢新机"

贵阳数据价值化水平与成都并列 31 个大中城市的第六位，在打造区域数字经济中心城市方面已初见成效。具体而言，在数据开放平台方面，截至 2022 年 2 月 22 日，贵阳市政府数据开放平台已上线 5 年有余，开放数据 1473 万条，包括 2790 个数据集，涉及全市 44 个市级部门和 13 个区县，平台访问次数达到 446 万次，数据下载次数达到 147 万次，"起步早、开放多、范围广、关注高、应用足"成为贵阳市数据开放的重要特征。另外，在数据交易场所设立方面，全国首家大数据交易所——贵阳大数据交易所已成立近 7 年，相关成果和经验得到了国家发改委的充分肯定，被全国信标委授予大数据交易标准试点基地。2022 年 1 月，国务院印发《关于支持贵州在新时代西部大开发上闯新路的意见》，明确"支持贵阳大数据交易所建设，促进数据要素流通"。作为数字经济发展的重要基础，我们期待贵阳市在数据价值化上的大胆闯、大胆试、大胆探索，感恩奋进、不负期待，以"创新机"引领"抢新机"，以理论创新、制度创新、标准创新、法治创新引领新发展，将数据价值化的优势最终转化为产业数字化和数字产业化的优势。

（五）济南：治理生态化和数字产业化均位列第六，齐头并进

济南治理生态化水平和数字产业化水平均位列 31 个大中城市第六位，区域数字经济中心城市建设进度已过半。具体来看，如图 13 所示，在数字经济二级指标方面，济南市有八项指标位列前十强。其中，数字基础设施建设列第四位，网络安全保护列第五位，工业数字化和数字要素驱动业均列第

六位。可以说，济南市离建成区域数字经济中心城市仅一步之遥。工信部数据显示，2020年济南市互联网宽带接入普及率达到47.03%，在31个大中城市中列第五位；信息安全收入达到121亿元，在31个大中城市中位列第三。另外，据36氪研究院2021年4月发布的《2020年中国城市数据中心发展指数报告》，济南市数据中心总指数达到66.29，位列全国46个城市中的第二梯队。在诸多指标向好的同时，济南市在数据要素流通、服务业数字化方面仍存在短板。

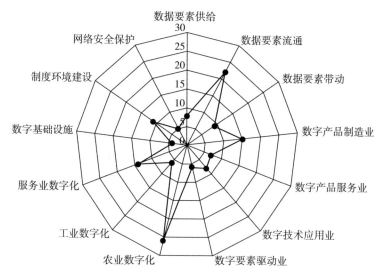

图13　济南市数字经济主要指标在31个大中城市排名情况

（六）长沙：产业数字化位列第五，产业基础较为深厚

长沙产业数字化水平列31个大中城市的第五位，特色明显。其中，工业数字化居第一位，服务业数字化列第十位，农业数字化列第十一位。究其原因，长沙制造业基础雄厚、结构好、粗放型工业少，政策力度大、转型压力小、制造企业活力强。长沙市市长郑建新在长沙市第十六届人民代表大会第一次会议上作《政府工作报告》时指出，过去五年，智能制造成为长沙市的新名片，"22条产业链建设深入推进，'三智一芯'产业布局基本成

型，7大千亿级产业集群持续壮大"；过去一年，"加快建设国家重要先进制造业高地，'1+2+N'优势产业集群持续壮大"；未来五年，长沙将着力打造先进制造领跑优势，大力培育集成电路、软件、航空（大飞机）配套、人工智能等新兴产业，争创国家数字经济创新发展试验区。[①] 未来。在数字经济中心城市的赛道上，在产业数字化的进程中，长沙始终是值得关注的重点。

（七）大连：治理生态化列第五位，出台"十四五"数字经济发展专项规划

大连治理生态化水平列31个大中城市的第五位，在区域数字经济中心城市建设上取得了积极进展。其中，在制度环境建设方面，大连居第二位，仅次于杭州。具体来看，2022年1月，大连市发布《大连市数字经济发展"十四五"规划》，是落实我国数字经济领域首部国家级规划《"十四五"数字经济发展规划》的切实举措，走在了全国前列。大连市数字经济规划明确提出，"十四五"期间，将"统筹数字产业化、产业数字化、数字化治理、数据价值化协调发展，加快打造面向东北亚、全国一流的数字经济体系，助力实现'两先区'的发展目标"。[②] 此外，大连市为支持和规范数字经济发展，已设立了数字经济发展专项资金，并印发了相应的管理办法和实施细则。总的来讲，大连市在数字经济发展的制度建设上走在了前列，但为了打造"全国一流的数字经济体系"，仍需补齐数据价值化，特别是数据开放平台、数据要素流通方面的短板，并在打造全国一流的数字产业化发展高地方面规划时间表和路线图，制定具体方案。

---

① 郑建新：《政府工作报告——2021年12月30日在长沙市第十六届人民代表大会第一次会议上》，《长沙晚报》2022年1月10日。

② 大连市发改委：《大连市数字经济发展"十四五"规划》，大连市发展和改革委员会官网，https://pc.dl.gov.cn/art/2022/1/17/art_6929_1998588.html，2022年1月17日。

四 新时代推动数字经济发展的"二十四字诀"

不断做强做优做大数字经济，是以习近平同志为核心的党中央作出的重大战略决策，是新一轮科技革命和产业变革的新机和先机，谁在数字技术、数字经济的竞争中赢得主动、赢得优势，谁就能赢得未来。为此，必须牢牢把握新时代推动数字经济发展的"二十四字诀"，即"提高认识、创造机遇、回归初心、加强攻关、解决矛盾、加快研究"，增强数字经济工作的主动性和前瞻性。

（一）提高认识，以数字经济引领三次产业融合高质量发展，建设现代化经济体系

推动数字经济发展，首先要提高认识，深刻认识到数字经济代表着先进生产力的发展方向，代表着三次产业平衡发展、融合发展的新路径。未来，数字技术引领推动下的数字经济不再是概念、不再是口号，其"发展速度之快、辐射范围之广、影响程度之深前所未有"[1]，正成为"建设现代化经济体系的主要形态、引领高质量发展的主要动力"[2]。进一步讲，一方面，互联网、大数据、云计算、人工智能、区块链、量子科技等数字技术正引领新一轮科技革命，数字生产力成为新时代的第一生产力。另一方面，数字经济的主要内容——产业数字化和数字产业化囊括了三次产业，既是推动经济发展"一举三得"的重大机遇，也是化解诸多城市"二产优先""三产优先"战略疑问、搁置争议、协调推动二三产业发展的重要抓手。立足当下，必须要坚持以数字经济引领一二三产业融合高质量发展，加快建设现代化经济体系。

---

① 习近平：《不断做强做优做大我国数字经济》，《求是》2022年第2期。
② 胡拥军：《从数字经济的大视野观瞻探索精准落地的小切口政策》，《中国经贸导刊》2021年10月下旬刊。

（二）创造机遇，以数据资源开发利用法激活数据要素市场，孕育数字经济发展新机

数据是数字经济发展的关键要素，数据要素市场的构建和完善是数据要素顺畅、高速流通的重要基础，也是数字经济得以跨越式发展的重要转折点。同时，当下我们所能确认的是，数字经济会成为新一轮产业变革的"新机"；不能确认的是，数字经济的"新机"究竟为何——抑或不一而足，未有定论。所以，我们需要主动作为，创造机遇，从数据入手，夯实基础，厘清数据资源的产权问题、流通问题、权责问题，谋划出台"数据资源开发利用法"等相关政策法规，与《数据安全法》《个人信息保护法》等相辅相成，降低数据要素流通的合规成本，释放数据要素的内在价值，激活数据要素市场。如此，随着数字基础设施的完善、数据要素市场的运行和完善，现有市场主体、数字经济业态将进入高速发展期；一些新企业组织、新产业类型也将不断涌现，填补市场空白。在数字经济发展中，领先一步的企业、地区，将进一步占据先发优势、占据新机。

（三）回归初心，以服务人民需要审视数字经济发展，抑制不健康、不规范的苗头和趋势

不管是产业数字化还是数字产业化，当前大多处于数字经济的成长期，较繁荣期数字经济规模仍然较小，发展空间仍然巨大。这也意味着，随着数字技术的加速成熟，数字经济的扩张将带来诸多的可能，既有好的一面也有坏的一面。在这个关键的路口，我们必须为数字经济发展树立新规则，以制度建设避免数字经济在高速路上跑偏、下错路口，确保数字经济规范、良性发展。新规则的建立，要符合共同富裕的总要求，符合数字经济发展规律。当前，发展不平衡不充分是我国面临的首要问题。数字产业化的充分发展，是我国经济社会发展的需要。但充分发展不是放任发展，不是野蛮扩张，不是损人利己。另外，从社会主要矛盾看，不平衡发展的矛盾要重于不充分发展的矛盾。换句话说，充分发展要服从于平衡发展，切不可顾此失彼。为

此，各地应回归服务人民需要的初心，加强制度建设、法治建设，对不健康、不规范的市场行为予以处罚和纠正，坚决遏制不合法行为的苗头。

（四）加强攻关，以数字关键核心技术创新打通数字经济发展堵点，增强发展自主权

数字关键核心技术是数字经济发展的重要基础，是诞生新产业、新业态的重要源头，是数字中国建设的重要基石。没有数字关键核心技术的支撑，发展数字经济就容易失去先机和新机；关键核心技术受制于人，数字经济发展就会始终存在巨大隐患。没有真正的核心技术，没有数字核心关键技术的自主创新，我们将永远处于陪跑状态，无法实现跨越式、引领性的发展。因此，各省区市应增强紧迫感、使命感，勇担责任。一是瞄准"传感器、量子信息、网络通信、集成电路、关键软件、大数据、人工智能、区块链、新材料"[1]，以及6G、太赫兹、8K、神经芯片等战略性前瞻性领域，加强与本土企业的联系，围绕企业需求设立攻关项目。二是发挥新型体制优势，集中区域各界力量，创建数字核心关键技术"自主创新共同体"，降低协同创新成本，建设区域自主创新体系。三是设立数字关键核心技术攻关榜单，鼓励全国各地企业揭榜，完善相关激励体系。

（五）解决矛盾，以区域数字经济治理统筹助力协调发展，实现"东数西算"与"西数东用"同频共振

在我国"1+5+N"的省域数字经济发展总体格局和"25618"的市域数字经济竞争格局中，仍存在东部地区遥遥领先等发展不平衡问题。而在各省区市内部，也不同程度地存在诸多发展不平衡问题。消除区域间数字经济发展鸿沟，需要加强区域数字经济治理。一方面，广东等数字经济强省，以及深圳、杭州、广州等数字经济中心城市，要积极利用东西部协作等制度安

---

① 《"十四五"数字经济发展规划》，http://www.gov.cn/zhengce/content/2022－01/12/content_ 5667817. htm，2022 年 1 月 12 日。

排，结合"东数西算"等机遇，建立与中部、西部、东北地区和城市数字经济协同发展机制，加强区域数字经济交流，实现互利共赢。另一方面，西部地区数字基础设施相对薄弱、数字企业相对较少，许多数据"躺在仓库里睡大觉"，无法充分发挥其价值，为此，数字经济先发地区可积极探索合作机制，围绕本土企业需求，向后发地区引进相关数据，以实现"西数东用"，为全国一体化数据要素市场建设破题。

（六）加快研究，以"十四五"专项规划为契机描绘数字经济发展路线图，成立数字经济管理机构

数字经济是我国经济发展的战略选择，五年规划是我国推进经济发展的重要方式，在国家出台《数字经济发展战略纲要》《"十四五"数字经济发展规划》的背景下，各地应加快出台"十四五"数字经济专项规划，绘制数字经济发展路线图，铸造区域新优势。与此同时，由于数字经济涉及农业、工业和服务业，主管部门不一、管理体系不一，数据价值化、产业数字化、数字产业化、治理生态化进程往往相互分割，难以实现协同发展，难以形成叠加效应。另外，我们正处在一个大变革的时代，大数据时代并不是终点，而是起点，大数据管理局终将成为我们迈向数字文明时代的过渡机构——这也是国家层面迟迟未设立专门的大数据管理机构的重要原因。有鉴于此，各地不妨借制定"十四五"数字经济专项规划之机，率先成立专门的数字经济管理机构，以统筹数字经济发展，加强数字经济运行、数据统计监测，增强区域数字竞争力。

参考文献

习近平：《不断做强做优做大我国数字经济》，《求是》2022年第2期。

《"十四五"数字经济发展规划》，http://www.gov.cn/zhengce/content/2022-01/12/content_5667817.htm，2022年1月12日。

胡拥军：《从数字经济的大视野观瞻探索精准落地的小切口政策》，《中国经贸导

刊》2021年10月下旬刊。

工业和信息化部：《2020年软件和信息技术服务业年度统计数据》，https：//www. miit. gov. cn/rjnj/rj. html，2022年1月18日。

工业和信息化部：《2020年互联网和相关服务业年度统计数据》，https：//www. miit. gov. cn/hlwnj/hlw. html，2022年1月18日。

工业和信息化部：《2020年通信业统计公报》，https：//www. miit. gov. cn/txnj/tx_ index. html，2022年1月18日。

中国互联网络信息中心：《第48次〈中国互联网络发展状况统计报告〉》，http：// www. cnnic. net. cn/hlwfzyj/hlwxzbg/hlwtjbg/202109/t20210915_ 71543. htm，2021年9月15日。

国家统计局：《中国统计年鉴2021》，中国统计出版社，2021。

B.5
数据要素价值化与数据资源
开发利用研究

摘　要： "十四五"时期，我国数字经济迈入关键发展阶段，数据成为新型生产要素，数据要素的价值释放成为亟待破解的命题，数据资源开发利用进入价值深度释放的新时代。本报告以加快数据要素价值释放为导向，在充分研究数据要素价值化过程的基础上，分析当前数据资源开发利用现状和存在的问题，进而提出数据资源开发利用的方法和路径，推动构建数据资源有序流动、高效配置、公平治理的数据要素市场体系，为数字经济健康快速发展构筑核心驱动力。

关键词： 数据资源开发利用　数据要素市场　数据价值化

随着大数据、云计算、人工智能、5G等数字技术的日益成熟，数据作为新型生产要素，与土地、劳动力、资本、技术等并列出现在国家要素市场化配置综合改革中。2020年3月，中共中央、国务院发布的《关于构建更加完善的要素市场化配置体制机制的意见》首次将数据要素纳入市场化改革范畴，提出要加强数据资源整合，提升数据资源价值，加快培育要素市场。2021年12月，国务院办公厅印发《要素市场化配置综合改革试点总体方案》进一步提出要探索建立数据要素流通规则，拓展规范化数据开发利用场景。数据是重要战略资源和全新生产要素，通过对数据资源进行采集、存储、处理、分析、应用等一系列操作开发数据价值，进一步促进数据要素的交易和流通，对实现数据价值化具有重要作用。

一　数据要素价值化的重要意义

数据要素价值化主要是指数据价值的实现和倍增过程。数据要素不仅能够推动包括土地、劳动力、资本、技术等传统生产要素在内的生产要素体系重构，还能在融合中驱动传统产业数字化改造。因此，运用合理、有效的手段释放数据要素价值，使得数据要素的倍增效应得到充分发挥，释放数字化生产力，对助推传统产业转型升级、实现数字经济高质量发展至关重要。

（一）数据要素价值化是数据作为新型生产要素的核心要义

对于生产要素的理解与认识是把握经济发展规律的重要切入点。劳动力和土地是农业时代的关键生产要素，资本在工业时代打破了劳动力、土地的有限性后成为关键生产要素，数据在数字经济时代又成为继土地、劳动力、资本、技术后的关键生产要素。生产要素能否对生产活动产生全局性的影响是其能否成为关键要素的核心，也就是说，数据成为关键生产要素主要在于其能否产生足够的生产力和生产效能。作为劳动对象的数据要素，通过开发数据产品、服务以及高效的运作模式，能够有效激发数据潜在价值，从而使其具有价值和使用价值；作为劳动工具的数据要素，在关联、融合、创新中推动传统产业的优化重组和升级，实现生产效能的提升和生产力的发展。因此，正确认识数据作为新型生产要素的核心要义，是推动数据作为生产要素参与生产，进行市场化配置，形成生产要素价格体系，也就是实现数据要素价值化的过程。

（二）数据要素价值化是培育发展数据要素市场的关键环节

数据要素市场是数据要素在交换和流通过程中形成的市场。在市场化配置过程中，以市场为根本导向，实现数据要素价值的最大化和效率最优化。[①]

---

① 国家工业信息安全发展研究中心：《中国数据要素市场发展报告（2020～2021）》，2021年4月。

数据要素市场化配置是一项复杂而艰巨的系统工程，要兼顾发展和安全、平衡效率和风险等，在推进数据价值化过程中形成的生产、管理、交易、利用等基础制度，是数据要素市场健康发育成长的关键。可以说，数据要素价值化作为数据要素市场的目的和手段，贯穿于培育和发展数据要素市场的全过程。通过数据开发利用、数据交易流通、数据证券化等数据要素价值化过程，有利于形成流动有序、配置高效的数据要素市场体系，进一步激发市场主体活力和创造力，在质量、效率、动力等方面全方位推动数字经济发展变革。

（三）数据要素价值化是传统要素市场化配置改革的内在动力

数据要素的价值不是数据本身所创造的，而是在与其他要素相互融合并形成协同中产生的。[①] 数据要素在融合中能够实现单一要素的价值倍增，也能促进要素间的连接和流通，形成新的要素组合和要素结构，发挥乘数效应和网络效应，释放数据生产力。[②] 具体而言，数据要素对传统要素市场化改革发挥的作用主要体现在三个方面：一是价值倍增，通过数据赋能传统要素生产效率提升，实现劳动、资本、技术等单一要素的价值倍增；二是资源优化，数据要素能够提升劳动力、资本、技术等资源配置效率，推动传统生产要素优化组合和高效配置；三是投入替代，数据要素可以驱动创新，对传统的生产要素产生替代效应，以更少的投入创造出更高的价值。

（四）数据要素价值化是实现数字经济高质量发展的重要条件

数字经济的核心是通过生产、管理、交易、利用等行为推进数据价值化，创造数据要素的价值。与此同时，数据要素价值化对于推动和维持数字经济可持续运行发挥着重要作用。一方面，数据要素价值化过程能够催生出新资本、新技术，不断发挥数据要素放大、叠加、倍增效应，形成要素间的新形态和组合，全面赋能数字经济，推动数字经济发展。另一方面，数据要

---

① 安筱鹏：《数据要素如何创造价值》，阿里研究院，2021 年 3 月。
② 李海舰、赵丽：《数据成为生产要素：特征、机制与价值形态演进》，《上海经济研究》2021 年第 8 期。

素的价值传递需要依托线下场景走完"最后一公里",将价值化的数据赋能实体经济,能够极大地加速产业创新升级。准确地讲,数据是一剂良性催化剂,有利于拓展经济发展空间,培育经济发展新动能,重新构建数字经济运行体系。

二 数据要素价值化的实现路径

资源和要素属于相互对应、相互关联的范畴,当资源具有通用性、全局性、价值性、流通性等多种属性之后,才具备了成为生产要素的可能。[1] 区别于传统生产要素,数据要素的价值主要体现在发掘和使用,因此数据资源的开发利用是前提,数据资源开发利用率越高,数据要素价值释放率就越高,两者之间呈正比例相关。数据资源的开发利用贯穿于数据要素价值释放的全过程,数据的资源化、资产化和资本化是数据要素价值实现的基本路径。

(一)数据资源化是数据要素价值释放的基础前提

数据资源化是通过数据的加工处理等一系列数据管理活动来推动原始数据向数据资源转变,使数据具备一定的潜在价值的过程。数据资源化以数据治理为工作重点,以提升数据质量、保障数据安全为目标,开展数据管理活动,确保数据的准确性、一致性、时效性和完整性,推动数据内外部流通。[2] 数据资源化是数据要素价值释放的基础前提和必要条件,没有经过任何处理的原始数据本身没有任何意义,难以加以利用并产生价值,只有经过收集、存储、加工等一系列数据处理活动后的高质量数据资源,才能成为有价值的数据资源,为下一步数据资产化和资本化做好准备,最终实现数据要素的价值释放。

---

[1] 何伟:《激发数据要素价值的机制、问题和对策》,《信息通信技术与政策》2020 年第 6 期。
[2] 在数据管理知识体系中,数据管理主要包括数据模型管理、数据标准管理、数据质量管理、主数据管理、数据安全管理、元数据管理、数据开发管理等活动。

（二）数据资产化是数据要素价值释放的核心环节

数据资产化是通过数据的确权、定价等数据洞察行为，将数据资源转变为数据资产，使数据资源的潜在价值得以充分释放的过程。数据资产化以扩大数据资产的应用范围、显性化数据资产的成本与效益为工作重点，包括数据确权、资产属性、价值评估、数据定价等活动，把数据与具体的业务场景结合起来，使数据供给端与数据消费端之间形成良性反馈闭环，在引导业务效率提升中实现数据价值。数据成为资产需要具备可控性、可量化和获益性三个基本条件，包括具有清晰的产权归属、科学的评估定价标准，并且可以带来价值收益。[①] 数据资产化是数据价值释放的关键环节，实现了数据要素从潜在价值到实际价值的质变，真正体现数据要素的价值属性。

（三）数据资本化是数据要素价值释放的全面升级

数据资本化是通过市场行为，在数据的交易和流动中产生增值效益，推动数据资产转变为数据资本，实现数据价值深化的过程。数据要素价值倍增是数据资本化的重点，通过将数据打包成金融产品进入资本市场，推动资本集聚，构建数据要素相关的金融市场体系。可以说，数据资本化过程是数据要素价值能够最终升华的关键，决定了数据要素市场化配置能否实现。数据作为金融产品在各行各业中有序流通，在供需平衡和生产交易中流向价值最大化的地方，充分实现数据的交换价值，实现了数据劳动成果的最大化和数据的价值倍增。数据的资本化过程是数据价值化过程中的一次"质的飞跃"，在很大程度上提升了数据的使用价值和交换价值。

三　数据资源开发利用发展现状

深度开发利用数据资源是数据价值化的前提，也是建设数据要素市场的

---

① 中国信息通信研究院：《数据价值化与数据要素市场发展报告（2021 年）》，http：//www. caict. ac. cn/，2021 年 5 月 27 日。

重要举措。目前，以政务数据的开发利用为重点领域，我国已拉开了数据要素市场化改革的新篇章。国家已经做出了顶层设计，正在加快落地实施，地方政府开展了一系列试验探索，发挥了示范引领效应，领军企业也进行了前沿探索，树立了行业标杆，贵州、广东、浙江、山东等多省份已经迈出了释放数据要素价值的坚实步伐。

（一）以数据管理为基础的数据资源化加速推进

当前，基于各项数据技术的更新升级，全球数据资源供应链已经初具规模，数据的及时性、准确性和完整性不断提升，数据开发利用的深度和广度不断拓展，但总体而言，即使欧美日韩等发达国家，仍处于数据资源化的初级阶段。目前，我国数据采集、管理、整合能力也在不断提升，形成了较为完整的数据链。在数据资源管理层面，多个地区通过打造综合性数据资源管理平台来提高数据资源的规范化管理水平，如浙江省提出建立一体化数字资源系统，实现全省数据资源的"一本账"管理。在数据资源开放层面，多个地区将公共数据开放平台作为本区域公共数据开放的主要设施和渠道，加快多源异构数据的融合和汇聚。截至 2020 年 4 月底，我国上线政府数据开放平台达到 130 余个，但开放的质量和数量仍有待提升。[①] 在数据资源治理层面，通过推动数据资源汇聚，建立动态资源目录，推动数据资源管理的一体化发展。如贵州省建立政府数据共享开放标准体系，指导规范各级数据共享开放细则和流程，实现了各部门数据共享开放有章可循、安全可控。《广东省公共数据管理办法》在国内首次明确将公共服务供给方数据纳入公共数据范畴，真正落实"一数一源"，有效解决基础数据重复采集、数据汇聚路径不清晰、数据质量问题难以追溯等难题。

（二）以数据确权为关键的数据资产化初步兴起

数据确权是当前全球数据资源开发中亟待解决的问题，是数据资产价值

---

① 中国信息通信研究院：《中国数字经济发展白皮书（2020 年）》，2020 年 7 月 3 日。

评估顺利开展的关键，各地区对此问题都进行了初步探索，但受到理论、法律、制度等诸多难点制约，数据确权在全球范围内未能达成普遍共识。从国内看，随着政府部门的改革逐步深入，中央及地方积极探索数据确权，部分地区出台相关文件，指导建设相关平台，筹划数据确权发展，推进数据的确权定价，为数据资产化进程奠定了基础。在国家层面，2019年9月工业和信息化部上线了"人民数据资产服务平台"，这是我国首个对数据的合法合规性进行审核的数据确权平台，其确权在一定程度上具有权威性。在地方层面，广东深圳出台了《深圳经济特区数据条例》，明确数据权的财产权属性与数据权的内容，着力解决数据要素产权配置问题。浙江发布大数据确权平台，通过采用开源大数据分布式计算框架和数据"可用但不可见"的混淆加密算法对数据确权认证。2021年10月，广东开出全国首张公共数据资产凭证，探索建立"以凭证承载资产、以凭证声明权益、以凭证治理数据、以凭证保障合规"的数据资产化模式。在企业层面，部分企业已开展数据资产价值评估探索性实践，光大银行发布《商业银行数据资产估值白皮书》，系统研究了商业银行的数据资产估值体系建设，提出了成本法、收益法、市场法等货币化估值方法。总体上看，我国在国家、地方、行业等多个层面进行了数据确权和数据资本化探索，有序推动了数据资产化迈出第一步。

（三）以数据交易为代表的数据资本化点状探索

当前，全球数据交易初具规模，数据要素市场格局逐渐明晰，正在形成数据交易主体、数据交易手段、数据交易中介、数据交易监管的"四位一体"发展格局。美国主要采用C2B分销、B2B集中销售和B2B2C分销集销混合三种数据交易模式，英国主要通过在金融市场开放安全的应用程序接口（API），将数据提供给授权的第三方使用，促进数据的交易和流通。日本创新"数据银行"交易模式，数据银行在与个人签订契约之后，将数据作为资产提供给数据交易市场进行开发和利用。在国内，已有贵阳大数据交易所、北京国际大数据交易所、上海数据交易所等15家地方性数据交易

所，探索形成数据清洗、脱敏、分析、建模等大数据交易技术，以及数据确权、数据定价、身份认证等大数据交易生态。在公共数据增值方面，山东济南搭建全市统一的政务区块链平台——"泉城链"，面向服务企业，推行数据授权运营，在确保数据安全的前提下，把政务数据授权给有资质、有能力的企业使用，丰富企业的数据维度，获取数据资产利润；在数据交易规则方面，天津市通过地方性规章引导培育大数据交易市场，规范数据交易行为，激发数据交易主体活力，促进数据资源流通；在市场数据流通方面，华夏银行杭州分行推出电商贷产品，通过获取企业经营数据、创建信贷估值模型等方式，创新数据质押融资，短时间内为符合条件的电商企业提供贷款。中航信托发行了全国首单基于数据资产的信托产品，将数据资产作为信托财产设立信托，通过信托受益权转让获得现金收入，并委托数据服务商对特定数据资产进行运用和增值，产生收益，最后进行信托利益分配。通过数据证券化、质押融资、数据信托等方式，完成了从数据资产到数据资本的闭环。

（四）以数据治理为要点的数据市场化发展缓慢

以数据监管为核心的数据治理是数据要素市场建设过程中的重要保障。在数据市场化运作中，数据要素流通的环节复杂，与传统要素相比更加容易发生泄露等问题，对数据安全和隐私保护的要求更高，甚至直接影响到数据要素的价值。当前，全球数据治理面临着诸多挑战，存在碎片化、滞后化等诸多现实困境，数据治理机制仍不完善，缺乏专门的数据治理机构，全球数据治理发展缓慢。在国内，《数据安全法》《个人信息保护法》的颁布和实施为规范数据处理活动、保障数据安全和个人组织的合法权益奠定了法律基础。但是，目前多数组织的数据安全能力处于较为初级阶段，对于数据资产流通的需求却在逐步攀升，随着数据规模的持续增加，多数组织现阶段面临难以平衡数据资产流通和数据安全合规的问题。当前，全国各地已经相继成立了大数据管理机构，广东省、浙江省、贵州省等14个地区设立了省级大数据管理局，贵阳市、广州市等12个地区设立了市级大数据管理局，负责指导、协调和监督本行政区域内的数据活动，监督管理数据交易市场，促进数据资源流通。

四　数据资源开发利用面临的困境

数据作为生产要素的价值创造也不是一蹴而就的，需要在技术创新和制度变革的双重驱动下经历由点到面的发展过程，但核心在于推动数据资源的开发利用，在开发利用中解决价值挖掘的问题，系统性地从全局角度探索数据资源价值的释放。当前，数据开发利用路径不明晰、数据交易流通机制不全、企业间数据不正当竞争、数据共享标准不统一、数据资源流通不畅、数据监管机制不完善等成为制约数据价值化的关键问题。

（一）数据资源管理统筹难

当前，我国拥有大量丰富的数据资源，数据资源管理统筹成为棘手难题，面临着数据汇聚困难、开放共享率低、应用效能不高等问题，数据资源存而不用、数据平台建而不通、数据要素汇而不慧、体制机制新而不兴问题依然突出。在政府层面，不同部门间、不同区域间仍然存在较高的数据壁垒，难以实现跨部门的数据资源调度，不同系统间条块分割明显，共享资源的反响速度和效率不高，统筹管理困难普遍存在。在政府和企业之间，数据双向开放意愿不高，数据安全级别不一，数据质量管理指引、规范、标准等欠缺，导致数据在政企间协调难度大。在市场层面，数据不正当竞争日益加剧，拥有独家数据资源的企业拥有更大的市场支配能力，导致数据资源垄断现象日益凸显，数据要素市场的可持续发展受到影响。总体而言，数据资源管理水平有待提升，数据管理模式和机制有待健全，数据开放能力有待进一步增强。

（二）数据资源产权确立难

数据确权是促进数据交易流通、实现数据要素价值的前提条件。目前，我国部分地区在地方性法规中探索确立了基本的数据财产权、个人数据权，

一些地方性数据交易所制定了内部适用的交易规则，但是在国家层面未出台相关法律对数据确权问题进行明确规定。由于缺乏明确的法律依据，当前全国范围内的数据交易业务并不活跃，从立法层面构建数据产权制度已刻不容缓。虽然目前就数据权属问题还未形成统一认识，难以通过地方性法规创设"数权"这一新的权利类型，但是对于"个人数据具有人格权属性""企业对其投入大量智力劳动成果形成的数据产品和服务具有财产性权益"已经取得普遍共识，深圳、上海等部分地方大数据立法提出了数据权益保障相关内容。

（三）数据资源交易破局难

数据交易是指数据买卖双方就数据所有权进行交易。当前，我国数据交易流通尚处于探索阶段，权属界定不清、要素流转无序、定价机制缺失、安全保护不足等问题一直是掣肘数据交易流转的痛点。一是数据交易流通合法性不明。我国现有立法尚未对数据交易、数据流通等的合法性进行明确，可交易和流转的数据范围没有明确的法律依据，市场主体出于合法性顾虑不敢进行数据交易流通。二是数据交易流通规则未建立。由于数据质量、标准、定价、结算等规则尚未建立，交易范式、分级分类、争议仲裁等标准不清晰，导致市场主体进行数据交易流通的动力不足，形成交易市场的要件尚不具备。三是数据交易流通模式不成熟。数据交易平台以及企业在实践中发展的数据流通模式仍处于起步阶段，市场运营体系尚不成熟，数据真实性、完整性、准确性、时效性难以保障，影响了数据交易流通的规模。

（四）数据资源治理监管难

数据作为关键生产要素重构了生产力和生产关系，从而带来了一系列安全风险问题，给数据资源治理和监管带来新挑战。一是监管手段和方式无法适应新发展。条块分割的监管体制与数据要素市场的协同联动性不相适应，传统线下监管手段与数据要素市场线上线下一体化特性不相适应。二是数据市场治理法治程度不高。数据市场治理相关顶层立法缺失，顶层制度方面缺乏统筹，完整的法律与制度框架还未形成，数据综合性监管体系不健全，相关部门与当事人的权利、义务和职责规定均有待衔接整合，法律监管理念和监管机构设置不能完全适应数据市场发展要求。三是数据市场监管协调难度较大，数据主管部门职责和定位不准确、各参与方的权责利益不清，数据市场监管职能分散，各部门监管边界不清，监管力度和范围有待加强。总体上，数据治理制度体系难以满足当下要素市场化发展需求，数据资源开发利用与安全风险治理困境亟待破解。

五 数据资源开发利用的对策建议

数据要素开发利用和价值释放是一项系统性工程，需要坚持安全与利用兼顾、战略与法规互补、理论与实践结合、执行与监督并重，通过多方在各个方面进行长期而艰苦的努力，持续完善理论体系、技术体系和制度体系，合理开采、有效利用数据资源"钻石矿"，激发对经济社会价值创造的乘数效应，实现数据作为新生产要素的价值跃升。

（一）完善数据资源制度规范

完善数据资源制度规范是管好用好数据资源的基础和前提，能够强化数据资源开发利用战略指引和路径规划。一是建立健全数据产权制度体系，明确数据的人格权益和财产权益，厘清数据相关权益的范围和类型，加快数据产权的界定，形成数据的所有权、支配权、使用权、收益权等数据产权规则，保障各类主体的分配权益，强化对数据使用权的制度约束以及对隐私权的保护。二是制定公平、开放、透明的数据流通、交易等基础性规则，抓紧开展数据资产评估、登记结算、交易撮合、争议仲裁等相关配套规则实践，规定数据资源开发利用应当遵循依法规范、促进流通、合理使用、保障安全的原则，全面提升数据资源质量。三是建立统一规范的数据管理制度，完善数据资产目录，制定数据资源分级分类管理办法，实现数据资源清单管理机制，促进数据规范化关联和分级安全保护。

（二）深度开发公共数据资源

公共数据资源的开发利用是当前数据资源价值化的关键内容和重点任务，要强化公共数据资源高质量供给、高水平开放和高效率利用，有效支撑政务服务、决策分析和数字政府建设。一是加强公共数据共享和开放。明确公共数据以共享为原则，不共享为例外，推进公共数据系统实现互联互通、数据共享和业务协同，建立公共数据开放负面清单，有序开放信用、卫生、医疗、企业登记、行政许可、交通、就业、社保等领域数据。二是强化公共数据资源质量管理，明确数据质量责任主体，探索数据质量自动核查机制，实施数据质量提升专项行动，对问题数据进行纠错，持续提升数据质量，确保数据规范、完整、准确。三是开展公共数据授权运营试点。在确保数据安全的前提下，鼓励第三方深化对公共数据的挖掘和利用，推动公共数据与企业数据深度对接，服务企业发展和便民利民应用，规范数据开发利用场景，不断提升公共数据资源开发利用能力。

（三）拓展行业数据应用场景

行业数据开发利用是培育数字经济新产业、新业态和新模式的重要途径。当前，我国行业间数据资源管理能力差异分布显著，工业和制造业、能源行业、医疗行业、教育行业等传统行业仍处于初级阶段，金融行业、互联网行业、通信行业、零售行业等较早享受数据红利，数据资源管理水平随之提升。因此，不断拓展各领域规范化数据应用场景，深化各个行业数据开发利用，将极大地提升数据资源价值释放水平。一是在金融、卫生健康、电力、物流等重点领域，结合自身业务对数据开展分析发掘和增值利用，探索以数据为核心的产品和服务创新，提升行业内的数据资源应用水平。二是推进融资服务大数据开发利用。推动企业登记、纳税、用电、社保、信用、不动产等数据在融资服务领域依申请开放，实现与金融机构、地方金融组织等数据对接。三是推动公共数据与行业数据的融合应用。探索建立面向各类市场主体的数据双向开放赋能机制，鼓励企业以公共数据为基础、结合市场数据开发数据产品与服务，提升数据资源的经济价值和社会效益价值。

（四）建立数据交易流通规则

从数据交易主体、交易平台、交易环节等方面建立数据交易流通规则，有利于规范数据交易行为，激发数据交易主体活力，促进数据交易市场有序发展和运行。一是明确数据交易主体，对数据供需双方、数据交易服务机构的合法合规性进行规定，明确数据交易主体的权利和义务，鼓励各类主体参与数据交易平台建设。二是加强数据交易平台管理，明确数据交易平台的功能、资质、风险防控、权利和义务等，引导数据流转交易采用分类分级的方式进行，创新平台数据资产估值、数据交易定价及数据成本和收益计量等不同交易策略和定价策略，探索适当的数据交易报价、成交机制、数据移交和担保流程。三是规范数据交易行为，明确交易申请、交易磋商、交易实施、交易结束、争议处理等环节的相关规则，健全数据交易的检测认证、信息披露、流程追溯、监督审计等相关配套制度，探索更多数据定价模式，形成统一、规范、有序的数据定价规则。

（五）构建市场监管治理体系

构建数据要素市场监管治理体系有利于建立有序的数据要素市场竞争规则，营造公平竞争、服务平等的数据要素市场环境，是促进数据资源开发利用的重要保障。一是规范数据要素市场化行为，建立数据竞争秩序制度，加强数据反垄断制度建设，强化数据要素反垄断执法，坚决打击各种数据不正当竞争行为，推动数据要素市场公平竞争和健康运行。二是建立数据资源监督管理制度。明确数据资源的监督管理主体，建立数据监督管理体制与协调机制，构建大数据工作部门和行业主管部门共同管理的协同联动机制，形成政府监管、平台监管与行业自律相结合的一体化管理体系。三是建立数据资源安全保障机制，把握好数据安全与鼓励数据开发之间的平衡点，实现数据价值释放过程中的数据安全均衡治理，制定数据资产管理的风险应急机制，

开展数据安全合规内外部审计，确保数据资产安全可控。完善数据跨境流动风险防控机制，积极参与制定统一的数据安全的国际规则和标准，实现数据资源自由、安全的跨境流动。

参考文献

国家工业信息安全发展研究中心：《中国数据要素市场发展报告（2020～2021）》，搜狐网，https://www.sohu.com/a/468674458_485245，2021年5月26日。

国脉研究院：《公共数据资源价值开发利用白皮书》，国脉互联官方网站，https://www.govmade.cn/，2021年11月27日。

全国信息技术标准化技术委员会大数据标准工作组、中国电子技术标准化研究院、国家信息中心：《政务数据开发利用研究报告（2021版）》、中国电子技术标准化研究院网站，http://www.cesi.cn/cesi/202111/8004.html，2021年11月3日。

国家工业信息安全发展研究中心：《数据要素价值及评估方法的探索分析》，国家工业信息安全发展研究中心网站，http://www.etiri.com.cn/，2020年8月25日。

中国信息通信研究院：《数据价值化与数据要素市场发展报告（2021年）》，http://www.caict.ac.cn/，2021年5月27日。

数字社会指数篇

Digital Society Index

B.6

数字社会建设与数字社会指数研究

摘　要：　随着移动互联网、云计算、大数据、物联网和智能终端等新型科技的迅速发展，"大数据+智能化"时代悄然到来，为数字社会的建设提供了有力的技术支撑，推动公共服务和社会运行实现创新。基于此，本报告围绕数字社会构建的关键要素，从数字服务普惠度、数字生活便捷度、数字城乡宜居度三方面构建一套符合新时代社会治理要求的数字社会指数评价体系，力求客观描述我国社会数字化进程及特征。

关键词：　数字生活　公共服务　数字城乡　数字社会指数

数字社会建设是数字中国战略的关键性环节，为进一步深入推广数字化战略，"十四五"规划在瞄准社会需求的基础上，明确提出"适应数字技术全面融入社会交往和日常生活新趋势，促进公共服务和社会运行

方式创新，构筑全民畅享的数字生活"[1]，为我国数字社会建设绘制出一幅美好蓝图。

一　数字社会建设态势及趋势研判

第49次《中国互联网络发展状况统计报告》显示，我国互联网基础建设加速推进，5G和光纤宽带覆盖千家万户，网民规模超过10亿，互联网普及率达73.0%，[2]数字社会建设显著加快。即时通信、在线办公、网络支付、网络购物、网上外卖、网约车、在线医疗、在线教育逐渐成为人们工作和生活的新常态。

（一）数字赋能，促进公共服务精准化、高效化、智能化

提供高质量的公共服务不仅是推动我国经济高质量发展的强大动力，也是扎实推进共同富裕的重要保障。"十四五"期间，随着数字技术的发展及其与公共服务的深度融合，数字赋能公共服务的积极效应得到进一步释放和彰显。数字技术应用助力公共服务供给更加具有针对性、有效性，实现服务个性化和定制化。人民群众对美好生活的向往既体现为公共服务需求总量的持续增加，同时也体现为公共服务需求的多样化、异质化和多层次性等特征与发展趋向。数字技术具有注重个体需求、信息集成等特征，借助信息系统、数字平台等载体，通过对接个性需求、收集公众信息、促进多部门协作等功能，进而回应公众需要；数字技术应用提升高质量公共服务的覆盖率、高质量供给率。数字技术的嵌入为公共部门业务决策提供了强有力的技术支持，通过"数据跑腿"辅助政府决策，搭建基于数据技术的教育资源服务平台、文化服务平台、医疗服务平台等公共服务平台，强化跨区域、跨城乡

———————

①《中华人民共和国国民经济和社会发展第十四个五年规划和2035年远景目标纲要》，http://www.gov.cn/xinwen/2021-03/13/content_5592681.htm，20121年3月13日。

② 中国互联网络信息中心：《第49次〈中国互联网络发展状况统计报告〉》，https://www.cnnie.net.cn/hlufzgj/hlwxzbg/hlwtjbg/202202/t20220225_71727.htm，2022年2月25日。

公共服务合作与共享，促进区域间公共服务资源合理配置，提升高质量公共服务的覆盖率，促进公共服务高质量供给；数字技术应用促进公共服务供给更加科学化、系统化、多元化。公共服务供给智能化是指在数字技术支持下实现扩展、辅助甚至替代脑力劳动的公共服务供给，这一阶段的公共服务供给更加科学化、系统化、多元化。在数字技术嵌入的基础上，公共服务供给智能化将有效解决资源供需不匹配问题。例如，一些未来社区已将社区智慧服务平台应用扩展到幼教、义务教育、劳动就业、文化体育、养老、医疗、交通等领域。

（二）个人信息保护法出台，构建数字社会治理基本法

互联网与大数据时代，个人信息保护法构成了数字社会治理与数字经济发展的基本法，牵动着万千公众的切身利益，也关涉企业对个人信息的合理利用与规范发展。近年来，我国日益加强对个人信息保护力度，把对公民个人信息的保护写入了法律条文，但主要散落于《民法典》《刑法》《网络安全法》《消费者权益保护法》《电子商务法》《数据安全法》等法律中，缺乏保护的基本原则。因此在现实生活中，个人信息仍然面临着被超范围收集、违法获取、过度索权和违规使用，甚至有不法分子非法买卖个人信息，严重侵犯居民隐私和个人信息安全。为强化对公民个人信息的系统保护，2021 年 11 月《中华人民共和国个人信息保护法》正式施行，明确将"告知—同意"原则作为个人信息保护的基本规则，作为个人信息处理者处理用户信息的规范前提，[①] 赋予了公民对个人信息处理的知情权、决定权，也为界定"合法"与"违法"划出了分水岭。从整体来看，《个人信息保护法》构建了完整的个人信息保护框架，将改变互联网经济生态。《个人信息保护法》既是一部公民权利保护法，也是一部企业行为约束法。互联网经济的基础，建立在法治之上。只有秉持法治精神，严格个人信息保护，企业平台才能行稳致远，互联网经济才能健康发展。

---

① 戴先任：《把好个人信息安全的"专门锁"》，《中国消费者报》2021 年 10 月 29 日。

（三）数字孪生技术加速应用，推进智慧城市建设升级

所谓数字孪生，就是利用数字赋能现实中的物理世界，通过数字载体投射到网络空间，从而在虚拟的网络世界中铸造出一个镜像效果，形成类似于一个数字化的"双胞胎"。这一虚拟镜像与物理世界彼此之间全面建立实时联系，进而对赋能对象全生命周期的变化进行记录、分析和预判。数字孪生技术在各行业、各领域持续深化应用，从最初制造业逐步延伸拓展至城市空间，开始改变城市管理、城市服务和城市生活方式，使城市因拥有"大脑"而变得更便捷、更舒适、更高效。随着数字孪生技术的日益成熟，国家和地方政府纷纷将其纳入智慧城市顶层设计框架，在全国范围加快城市信息模型（CIM）平台的落地建设。在国家层面上，国家多部委密集出台战略部署性文件，明确要加快数字孪生技术和应用的发展，鼓励相关产业发展和技术突破。在地方层面上，数字孪生建设理念深入各省区市新型智慧城市及信息建设规划，有力地推动了城市信息模型相关技术与应用的发展与落地。如上海市提出"探索建设数字孪生城市，不断增强城市吸引力、创造力、竞争力"；① 浙江省提出"落实未来社区实体建设和数字建设孪生理念，加快推广应用社区信息模型（CIM）平台"；② 广东省提出"将探索构建'数字孪生城市'实时模型，打造全要素'数字孪生城市'一网通管系统"；③ 海南省提出"至 2025 年底，基本建成'数字孪生第一省'"。④ 未来的城市空间，将虚实协同，具备自主学习、不断优化、全面交互的能力，从而进化为高度智慧的城市新形态。

---

① 《关于进一步加快智慧城市建设的若干意见》，上海市人民政府门户网站，https：//www.shanghai.gov.cn/nw12344/20200813/0001-12344_63566.html，2020 年 2 月 10 日。

② 《浙江省人民政府办公厅关于高质量加快推进未来社区试点建设工作的意见》，浙江省人民政府门户网站，http：//www.zj.gov.cn/art/2019/11/13/art_1229017139_56702.html，2019 年 11 月 13 日。

③ 《广东省推进新型基础设施建设三年实施方案（2020—2022 年）》，广东省人民政府门户网站，http：//www.gd.gov.cn/zwgk/zcjd/bmjd/content/post_3120720.html，2020 年 11 月 5 日。

④ 《智慧海南总体方案（2020—2025 年）》，海南省人民政府门户网站，https：//www.hainan.gov.cn/hainan/5309/202008/24ab4a2a31664627a3b9223a9935b103.shtml，2020 年 8 月 15 日。

（四）后疫情无接触经济时代，催生新型消费模式崛起

2020 年新冠肺炎疫情突袭而至，"云"方式无接触经济加快发展。随着疫情防控常态化，人们在消费购物、休闲娱乐、餐饮美食、交通出行等日常生活领域的传统习惯正在悄无声息地改变着。无接触经济作为数字经济的特殊形态，是由疫情外生冲击产生的突发巨量需求与已存在的相关数字化产业供给相结合应运而生的经济现象，是数字产业化和产业数字化的产业变革。① 数字产业是无接触经济的技术支撑，也是持续加快推进无接触经济发展的核心引擎。不同于传统产业链条的上下游逻辑，无接触经济中的产业链条主要表现为闭环逻辑。一方面，通过大数据"赋能"，企业借助"云"分析抓取消费者的个人需求特征后，有针对性地生产个性化产品，从而重构了传统产业链中惯常的生产者和消费者次序。另一方面，通过大数据"赋能"，不断打破传统产业链的发展壁垒、拓宽产品发展空间，从而带来经济产业间竞合关系的改变。

（五）数字乡村正值建设窗口期，全面推进乡村振兴战略

新时代背景下，数字技术不断融入乡村生活的各类场景，新产品、新模式、新业态的出现改变着乡村生活的点点滴滴。党的十八大以来，农业农村信息化事业得到空前重视，数字乡村战略和"互联网+"现代农业行动陆续开启，促进农业农村快速步入数字时代。2019 年，数字乡村建设增加了"加快乡村信息基础设施建设""繁荣发展乡村网络文化""深化信息惠民服务"等要求，指出要充分发挥信息技术在乡村治理中的基础支撑保障作用。② 2020 年，探索建设乡村数字经济新业态成为数字乡村试点工作先行先

---

① 王凤荣：《后疫情时代无接触经济的产业图景》，人民论坛网，http：//www. rmlt. com. cn/2020/0713/586676. shtml，2020 年 7 月 13 日。

② 《中共中央办公厅 国务院办公厅印发〈数字乡村发展战略纲要〉》，国务院门户网站，http：//www. gov. cn/zhengce/2019-05/16/content_ 5392269. htm，2019 年 5 月 16 日。

试的重点任务。2020 年 11 月，农业农村信息化专家咨询委员会指出，"我国数字乡村建设加快推进，数字乡村战略进一步落地实施，各地区数字乡村建设发展取得良好成效"。[①] 随着数字乡村发展的实施和落地方案在各省区市开花结果，数字乡村建设的组织、制度和政策体系日趋健全，数字乡村的建设格局初步形成，开创乡村振兴新局面，实现农业农村现代化。

（六）"数字鸿沟"持续加深，加剧公共服务不均衡性

生活的智能化、网络化在带来诸多便利的同时，却在无形中给老年群体的正常生活设置了障碍。现代化信息技术迭代加速以及"互联网+"战略的深入推进，催生了政府公共服务向"数字化"转型，然而在公共服务数字化程度不断加深的同时，数字技术的飞速发展与老年人运用能力的差距越来越大。随着老龄化程度的不断加深，老年群体在这场生活数字化变革中逐渐被边缘化，从而代际数字鸿沟不断加深，进一步加剧了代际的矛盾冲突和社会不平等。截至 2021 年 12 月，我国网民规模达 10.32 亿，60 岁及以上网民占比仅 11.53%，[②] 也就是说，约有 1.19 亿的老年人被互联网边缘化，成为智能生活下的"数字弱势群体"。以疫情防控常态化为例，大数据健康码的出现是解决人员流动管理这一难题的智慧化手段，也体现了数字化社会治理的成果，然而在疫情防控期间各地区频频发生老人因没有健康码而无法乘坐公交车出行的情况，当前的老年人群体成为被现代数字社会"抛弃"的人群，数字鸿沟使得老龄群体边缘化问题成为社会管理信息化过程中的一大阻碍。因此，帮助老年人消除"数字鸿沟"已成为当下社会重要而紧迫的事。

---

① 《中国数字乡村发展报告（2020 年）》，国务院门户网站，http：//www.gov.cn/xinwen/2020-11/28/content_ 5565616.htm，2020 年 11 月 28 日。

② 中国互联网络信息中心：《第 49 次〈中国互联网络发展状况统计报告〉》，http：//www.cnnie.net.cn/hlufzgj/hlwxzbg/hlwtjbg/202202/t20220225_ 71727.htm，2022 年 2 月 25 日。

二 数字社会指数的指标体系构建

（一）指标选取与设置原则

本研究指标体系选取和设置的主要原则如下。

1. 区域性与针对性原则

由于各地社会经济发展不平衡，在短期评价中（一般指年度）应适当选择、个别调整和补充数字社会指数指标体系中的指标项目，使其尽量能够准确反映测评期数字社会发展的实际状况。因此，构建数字社会指数体系需要从特定的区域出发因地制宜、发挥优势，评价指标要具有针对性，本研究主要面向31个省区市开展数字社会建设省域测评。

2. 动态性与可持续性原则

数字社会发展是一个动态的变化过程，各个变量对其的影响也是一个动态变化的过程。数字社会指数的设计应该能够在一定程度上反映科技创新、社会发展和民生改善的变化，因此在选用指标时，不仅要注重静态指标，还应选用反映变化的增量指标，并且要求所选指标在较长的时间内具有实际意义。

3. 可量化与可操作原则

数字社会选取的指标应该具有可量化的特点，在保证指标能够较好地反映各省区市数字服务、数字生活状况的前提下，能够直接查到或者通过计算间接得到指标数据，以保证数字社会指数评价的可操作性，同时数据来源要具有权威性，这样能保证正确评估研究对象。

（二）指标体系构建与阐释

建立一套行之有效的数字社会指标体系是客观、理性认识治理现状并推进新一代数字技术与社会治理效能提升的有效手段。数字社会指标理论模型研究是以新一代数字技术与社会治理效能提升相关评价指标体系研究为理论基础，其研究过程是一种社会学理念与科学技术相互论证和相互结合的过

程，完善后的数字社会指标体系包括 3 个一级指标、6 个二级指标、18 个三级指标，如表 1 所示。数字社会指数主要开展面向 31 个省区市的省域测评，通过对三级指标数据进行标准化处理，合成最终数字社会指数，重在从发展规模、应用效果、可持续发展能力等方面客观反映各地区数字社会发展程度。

表 1　数字社会指标体系

一级指标	二级指标	三级指标	指标说明
数字服务普惠度	基础设施	(信息)数字基础设施建设政策发布数量(个)	反映(信息)数字基建的政策倾斜度和资金支持力度
		2020 年 5G 网络平均下载网速(Mbps)	反映当年 5G 网络下载的传输速度
		互联网宽带接入普及率(%)	反映互联网宽带的普及覆盖程度
	公共服务	一体化政务服务能力指数	反映跨区域、跨部门、跨层级一体化的政务服务水平
		数字金融普惠指数	反映数字金融覆盖广度、数字金融使用深度和普惠金融数字化程度
		万人公共图书馆电子阅览室终端数(台)	反映在线阅读服务的影响力
数字生活便捷度	数字消费	2018~2020 年新型信息消费示范项目入选总量(个)	反映生活类、公共服务类、行业类等方面信息消费的整体实力
		人均电子商务销售额(万元)	反映借助网络订单且实际销售的商品和服务人均总体额度
		移动电话普及率(部/百人)	反映移动电话的普及覆盖率
	数字素养	软件和信息类从业人员占比(%)	反映人才体系中能够从事数字经济工作的人口比重
		数字技能提升法律法规或指导意见发布数量(部)	反映鼓励数字技能提升的支持力度
		数字能力指数	反映数字人才及数字创新水平
数字城乡宜居度	智慧城市	国家智慧城市试点示范数量(个)	反映国家智慧城市试点建设规模
		智慧城市建设政策发布数量(个)	反映建设智慧城市的政策倾斜度和资金支持力度
		城市公共交通智能化应用示范工程试点城市数量(个)	反映投入使用交通智能场景应用的试点城市规模

一级指标	二级指标	三级指标	指标说明
	数字乡村	农村有线广播电视用户数占家庭总户数的比重(%)	反映有线广播电视在农村的普及程度
		国家数字乡村试点地区数量(个)	反映全国数字乡村试点建设规模
		农民电商合作社网络零售额占比(%)	反映农村电商发展潜力

(三)指标数据处理与测评

从数据获取方面来看,数字社会指数的搜集来源以权威性、准确性、原始性为导向,主要分为三类:一是 31 个省区市的政务客户端或社会机构官方网站,包括各部委门户网站、各地方政府门户网站以及北大法宝官方网站等;二是各类专业数据库,包括国家统计局数据库、前瞻数据库、国家信息中心全国双创综合基础数据库等;三是权威机构发布的统计年鉴和数据分析资料,如《中国统计年鉴》《中国城市统计年鉴》《数字生态指数 2021》《2021 年通信业年度统计数据》等。

从数据处理方面来看,数字社会指数是一个综合评估结果,包含了 3 个一级指标、6 个二级指标和 18 个三级指标。由于每项指标对数字社会评价结果的影响存在一定差异,为了能准确衡量各省区市数字社会发展水平,需要对每项指标的权重进行确定。根据常用的权重确定方法,采用德尔菲法来确定数字社会各指标权重,即由专家组对评估指标体系内二级指标的权重进行打分,各指标体系权重总分为 100 分。二级指标的最终权重为专家打分的平均值,一级指标的权重为所属二级指标权重的加总。[1]

从数据计算方面来看,数字社会指标是一个综合性统计指标,因此各项指标的统计结果对数字社会的影响程度各有差异。为了正确评估数字社会建设总体水平,在计算过程中,根据实际情况为各项指标设定了特定权重开展

---

[1] 张洪国主编《中国大数据发展水平评估蓝皮书(2019)》,电子工业出版社,2020。

计算和评估。数字社会指标体系的权重根据不同指标的作用或影响程度而定，指数计算以加权平均方法得到评估价值，从而保证数字社会指标体系的整体评论价值性。

三 数字社会建设未来展望

（一）以建设统一数据平台为契机，促进公共服务区域一体化

为推进公共数据开放和基础数据资源跨部门、跨区域共享，需进一步加快推进统一的社会治理大数据平台建设。目前，一些地方性区域化大数据交换的共享平台已经搭建起来，通过优化共享机制，完善共享平台，打造统一的大数据平台，推动各方面数据向共享交换平台汇聚，推动公共服务事项信息跨部门、跨区域、跨行业实时互通共享、校验核对，逐步推动治理体系和治理能力现代化。充分运用现代信息技术，打破区域间信息壁垒，建立城市经济圈统一公共事务治理大数据平台，设立社会事务服务中心服务热线，及时为民众提供多元化的沟通反馈途径，从而实现对接服务管理诉求"一口受理、一体派单、一台运行"。总之，把大数据技术镶嵌到区域公共服务一体化建设之中，能够更好地满足民众多元化途径的服务需求。

（二）以优化城市大脑为驱动，激发新型智慧城市建设动力

以"城市大脑"为核心的智慧运营中心是城市运行管理的中枢神经运行系统，将成为新型智慧城市建设的标配。新型智慧城市建设的"新"主要体现在技术新、目标新、路径新、场景新，具体来看，以城市大脑为代表的数字基础设施改变了传统智慧城市底层架构，成为新的基础设施底座。通过全面布局智能感知设备，空天地海一体化全覆盖的网络新设施正在形成，天基信息网、未来互联网、移动通信网正在全面融合，智慧城市基础设施正在从以传统地基网为主向立体化布局转变。新型智慧城市建设的根本目的是

以智能化手段赋能城市的整体布局，给予未来发展战略性规划的建设意见和经济产业前瞻性的部署决策，实现更加精细化的城市管理、更加高效的民生服务以及更加丰富化的生产生活场景。同时，能够预判的未来趋势是，建设现代化城市大脑将赋能城市智能化解决一系列"城市病"问题，也会为城市科学发展提供坚实的保障。

（三）以推动农村科普为引擎，大力推进农业农村现代化进程

农民是现代农业生产生活方式的提供者和服务者，科技创新是实现乡村振兴的战略支撑，提升农民科学素养是以科技创新推动乡村振兴的现实土壤。大力推进农村科普信息化是促进农民科学素质跨越提升的强力引擎。推进农村科普信息化是一项系统工程，首先要以农村信息化基础设施为前提，在此基础上大力推进农村互联网进村入户，使农民能够足不出户实现在家中及时通过网络学习和了解科技知识等各方面信息。从信息传播的视角来看，加快推动针对农民的科普信息推送服务精准化，围绕科学生产、文明生活等，结合先进实用技术推广，通过运用科普信息技术，个性化地向农民普及科学技术知识从而加快农业农村现代化。

（四）以打造智慧服务场景为机遇，引领智慧社区美好生活

智慧社区是社区管理的一种新概念，是以科技创新为导向实现社会管理的新模式。有别于传统物业管理系统的运营方式，智慧社区运用新一代信息技术，促进集成应用覆盖社区各项应用场景的硬件设施，从而构建起一个集多功能于一体的社区数字化服务与信息化管理闭环系统，为社区提供安全、舒适、便利的现代化、智慧化生活环境。以搭建"智慧生活场景"生态为出发点，结合智慧生活场景生态需求开发物业管理系统、社区商城系统、业主大会系统，并加入社区医院、社区超市、线上报修、家政服务等多角度功能，打通智慧生活场景生态的上下游各个环节，从而实现社区生活"居住—出行—物联—管理"的流程闭环，提升社区生活全场景参与方的满意度。

（五）以扩大数字资源供给为基底，提升全民数字素养与技能

当前，全球经济数字化转型不断加速，数字技术深刻改变着人们的思维、生活、生产、学习方式。为整体提升全民数字素养与技能，加快构建社会各界广泛参与的数据资源供给体系，需要关注因数字素养差距而出现的"数字鸿沟"，让更多的人公平享受数字化发展成果。围绕不同场景，针对不同群体，面向个人的全生命周期，以创新驱动、高质量供给引领新需求，以开放教育培训资源为路径，通过部署新型基础设施，完善数字资源获取渠道，与全民共享优质的新型信息技术教学理论与案例，尤其是面向薄弱地区、特殊群体的数字技能培训，从而培养具有数字意识、计算思维、终身学习能力和社会责任感的数字公民，进一步促进全民共建共享数字化发展成果，更好地适应数字时代发展潮流，积极迈向数字文明新时代。

参考文献

王天夫：《数字时代的社会变迁与社会研究》，《中国社会科学》2021年第12期。

肖作鹏：《数字社会下人类时空行为的逻辑变化与研究展望》，《地理科学进展》2022年第1期。

刘颖：《数字社会中算法消费者的个人信息保护体系构建》，《广东社会科学》2022年第1期。

中国互联网络信息中心：《第49次〈中国互联网络发展状况统计报告〉》，https://www.cnnie.net.cn/hlufzgj/hlwxzbg/hlwtjbg/202202/t20220225_71727.htm，2022年2月25日。

美团研究院：《从数字生活到数字社会——中国数字经济年度观察2021》，人民出版社，2021。

丁波涛等：《新时代智慧社会建设研究》，上海社会科学院出版社，2019。

王世福、张振刚：《迈向新时代的智慧社会：中国智慧城市发展战略研究》，科学出版社，2021。

B.7
2021年数字社会指数分析报告

摘　要： 围绕数字社会的建设与发展，全球不同的国家和地区都已迈开了坚实的步伐，在实践探索中积累了一定的经验。本报告立足我国数字社会建设与发展实际，通过构建数字社会指数，从数字服务普惠度、数字生活便捷度、数字城乡宜居度三个方面综合评测我国31个省区市数字社会建设水平。通过评测发现，东部地区整体向好，中部地区水平居中，西部地区势头强劲。数字基建已经呈现全面布局之势，数字科技激活新型消费，数字城乡建设开启居民数字型生活。数字社会发展，成为当代人类社会变迁发展的必然趋势。

关键词： 数字社会指数　数字服务　数字生活　数字城乡

随着第四次工业革命走向纵深，以及大数据、人工智能、区块链等新一代信息技术的蓬勃发展和深度应用，人类社会发展全面进入数字时代。"十四五"规划对数字化发展做出全面部署，明确提出要"加快数字社会建设步伐""适应数字技术全面融入社会交往和日常生活新趋势，促进公共服务和社会运行方式创新，构筑全民畅享的数字生活"，描绘了未来我国数字社会的美好图景。从国际趋势来看，在新一轮疫情冲击和影响下，数字化转型已经成为各国突破逆全球化困境，推进现代化进程、实现高效能治理的革命性力量。

一　我国数字社会发展新趋势

2021年中国数字社会指数评估是依据国家官方数据和权威机构数据，

聚焦数字社会的数字服务普惠度、数字生活便捷度、数字城乡宜居度三大关键领域，构建由3个一级指标、6个二级指标和18个三级指标组成的数字社会指标体系，对全国31个省区市数字社会的建设水平、层次、潜力和特点进行评估，得出全国各地区数字社会指数得分和排名情况，如表1所示。

表1　2021年中国数字社会指数得分和排名情况

省区市	总指数		数字服务普惠度		数字生活便捷度		数字城乡宜居度	
	得分	排名	得分	排名	得分	排名	得分	排名
北　京	59.55	1	14.25	5	25.73	1	19.57	4
浙　江	53.20	2	20.03	1	12.70	4	20.47	3
广　东	52.08	3	14.96	3	18.50	2	18.62	5
江　苏	47.08	4	14.74	4	9.68	6	22.66	2
上　海	43.00	5	17.12	2	17.00	3	8.89	26
山　东	39.51	6	10.20	17	6.32	14	23.00	1
安　徽	38.81	7	12.01	9	10.52	5	16.29	9
福　建	35.26	8	13.59	7	7.28	11	14.38	13
天　津	34.16	9	14.07	6	8.03	9	12.05	19
贵　州	33.67	10	10.70	15	5.80	17	17.17	7
河　南	33.61	11	8.80	22	8.12	8	16.70	8
广　西	33.00	12	13.04	8	8.60	7	11.37	21
重　庆	31.71	13	9.48	19	6.92	13	15.31	11
辽　宁	30.36	14	10.48	16	5.75	18	14.13	14
湖　北	28.44	15	9.48	18	5.03	19	13.92	15
四　川	28.42	16	11.73	10	7.95	10	8.74	27
河　北	28.22	17	8.20	23	4.20	22	15.82	10
山　西	27.92	18	9.23	21	7.13	12	11.55	20
江　西	27.63	19	11.11	13	2.88	29	13.63	16
陕　西	27.04	20	7.53	26	6.07	16	13.44	17
宁　夏	26.52	21	11.41	11	6.17	15	8.95	25
湖　南	26.45	22	6.26	29	3.02	28	17.17	6
吉　林	25.84	23	6.44	28	4.38	21	15.01	12
内蒙古	21.92	24	11.32	12	3.80	24	6.81	29
海　南	21.88	25	7.59	25	4.19	23	10.10	23

省区市	总指数		数字服务普惠度		数字生活便捷度		数字城乡宜居度	
	得分	排名	得分	排名	得分	排名	得分	排名
甘　肃	20.59	26	7.98	24	4.70	20	7.91	28
青　海	20.52	27	11.05	14	2.87	30	6.60	30
新　疆	20.47	28	4.68	30	3.23	27	12.55	18
云　南	19.89	29	7.53	27	3.32	26	9.04	24
黑龙江	19.08	30	4.18	31	3.67	25	11.23	22
西　藏	14.57	31	9.45	20	1.26	31	3.86	31

（一）区域分化：东部地区整体向好，中部地区水平居中，西部地区势头强劲

我国 31 个省区市数字社会的评估结果按区域划分来看，东部地区数字社会发展水平位于全国领先位置并大幅领先于其他地区，平均值达 40.39，总指数贡献率达 43%，占据了全国数字社会指数前十位中的 8 个席位，且总体得分较高。中部地区数字社会发展水平居中，平均值为 28.47，是三个地区中发展最为均衡的地区。与东部和中部地区相比，西部地区数字社会发展欠佳，但是贵州、广西、重庆和四川等作为西部地区大数据发展的领先地区，数字社会指数得分分别为 33.67、33.00、31.71 和 28.42，大幅高于部分东部省市水平和大部分中部省市水平，发展势头不容小觑（见图 1）。

从数字社会发展状况来看，东部地区公共服务能力增强，各省市有序推进数字基础设施建设、一体化政务服务工作，数字服务生态环境显著优化。中部地区基础设施进一步完善，对数字经济高质量转型发展的支持力增强。西部地区数字城乡建设加快推进，多数省区市的数字基础设施有待进一步完善，在数字社会建设与发展方面有很大的进步空间。

（二）领域突出：数字服务和数字城乡建设程度占比较高

在数字技术及其商业模式和业态创新的推动下，公共服务领域的政府与市场关系正被重新塑造，数字技术正成为社会治理的新动力，大数据可以有

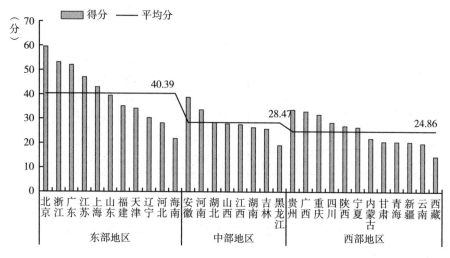

图1　2021年三大区域数字社会指数得分与排名情况

效促进公共服务供给的精细化和体系的现代化。全国31个省区市在推进数字社会建设方面，分别从不同的方向发力使劲，而数字服务普惠度和数字城乡宜居度发展水平较高。在推进数字技术与公共服务融合发展的过程中，数字赋能城市服务管理，促进城乡一体化的整体信息资源共享，有效地实现了资源的合理配置（见图2）。

（三）各有侧重：京粤沪数字生活更便捷

近年来，在数字经济推动下，从生活缴费、电子证件、社保公积金到交通出行，越来越多的服务搬到互联网上，老百姓的数字获得感稳步提升。从数字消费和数字素养两方面对31个省区市的数字生活便捷度做综合评价，2021年北京、广东、上海、浙江、安徽、江苏、广西、河南、天津、四川列前十名。其中，北京、广东和上海数字生活便捷度分别为25.73、18.50和17.00，居全国前三位，便捷优势进一步凸显。如今，各省区市都在用"数字"推动政务创新改革、促进社会综合治理、服务百姓民生，其成为城市推进治理现代化的新引擎（见图3）。

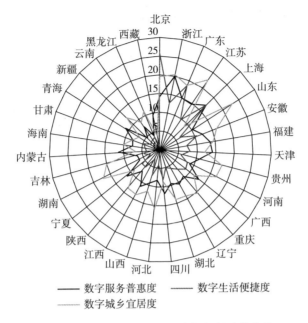

图2　2021年各省区市数字社会指数得分分布情况

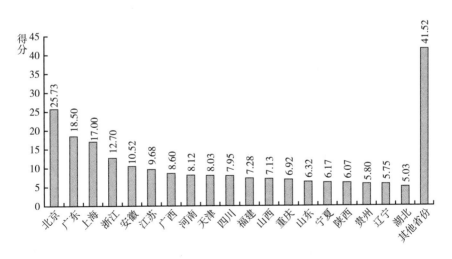

图3　2021年各省区市数字生活便捷度指标得分情况

（四）新秀崛起：黔桂渝后发赶超积极布局

从 2021 年全国数字社会指数得分与均值来看，我国 31 个省区市平均得分为 31.3，超过这一平均值的有 13 个省区市。其中，东部地区有 3 个，中部地区有 2 个。值得关注的是，部分西部省区市按下了数字化进程"快进键"，有 3 个西部省区市排名跻身全国前 13 名，为贵州、广西与重庆，其数字社会指数得分分别为 33.67、33.00 和 31.71，在数字社会布局和发展方面赶超态势明显。2021 年，贵州省新建成 5G 基站 2.7 万个，推动建设5G 应用场景项目 209 个，互联网出省带宽达 2.8 万 Gbps，全省通信光缆长度达 156.3 万公里，让人们看到了新时代西部地区"弯道超车"的可能性（见图 4）。

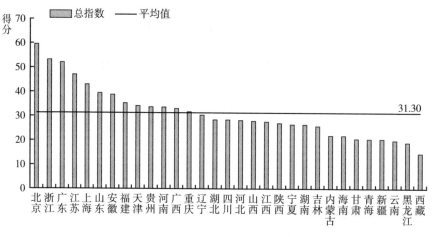

图 4 2021 年各省区市数字社会指数得分情况

（五）普惠服务：数字基建遍地开花夯实转型发展底座

新一代信息网络促进数字经济快速增长，在加速全球数字化进程中，互联网宽带成为战略性公共基础设施，是衡量国家综合国力的重要指标之一。从整体评估来看，在我国 31 个省区市中，东部地区多数省市互联网宽带接入普及率处于领先位置，浙江、江苏和福建处于前三名的领先地位，互联网宽带接入普及率分别为46%、44%和44%。中部地区与西部地区整体互联网宽带接入普及率不高，但西部地区作为后起之秀，整体表现较为亮眼。随着大数据战略向纵深推进，在各区域大数据组织建设和政策环境的充分保障下，各地数字社会建设不断推进，形成共同繁荣的稳步向好局面（见图5）。

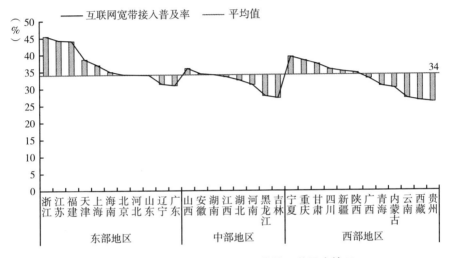

图5 2021年各省区市互联网宽带接入普及率情况

（六）便捷生活：数字科技驱动传统消费方式深入变革

随着数字智能化时代的到来，消费者的消费方式也发生了一定的改变。信息传输技术的发展和移动设备的普及，促使消费选择更加多样化、消费场景更加随机化，从零售商到消费者的正向传递链条被基于移动互联网无处不在的消费讯息所切断，掌握更多玩法的线上电子商务也借助大数据更加了解消费者，从而根据个性化方式为消费者带来了更好的消费体验、提供了更加便捷的消费方式。从某种意义上来说，数字科技的发展，其实是消费者消费模式转变的加速器，也是社会经济发展的助力器。

（七）宜居城乡：数字城乡广泛试点开启人居数字生活

建设"智慧城市和数字乡村"是将先进的信息技术应用于城乡规划、

城镇设计、建设管理等，通过对信息技术的广泛应用，进一步提高我国城乡规划管理水平。当前，我国数字乡村建设工作不断推进，农村互联网普及率进一步提升，工业和信息化部联合财政部组织实施了六批电信普遍服务试点，支持 13 万个行政村通光纤和 5 万个 4G 基站建设，全国行政村通光纤和通 4G 比例均超过 99%，农村互联网基础设施不断完善，让城乡互联网接入鸿沟逐步消弭。为落实《乡村振兴战略规划（2018—2022 年）》，各地区不断把"互联网+政务服务"平台加快延伸至乡镇，部分地区建立了较为完善的"电子村务"平台，方便村民随时随地关注和监督村务情况。

二 数字社会建设新标杆

各省区市贯彻新发展理念，在数字服务、数字生活、数字城乡等维度加快步伐，推动数字社会现代化，形成了一批便民政务服务、优质智慧城市、数字生活社区、数字化乡村与数字消费新高地等典型案例，为各地加快推进数字社会构建提供了可复制、可推广的经验。

（一）北京打造高品质数字生活社区服务新样板

北京市的数字生活便捷度综合排名第一，其中 2018～2020 年新型信息消费示范项目入选总量 29 个，人均电子商务销售额 11.8 万元，移动电话普及率达每百人 178.43 部，软件和信息类从业人员占比 12.47%，数字消费与数字素养指标得分排名均居前列。北京市积极推进智慧城市和智慧社区建设，不断丰富居民数字化生活应用场景，提升居民使用数字化手段的便捷程度，在激活居民消费、扩大高品质供给、优化融合线上线下消费环境等方面充分展现了数字生活新服务工作的成效和亮点，形成了数字生活新服务生态体系（见图 6）。

社区是社会治理的基本单元，也是社会治理的重心所在。北京市不断深化新一代信息技术在社区建设中的应用，实现社区智能化管理。2012 年，北京市开始部署智慧社区建设，依托物联网等技术采集数据，实现对小区社

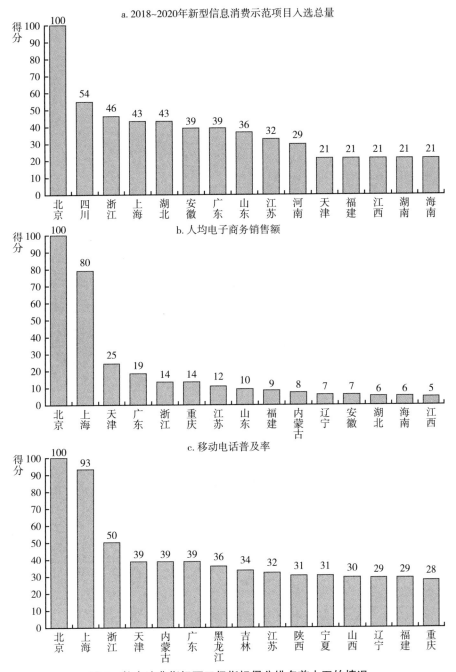

图 6　数字消费指标下三级指标得分排名前十五的情况

情、警情的实时智能预判，为小区的安防提供支撑，让智慧服务融入小区居民日常生活。近年来，5G、区块链等信息技术不断涌现，"智慧社区"也不断呈现出崭新的面貌。2019年，北京市第一个5G新型智慧社区在海淀区志强北园小区建成，借助5G网络的高连接速率，小区内安装了人脸识别系统，加装了智能传感器，架设了高清摄像头，为老旧小区快速部署通信系统提供了新方法。通过开展新型智慧社区推动工作，构建了覆盖城乡居民、伴随居民一生的集成化、个性化、人性化的数字生活环境，推动着北京社区逐渐成为有温度、有品质的智慧家园。

（二）贵州乘云而上一体化政务服务能力名列前茅

目前全国有30个省区市构建了覆盖省、市、县、乡、村五级的网上政务服务体系，推动了政务服务向基层、向乡村延伸。截至2020年底，全国一体化政务服务平台实名用户达8.09亿，一体化政务服务平台的服务能力持续提升。其中，贵州一体化政务服务能力得分为92.02，仅次于上海、浙江、广东、北京和江苏，全国排名第六位，居西部地区首位（见图7）。

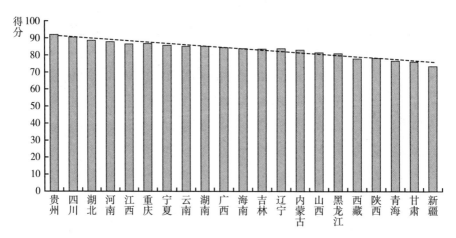

图7　部分省区市一体化政务服务能力指数得分情况

近年来，贵州省通过科学布局大数据发展战略，抢抓数字红利，推进政务服务"一网一云一平台"建设，大力推动行政体制改革，按照全省"一体化、一盘棋"的发展思路，推动基础信息设施一体化、数据资源融合体系化、便民服务应用一体化、运营管理服务一体化等，有效提升了一体化政务服务协同和政务服务能力。在内部协同服务能力上，通过以桌面端贵州省电子政务网、移动端"贵政通"为核心，建立覆盖全省的四级系统，提升了公务人员的工作、学习、交流与协同服务能力；在对外服务能力上，以贵州政务服务网为主体，以省政府网站集约化服务平台、"云上贵州多彩宝 App"等为主要渠道，形成一体化政务服务体系，其中贵州政务服务网的省、市、县三级政务服务网上可办率为100%，多彩宝服务民生人次累计达到5.13亿人次。

（三）上海综合引领打造数字消费新高地

上海数字消费指数得分排名仅次于北京，居第二。其中 2018～2020 年新型信息消费示范项目入选总量达 13 个，人均电子商务销售额 9.50 万元，移动电话普及率达到每百人 171.99 部，稳居第二名（见图 8）。上海市作为开展国际消费中心城市建设试点之一，商业底蕴雄厚、创新活力强劲，2021 年社会消费品零售总额达 1.8 万亿元，稳居全国首位，同时，集聚了超过 90%的全球知名高端品牌，首店、旗舰店数量居全国第一。

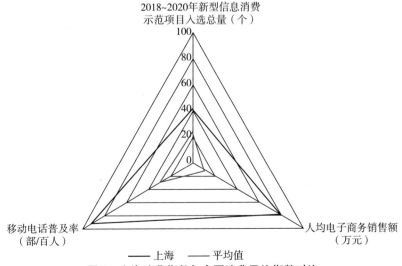

图 8　上海消费指数与全国消费平均指数对比

近年来,上海以深化供给侧结构性改革为工作主线,以改革创新为根本动力,以满足人民日益增长的美好生活需要为出发点,把扩大内需同深化供给侧结构性改革有机结合起来,以着眼消费、着力供给、着重创新为工作重点,加快生活类信息、公共服务类信息、行业类信息、新型信息产品和信息消费支撑平台等建设。① 2022年上海商务领域将以深化落实建设国际消费中心城市方案和新一轮全力打响"上海购物"品牌三年行动计划为抓手,以引领时尚、定义潮流为主题,持续完善国际消费政策和制度体系,加快打造引领全球消费的资源集聚地和全球新品首发地,建设具有全球影响力的标志性商圈,营造具有全球吸引力的消费环境与外商投资新环境,构建区域协同产业联动新格局,打响最新最潮的"上海购物"品牌。

(四)广东积极布局构建数字素养提升路径

数字素养与技能是人们在学习工作和生活中,为适应数字经济时代的到来,应该学会与运用相应的基本素质与能力,主要包括数字的基本获取、基础分析、交互使用、表达评价、应用创新与伦理道德等。提升全民数字素养与技能,是数字经济发展大环境下,国民快速学习相关技能、提升科技素质、消除数字鸿沟从而实现全面发展的战略需求,也是推进我国从网络大国向网络强国转变的必由之路。② 广东数字素养指标综合得分排名第一,其中软件和信息类从业人员占比达3.55%,仅次于北京和上海;数字技能提升法律法规或指导意见发布数量达13部,数字能力指数③为86,均居第一位(见表2)。

---

① 《上海市人民政府办公厅关于印发〈上海市建设国际消费中心城市实施方案〉的通知》,https://www.shanghai.gov.cn/nw12344/20210918/1e04ac458e5c4ccb9a1ed0533ace1717.html,2021年9月18日。

② 《中华人民共和国国民经济和社会发展第十四个五年规划和2035年远景目标纲要》,新华社,http://www.gov.cn/xinwen/2021-03/13/content_5592681.htm,2021年3月13日。

③ 数字能力指数包含AI开发指数、数字专利指数和网络安全生态发展指数等。

表2　广东省提升数字素养相关政策

年份	文件名称
2017	《广东省教育信息化发展"十三五"规划》
2017	《广东省教育厅关于进一步推进高中阶段学校考试招生制度改革的实施意见》
2019	《广东省职业技能提升行动实施方案(2019—2021年)》
2020	《广东省教育现代化2035》
2020	《广东省贯彻落实〈数字乡村发展战略纲要〉的实施意见》
2021	《广东省全民科学素质行动规划纲要实施方案(2021—2025年)》
2021	《广东省人民政府关于加快数字化发展的意见》
2021	《关于发布广东省数字技能培训项目、大力推进全民数字技能培训工作的通知》
2021	《广东省数字经济促进条例》
2021	《广东省数据要素市场化配置改革行动方案》
2021	《广东省人民政府关于印发广东省制造业数字化转型实施方案及若干政策措施的通知》
2021	《广东省人民政府关于印发广东省数字政府改革建设"十四五"规划的通知》
2022	《广东省职业技能培训"十四五"规划》

　　广东作为国内最早制定数字经济政策的省份之一，在发展经济的同时注重数字人才队伍的发展，通过陆续出台数字技能政策等完善数字人才培养顶层设计、加大对人才的数字技能培训力度等，推动数字人才队伍发展壮大。广东在数字人才队伍培养过程中，加快干部队伍数字化素养提升建设，持续开展数字政府专业能力培训；鼓励院校通过大赛"挖人才"，通过人才共育、坚持产教融合的校企合作办学制度等不断提升数字专业人才素养；人社部门等加快推动数字公共文化服务，面向社会公众开设5G、云计算、人工智能等新一代信息技术培训课程，从专业向职业、从点向面推动全民数字技能提升。截至2021年底，广东省技能人才达1357万人，其中高技能人才456万人，占比33.6%；2020年全国数字科技专利申请数量总计181353件，其中广东数字科技专利申请数量46894件，占比25.86%，比排第二名的北京市多20248件。下一步，广东将实施公务员数字化提升工程，打造数字化能力过硬的领导干部队伍；推行省市一体化数字政府网络安全运营，加强网络安全风险识别评估，优化网络安全生态整体防护环境，从而全面提升全民数字素养，夯实数字社会发展基础。

（五）山东智慧城市建设成效显著迈入第一梯队

智慧城市是指在信息技术变革下，城市通过物联网、云计算、人工智能、区块链等新一代信息科学技术推进城市信息资源的整合，统筹业务应用系统，从而强化城市规划、建设、管理和服务的新模式。山东国家智慧城市试点示范数量为 27 个，城市公共交通智能化应用示范工程试点城市数量为2 个，居全国首位。

山东在智慧城市建设方面，2011 年提出"智慧山东"基本框架，2012年加快智能工业、智能物流、智慧矿山、智能交通、智能电网建设；2019年对智慧城市建设提出新要求与新标准，先后出台《山东省新型智慧城市试点示范建设工作方案》《山东省市级新型智慧城市试点示范建设标准（试行）》等，进一步加快智慧城市建设，并明确提出到 2023 年实现将智慧城市打造成"数字中国"建设领域代表山东名片的目标；2020 年明确新型智慧城市建设的目标，根据实际形成"千城千面"发展格局，对青岛、淄博、潍坊、威海、聊城、济南章丘区、青岛城阳区等 5 市及 11 个区县首批新型智慧城市提出了新建设任务，大力推动城市"慧"思考、产业"慧"融合、社会"慧"协同，深化智慧医疗、智慧旅游、智慧管线等领域的智慧应用建设，朝"优政、惠民、兴业"等方向发展；2021 年把"用数"放在突出位置，确定了 41 地为创建四星级新型智慧城市试点，全面推进新型智慧城市建设。[①] 寿光市推动各平台基本信息的资源整合与个性信息的识别，推动基层治理精准高效；潍坊市辅助领导决策系统依据收录的海量第三方企业数据资源，根据政府需求实现快速精准定位目标招商企业，让城市学会思考等。山东智慧城市建设带来的"便民""利民""惠民"成效不断拓展，品牌效应逐步凸显。山东提出在智慧城市建设方面，力争到 2025 年，推动各市普遍达到四星级以上，各县普遍达到三星

---

① 《数字强省建设领导小组办公室关于公布山东省新型智慧城市建设 2021 年试点名单的通知》，诸城动态，http：//www.zhucheng.gov.cn/zcdt_1/tzgg/202110/t20211012_5954131.html，2021 年 10 月 12 日。

级以上，60%的县达到四星级以上，力争打造3个以上五星级标杆城市[①]（见表3）。

表3　山东省青岛、淄博、潍坊三地智慧城市建设

地区	目标任务	建设过程
青岛	以城市"慧"思考、产业"慧"融合、社会"慧"协同为目标。通过城市云脑、公共服务"一网通办"社会治理"一网通管"，推动政府科学决策、协同联动、增强为民服务能力，提升现代化治理水平	一是在智慧应用上打造"青岛慧优政""青岛慧民生""青岛慧兴业"治理、民生与兴业品牌；二是通过推进数据专项治理，探索数据融合应用新模式，开展创新示范；三是创新城市云脑并形成省级地方标准；四是通过提升智慧城市"造血能力"等方式创新运营模式
淄博	深化智慧医疗、智慧旅游、智慧管线、智慧教育、智慧农业等领域智慧应用	一是推广"健康淄博"、"1+3+7"智慧旅游、地下管线大数据智慧化应用等经验；二是围绕群众办事服务与生活服务等形成省级地方标准；三是通过设立专项资金等形式引入社会资本参与，形成以政府资金为引导、多渠道资金共同参与的多元投资局面等
潍坊	以"城市大脑"建设为基础、"一次办好"为目标，推动全市数据"聚通用"过程的"流程再造"；不断完善城市治理体系，打造独具潍坊特色的新型智慧城市	一是打造"城市大脑"、移动终端"潍事通"App、数据融合应用智慧城市品牌；二是加强数字经济园区培育，组织好数字经济园区（试点）申报工作；三是探索可复制可推广的建设经验；四是结合"物联潍坊"建设，完善物联城市建设应用标准规范，并推动其上升为省级地方标准

（六）浙江德清县率先绘制数字乡村一张图

实施数字乡村战略是在信息化与农业农村现代化交汇中的历史与现实的必然选择，推动数字乡村建设，是我国在建设网络强国、数字中国和大力发展数字经济视野下，实现乡村振兴、乡村治理与共同富裕的需求。浙江省的数字乡村建设指标得分居全国前列，农村有线广播电视用户数占家庭总户数的比重为68.1%，仅次于北京，居全国第二位，国家数字乡村试点地区数量为4个，与河北、江苏、安徽、福建等地并列排全国第三，农民电商合作

[①] 《山东省人民政府办公厅关于加快推进新型智慧城市建设的指导意见》，http://www.shandong.gov.cn/art/2020/10/21/art_107861_109056.html，2020年10月21日。

社网络零售额占比 6.49%，排全国第五。

浙江省委十四届八次全会作出加快建设数字乡村的战略部署，德清"数字乡村一张图"建设便是浙江数字乡村建设中取得"德清经验"成效的一个缩影。德清运用"整体智治"理念，以"一张图"为底板，运用"天、空、地"一体化遥感监测体系和人工智能分析，推动跨部门、层级、业务与系统的整合，归集了 58 个部门的资源、出行、天气、垃圾分类等 282 类基础数据和 137 个行政村近 9 亿条数据内容，并加强数据开放共享、应用和安全管控，形成德清每个行政村"看得到、摸得着"的"数字乡村一张图"服务。"数字乡村一张图"屏幕终端呈现的公共服务内容，由乡村规划、经营、环境、服务和乡村五大板块组成，以聚焦乡村治理中的人、地、物、事件要素为主线，涵盖数字化养殖、水域实时监测、危房预警监测、个人健康、智慧养老服务、垃圾有序分类等 120 余项功能服务内容，能及时分析感知预报并提示村庄生活生产基本信息、生态变化信息，极大地缩短了发现问题时间、提升了处理问题率，推动县域乡村整体智治。德清下一步将以"城市大脑"数据支撑为载体，推进数字乡村一张网建设，打造"一图一端一中心"应用体系，通过"我德清"等移动服务应用为村民提供更智慧、更便捷的数字生活服务。

三　关于推进数字社会建设的对策建议

加快建设数字社会，不仅是对全球数字化转型中的挑战和机遇的积极回应，也是推动我国人民生活向数字服务普惠化、生活服务便捷化、城乡居住宜人化美好方向发展的客观需求。通过加快地区数字转型、优化数字素养体系、拓展数字消费与服务试点应用并形成标准化规范化协同发展等，加快推进数字社会精细化、精准化发展。

（一）强化地区数字转型布局，加快数字社会建设步伐

随着数字技术的快速发展和深入应用，数字化转型正从经济领域向数字

政府、数字社会等领域全方位迈进，不断扩大社会管理、社会服务和社会公共品的供给。在数字经济发展浪潮中，一是完善数字社会顶层设计，立足实际着眼长远，制定数字转型发展规划，谋划本地数字转型发展布局。二是加强地区数字转型规划、行动方案的统筹协调、整体推进与督促落实，建立组织、发展改革、民政、财政、网信、教育、宣传等部门的协调机制，加强部门间资源整合与协同，协调推进各项任务落实。三是加快新型基础设施建设，抢抓数字经济发展中新型基础设施建设和应用推广的重大机遇，推进5G、人工智能、数据中心等数字社会信息基础设施建设，夯实数字基础设施在公共服务、数字消费、数字城乡等方面的基础，不断夯实数字服务的基础，支撑数字经济发展。

（二）推动数字服务点面铺展，促进城乡公共服务均衡

党的十八大以来，统筹城乡协调发展已成为我国重要的战略目标，也是我国实现两个一百年目标的重要抓手，推动数字服务城乡均衡化发展，使得长期以来以城乡二元结构为主的发展模式逐步发生改变。推动数字服务建设点面铺展，既要加大对基层、边远和欠发达地区的支持力度，也要加快推进城乡融合片区与特色数字乡村示范点建设，把推进城乡基础教育、医疗卫生、免证办等公共服务资源均衡发展作为重要的工作内容，推动城市反哺农村，开展试点示范，探索一批可复制可推广的发展模式，形成由点、面向全社会的铺展，逐步扩大优质数字公共资源的服务范围。要坚持政务服务数据赋能，依托政务服务一体化服务平台，加快"一网通办"和"一网统管"城乡一体化建设，推进网格化治理，推进城乡公共服务管理精细化、智能化和现代社会治理协同化、透明化。

（三）提升数字科技研发水平，拓展数字消费应用场景

我国经济进入高质量发展阶段，高品质的数字化生活方式基本形成。基础设施建设加快推动新型工业化、信息化、城镇化、农业现代化发展，人民的数字消费需求增加等，为数字消费应用场景创新发展提供了强大支撑。强

化数字技术应用创新，加大数字生活消费新场景研发投入，对各类企业运用5G、人工智能、物联网、虚拟现实/增强现实等新技术构建形式多样的线上消费场景予以支持。加快数字技术业态创新，鼓励各类创新主体挖掘用户需求，推动社交电商、生鲜电商等新业态有序发展，探索人机互动新模式，培育创新网络消费方式，加大科技研发投入，提升网络消费体验，打造绿色低碳数字生活消费新场景。提升数字科技研发服务能力，加快数字消费研发技术成果产业化，优化创新成果转化机制，拓展促进科技成果转化的产学研用融合通道，为数字消费提供丰富的科技创新产品和应用。

（四）构建数字素养提升体系，营造人才发展良好环境

数字时代需要人们具备相应的数字素养，数字社会建设也需要相应的数字化人才来支撑，通过构建数字素养提升体系，让人们更好地面对生存方式和生活方式的数字化。一是扩大优质数字资源供给。面向全社会开放共享的数字教育资源、数字产品和信息服务，拓宽数字资源获取渠道，打造优质品牌，促进惠普数字公共服务与优质数字资源的发展。二是推动数字技能教育和培训规范发展。规范数字技能培训，成立产教融合发展联盟，推行高校数字素养与技能行动计划，推进数字社会跨学科专业集群建设，推动学科专业建设与产业数字化转型升级相适应。三是推广全民终身数字学习。制定全民全生命周期的数字化学习方案，推进学前数字教育、学校数字化教育、职业技能提升数字教育等，逐步建立起以个人成长为基础的教育生态培训体系，全面提升全民数字技能。四是完善数字化人才资源和服务保障体系。完善数字化人才资质评定协同机制，加强对数字化相关职业的认定，营造规则统一、标准互认、人才自由流动的人力资源市场环境，提升数字化人才的社会认可度。

（五）完善数字城乡建设标准，提升城乡协同发展水平

加快数字农业农村建设，弥合城乡数字鸿沟，让农业农村农民共享数字经济发展红利，是数字中国建设的重要内容。一是做好数字城乡整体规划设

计。在加快数字城乡建设、制定发展标准时，开展城乡一体化设计布局，基础设施建设同步实施、信息交互内容协同并进，推动城乡融合创新，促进城市与乡村生产、生活、生态空间各场景向数字化、网络化、智能化发展，推动数字公共服务共建共享、互联互通，逐步形成城乡协同发展、各具特色、交相辉映的融合发展格局。二是弥合城乡人群间的数字鸿沟。在义务教育阶段增设信息技术课程，推动信息化教育普及，在教育基础上消除农村居民因信息获取能力匮乏而产生的城乡居民之间的信息不对称现象。同时，依托城乡社区综合服务设施开展宣传培训，为群众提供指导和协助，助力提升数字公共服务使用技能，营造良好的数字学习和创新创业环境，实现城乡基本公共服务均等化和共享化。三是创新城乡信息化融合发展体制机制。结合乡村振兴发展战略，引导城市网络信息等数字资源与人才资源等向乡村流动，促进城乡要素自由流动，大力开发适应农业、农民、农村特点的技术产品服务与应用，推动精准农业、普惠金融、远程医疗教育等应用普及，激活农村地区的要素资源潜能，激发乡村发展内生动力，助力乡村振兴。

参考文献

《提升全民数字素养与技能行动纲要》，http：//www.cac.gov.cn/2021-11/05/c_1637708867754305.htm，2021年11月5日。

包蕾萍：《数字社会建设：挑战、机遇与理论创新》，https：//theory.gmw.cn/2021-12/27/content-35408976.htm，2021年12月27日。

电子政务智库：《"数字社会"的发展趋势、时代特征和业态成长》，https：//new.qq.com/rain/a/20200911A0JM6C00，2021年12月27日。

B.8
数字身份、数字公民与数字
社会治理共同体研究

摘　要： 新冠肺炎疫情突袭而至，全球数字化进程加速，数字科技在全球广泛应用面临重要契机。2021年爆发的元宇宙进一步加快了人类社会从物理空间向数字空间迁徙的进程，一个更加智能泛在、虚实共生的数字社会正在全面展开，加快社会治理的数字化转型迫在眉睫。目前，已有部分国家和地区纷纷制定相应政策，将开展数字化社会治理作为塑造竞争新优势的重要路径。在数字社会背景下，数字身份成为人们在数字空间生存、互动与社交关系的"化身"，数字公民成为公民在数字世界的映射和副本，以数字身份和数字公民为支点，能够在数字科技的加持下撬动社会治理创新。基于此，本报告重点从可信数字身份建构和治理，以及数字公民实践等方面分析数字社会治理空间与治理模式的变革，并探索构建数字社会治理共同体的路径，以期为社会治理数字化转型提供参考。

关键词： 数字身份　数字公民　数字社会　元宇宙　社会治理共同体

一　数字身份、数字公民与数字社会

（一）数字身份：数字时代的基石

哲学三大终极问题："我是谁？""我从哪里来？""我要去哪里？"其中

第一个问题"我是谁"指的就是身份。身份是用来区分"我"与其他主体的标识。一般而言，身份具有两大功能：一为区分；二为证明。互联网时代以前，我们通常用纸质材料来证明"我是我"；进入互联网时代，身份证明的方式从纸质证明变成电子凭证。随着数字科技的创新与突破，人类正从物理世界向数字世界迁徙，物理世界到数字世界的映射过程就是"身份认证"，数字空间中的身份认证和治理的核心是识别与信任。对于个体而言，个人在数字世界获得了新的身份——数字身份，这是数字时代人的一种新的身份类型。数字身份本质上是指"对网络实体的数字化刻画所形成的数字信息，如个人标识及可与标识一一映射的绑定信息"，[1] 是"在虚拟网络空间生存、互动与社交关系的身份"，[2] 借助于数字身份，人们可以在数字世界里证明"我是我，你是你"。

数字时代，数字身份正在扮演着愈发重要的角色，成为重塑经济社会发展模式和政府治理体系的关键要素与重要基石，尤其是国家统一的数字身份及其系统将成为重要的数字基础设施。比如，疫情期间的健康码也是一种数字身份，"社会身份以及由此而来的社会服务的获得全都依赖于以健康码为代表的数字身份的呈现"。[3] 近年来，数字身份已经在部分国家进行推广，欧盟、英国、印度、澳大利亚等国家和地区已经采取措施建立国家统一的数字身份，以期通过数字空间中数字身份的高效运行，促进数字经济社会的持续健康发展。基于构建可信的网络空间身份管理体系，直接影响网络空间安全，对维护国家安全和网络空间主权具有重大意义。[4] 2022 年 3 月 11 日，国务院总理李克强在十三届全国人大五次会议闭幕后出席记者会并回答中外记者提问时表示："今年要实现身份证电子化。"目前，我国正在加快推动

---

[1] 公安部第一研究所、中国信息通信研究院、北京中盾安信科技发展有限公司：《基于可信数字身份的区块链应用服务白皮书（1.0 版）》，2020 年 12 月。

[2] 龙晟：《数字身份民法定位的理论与实践：以中国—东盟国家为中心》，《广西大学学报》（哲学社会科学版）2019 年第 6 期。

[3] 吴静：《从健康码到数据身体：数字化时代的生命政治》，《南通大学学报》（社会科学版）2021 年第 1 期。

[4] 方滨兴：《推进网络电子身份证的条件已经成熟》，《人民论坛》2018 年第 14 期。

数字身份基础建设，先后出台了一系列规范数字身份运行的相关制度（见表1）。

表1　我国数字身份相关的法律法规条款

序号	文件名称	相关内容	颁布时间	实施时间
1	《网络安全法》	第二十四条　网络运营者为用户办理网络接入、域名注册服务,办理固定电话、移动电话等入网手续,或者为用户提供信息发布、即时通信等服务,在与用户签订协议或者确认提供服务时,应当要求用户提供真实身份信息。用户不提供真实身份信息的,网络运营者不得为其提供相关服务 国家实施网络可信身份战略,支持研究开发安全、方便的电子身份认证技术,推动不同电子身份认证之间的互认	2016年11月	2017年6月
2	《电子商务法》	第七十三条　国家推动建立与不同国家、地区之间跨境电子商务的交流合作,参与电子商务国际规则的制定,促进电子签名、电子身份等国际互认	2018年8月	2019年1月
3	《个人信息保护法》	第六十二条　国家网信部门统筹协调有关部门依据本法推进下列个人信息保护工作:(三)支持研究开发和推广应用安全、方便的电子身份认证技术,推进网络身份认证公共服务建设	2021年8月	2021年11月
4	《网络数据安全管理条例(征求意见稿)》	第五十条　国家建设网络身份认证公共服务基础设施,按照政府引导、网民自愿原则,提供个人身份认证公共服务 互联网平台运营者应当支持并优先使用国家网络身份认证公共服务基础设施提供的个人身份认证服务	2021年11月	——

资料来源：根据公开资料整理。

（二）数字公民与社会治理创新

在现实社会中，公民就是"享有从事管理社会和国家等公共事务的权利的人"。[①] 伴随信息技术的高速发展，公民身份跨越了线下与线上世界，

---

① 孙英：《公民定义与公民身份的界定》，《南通大学学报》（社会科学版）2010年第6期。

数字公民应运而生，数字公民在早期研究中被定义为"有规律且有效使用网络的人"。[①] 随着互联网的普及，数字公民研究开始关注对数字技术的正当使用，数字时代被广泛接受的数字公民的定义是"能够践行安全地、合法地、符合道德规范地使用数字化信息和工具的人"。[②] 数字科技打破了数字世界与物理世界的边界，数字公民成为"数字化的公民或公民的数字化，它是公民在数字世界的映射，是物理世界公民的副本，是公民责、权、利的数字化呈现，是构成公民个体的重要组成部分"[③]。因此，成为一名数字世界中合格的数字公民，要不断提升能力和素养，必须是"能够理解与技术相关的人文和社会问题，并能在应用信息技术参与社会活动过程中表现出合乎法律和道德规范行为的人"。[④]

数字化已成为推动治理创新发展的"纲"和"魂"。如果说有一个支点就能撬动整个地球，那么，在数字时代，"数字公民"就是那个能撬动公共服务和社会治理困境的支点。数字公民能最大限度地挖掘人类创造力、生产力，打通公民参与社会治理的渠道，多元治理主体通过平等协商在公共决策方面达成共识，从而打破了"中心—边缘"结构的桎梏。数字社会治理是物理世界与数字世界的有机融合，数字公民是"人的情感体验、交往价值等的交互融合体，更是数字治理走向智慧治理的重要载体"[⑤]。数字公民是社会治理创新的基础支撑与关键驱动力，通过构建数字公民身份诚信体系和价值实现路径，能够在数字技术的加持下赋能社会治理创新，促进数字技术与社会治理走向"正循环"（见图1）。2019年9月，由公安部、网信办等多部委直属科研机构联合中科院、清华、复旦等共同支持成立了专注于公民

---

① Mossberger, K., Tolbert, C. J. et al., *Digital Citizenship: The Internet, Society, and Participation*, Cambridge: The MIT Press, 2008.

② International Society for Technology in Education (ISTE), "Infographic: Citizenship in The Digital Age," https://www.iste.org/explore/digital-citizenship/infographic-im-digital-citizen, 2022-1-21.

③ 王晶:《"数字公民"与社会治理创新》,《学习时报》2019年8月30日。

④ 张立新、张小艳:《论数字原住民向数字公民转化》,《中国电化教育》2015年第10期。

⑤ 顾爱华、孙莹:《赋能智慧治理:数字公民的身份建构与价值实现》,《理论与改革》2021年第4期。

数字身份产业化的合作组织——公民数字身份推进委员会组织，共同推进数字中国建设。

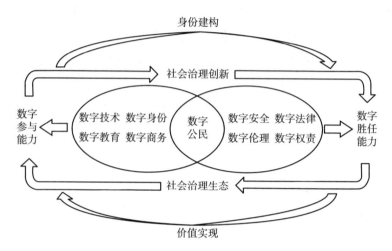

图 1　数字技术与社会治理"正循环"结构

（三）数字社会：已经到来的未来

"数字社会"作为一种特定的社会形态，是借由大数据、云计算、物联网、区块链和人工智能等数字科技的快速发展与广泛应用得以孕育成形的，是人类社会演进的必然规律。从技术革命的视角来看，人类社会的发展大致可分为农业社会、工业社会和数字社会（见表 2）。数字社会延续了农业社会、工业社会的种种基因，但又在"诸多核心领域发生突变而改变了全社会各领域的存续和运行状态"，[①] 其转型和变迁的速度、广度与深度都远远超过了人类的想象。数字社会强调以"数字化的发展推进高效化、智能化、精准化的社会管理、社会服务和社会公共品的供给，其特征是社会性、普惠性和自立性的提升和发展，以数字化手段赋能高品质的社会生活"。[②] 数字

[①] 杨述明：《人类社会的前进方向：智能社会》，《江汉论坛》2020 年第 6 期。

[②] 江文路、张小劲：《以数字政府突围科层制政府——比较视野下的数字政府建设与演化图景》，《经济社会体制比较》2021 年第 6 期。

科技革命给人类创造了"未来已来"的恢宏图景，推动数字社会成为数字化、网络化、智能化深度融合的新型社会形态。

表 2　人类社会发展的主要形态比较

构成要素	农业社会	工业社会	数字社会
主要资源	土地	石油	数据算法
驱动技术	栽种、畜养技术等	蒸汽机、电力技术等	计算机、数字技术等
行为主体	社会个体	企业、社会组织	所有链接或映射到数字空间的组织、人和物
社会形态	基于土地解决温饱问题的社会	基于技术解决大众消费问题的社会	基于数字解决个体需求问题的社会
政府类型	分散的自治性小型政府	城市化科层制的大型政府	整体性精准治理的数字化政府

"数字技术进步和数字社会的发展，是当代人类社会变迁发展的重要形态特征"，[①] 人、物、数据和秩序将由网络紧密联系在一起，实现人与人、人与物、物与物之间的泛在互联，数据、算法和算力成为发展的动力和技术支撑，社会运行和网络生活状态显现出跨域连接、实时感知、数据共享、高效协作等多方面的本质特征。在此环境中，就要求所有公民不分地域、不分年龄等都得使用数字身份参与社会经济活动，以实现物理世界与数字世界的公民身份同步革新和增权，最终赋能数字社会发展。可以预见，数字身份将是"公民在网络空间的信息存在的主要标志，也是构建数字社会的先决条件"，[②] 数字公民将成为数字社会的关键驱动力。这必将是一场巨大的变革，也将带来一系列社会、法律及伦理问题，数字政府、数字治理、合作型组织将成为数字社会必然选择的治理方式。

---

① 李一：《"数字社会"的发展趋势、时代特征和业态成长》，《中共杭州市委党校学报》2019年第 5 期。

② 王益民：《数字政府》，中共中央党校出版社，2020。

二 基于"数据人"假设的身份建构与治理

（一）元宇宙与"新人类"

2021 年被称为"元宇宙元年"。"元宇宙"① 一词也入选 2021 年度"十大网络用语""十大流行语""十大热词"②。2021 年 12 月，上海市发布的《上海市电子信息产业发展"十四五"规划》（沪经信规〔2021〕1184 号）率先将"元宇宙"纳入产业发展规划。③ 元宇宙是指"利用科技手段进行链接与创造的，与现实世界映射与交互的虚拟世界，具备新型社会体系的数字生活空间"。④ 当前，人类社会虚拟化的临界点正在被打破，"现实世界数字化，构建一个与现实世界平行的数字世界，正在逐渐成为现实"，⑤ 人们可以在现实世界和元宇宙之间随时随地转换身份（见图 2）。换言之，"在当前和未来的数字空间以及物理世界里，人与数字的聚合正在成为构造世界和塑造个人的基础性活动"，⑥ 元宇宙将是未来人类以数字身份参与和生活的主

---

① 元宇宙（Metaverse）的思想导源于美国数学家和计算机专家弗诺·文奇教授于 1981 年出版的小说《真名实姓》，他创造性地构思了一个通过脑机接口进入并获得感官体验的虚拟世界。其概念的正式提出是在美国科幻大师尼尔·斯蒂芬森于 1992 年创作的小说《雪崩》中。该小说描述了一代互联网人通过化身（Avatar）在平行于现实的网络世界感知交互。此后，元宇宙在科幻作品中被广泛提及，并在电影《头号玩家》中为大众所熟知。

② 2021 年 12 月 6 日，由国家语言资源监测与研究中心发布的"2021 年度十大网络用语"，分别为：觉醒年代；YYDS；双减；破防；元宇宙；绝绝子；躺平；伤害性不高，侮辱性极强；我看不懂，但我大受震撼；强国有我。2021 年 12 月 8 日，有"语言界啄木鸟"之称的《咬文嚼字》杂志社编辑部对外发布的"2021 年度十大流行语"中，"元宇宙"一词上榜。2021 年 12 月 30 日，中国新闻周刊公布的"2021 年度十大热词"中，"元宇宙"一词入选。

③ 2021 年 12 月 30 日，上海市经济和信息化委员会发布《上海市电子信息产业发展"十四五"规划》，明确提出，加强元宇宙底层核心技术基础能力的前瞻性研发，推进深化感知交互的新型终端研制和系统化的虚拟内容建设，探索行业应用。

④ 陈刚、董浩宇：《元宇宙特征与属性 START 图谱》，光明网，https://m.gmw.cn/baijia/2021-11/19/35323118.html，2021 年 11 月 19 日。

⑤ 王国豫、梅宏：《构建数字化世界的伦理秩序》，《中国科学院院刊》2021 年第 11 期。

⑥ 张吉豫：《构建多元共治的算法治理体系》，《法律科学》（西北政法大学学报）2022 年第 1 期。

要空间。可见，元宇宙将超越现实世界，超越时间和空间界限，创造出新的数字化身份。

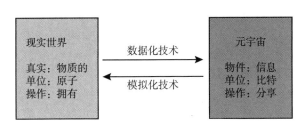

图 2　现实世界与元宇宙之间的相互转化

资料来源：腾讯新闻、复旦大学新闻学院传播系：
《2021 元宇宙年度报告》，2022 年 1 月 12 日。

　　"人""物"是构成元宇宙生态的基本元素，而数字世界里的所有人、事、物都将作为一种"数据"而存在。在这一背景下，以数据为牵引提出的"数据人"假设是元宇宙建设与运行的基础性假设。可以说，数据已覆盖和书写了一个人从"摇篮"到"坟墓"的全部生活，"肉身人"逐渐演化为"数据人"，进而成为数字公民的基本单元。"数据人"正在迅速融入经济社会生活，推动自然界、现实社会和虚拟社会的交融，显现出跨界连接性、边界模糊性与共生性的生存特征，带来的世界很可能就会由"自然人""机器人""基因人""虚拟人"① 共同构成，这给人类带来无尽的困惑与烦恼，人的身份认同或许一直并将永远是一项进行中的工作。但元宇宙会让虚拟人物得到"永生"，这些"永生"背后都有各种各样的虚拟人和代理机器。因此，"数据人"的身份构建和治理将是"元宇宙"讨论的热点话题。

---

① 虚拟数字人是指存在于非物理世界中，由计算机图形学、围形渲染、动作捕捉、深度学习、语音合成等计算机手段创造及使用，并具有多重人类特征（外貌特征、人类表演能力、人类交互能力等）的综合产物。市面上也多将其称为虚拟形象、虚拟人、数字人等，代表性的细分应用包括虚拟助手、虚拟客服、虚拟偶像、主播等。参见量子位《2021 年虚拟数字人深度产业报告》，2021 年 12 月 15 日。

（二）主权区块链与数字身份链

数字身份已经成为数字社会建设的关键支撑。数字身份和现实身份一样，也会存在身份认同问题，因而构建真实可信的数字身份至关重要。"可信数字身份具有权威、安全、可信、便捷的特性，是现实生活和网络行为的通用凭证"。① 区块链是一种分布式账本技术，采用密码学保证传输和访问安全，由多方共同维护，实现数据存储一致、防止篡改、防止抵赖。"基于区块链的可信身份信息管理，结合分布式身份标识和零知识证明等技术，可在确保身份信息可信的同时，避免数据泄露"。② 由于区块链具有不可篡改和全程记录的特性，可以充分保证链上数字身份信息的真实性和可信度，区块链必将成为数字身份的坚强护盾。反之，通过可信数字身份也能为区块链的前端应用做好底层支撑。区块链与数字身份相辅相成，区块链时代也需要可信数字身份作为认证基础，两者互相依托、相互促进。

区块链通过"运用基于共识的数学算法，在机器之间建立信任网络，通过技术背书来进行全新的信用创造"。③ 主权区块链是从技术之治到制度之治的治理科技，它将"全面创新现代治理模式，促成人、技术与社会的有机融合"，④ 推动治理方式从低级向高级跃迁，建构一种新型的数字信任关系。数字公民身份是网络中统一的标记，需要在数据上链之前出具主权国家认证的信用背书，并以此身份认证为基础进行扩展构建。数字身份链是将eID⑤与区块链相结合的创新应用，是基于区块链技术实现数字身份认证的唯一标识，是可信任的分布式身份信息管理与流通系统。面对与现实空间既

① 公安部第一研究所、中国信息通信研究院、北京中盾安信科技发展有限公司：《基于可信数字身份的区块链应用服务白皮书（1.0版）》，2020年12月。
② 中国信息通信研究院：《区块链白皮书（2021年）》，2021年12月22日。
③ 中国信息通信研究院工业互联网与物联网研究所：《区块链基础设施研究报告（2021年）》，2021年7月。
④ 连玉明：《主权区块链对互联网全球治理的特殊意义》，《贵阳学院学报》（社会科学版）2020年第3期。
⑤ eID是以密码技术为基础、以智能安全芯片为载体、由"公安部公民网络身份识别系统"签发给公民的网络身份标识，能够在不泄露身份信息的前提下在线远程识别身份。

区分又交融的元宇宙空间，数字身份链与主权区块链进行有机结合，将有效保障数字公民的隐私安全，使用户对自己的数据拥有绝对的控制权和使用权，提供一种新型的信任传递和数据交换框架，有利于满足政府或企业对于数字治理和场景拓展的需求。

（三）数字社会治理共同体

中共十九届四中全会提出，"坚持和完善共建共治共享的社会治理制度"和"建设人人有责、人人尽责、人人共享的社会治理共同体"。数字社会治理共同体是社会治理共同体在数字世界的延伸，其特点是以利益共同体为起点，以责任共同体为诉求，以命运共同体为目标，是一个有机的统一体。加快数字社会建设是推动社会治理现代化发展的必然要求，共建共治共享是数字社会治理的指导思想，形成数字社会基本准则和价值规范是践行新发展理念的题中应有之义。可见，"数字社会治理共同体"建设要更加强化治理主体的治理责任和共建共治的集体行动机制，更加注重运用大数据、区块链、人工智能等治理科技赋能数字社会治理，推动治理理念、治理手段和治理模式的变革创新，塑造数字文明成为社会主流价值观，不断提升政府治理、政务服务、社会治理等数智化水平，让更多数字社会发展成果惠及人民。

2021 年 12 月，中央网络安全和信息化委员会印发的《"十四五"国家信息化规划》提出，"构筑共建共治共享的数字社会治理体系"。数字社会治理中的各主体被科技赋予了数字身份，拓展和提升了其参与社会治理、与其他主体沟通协同的方式以及治理效能，同时也在数字社会的市场秩序、公民隐私、技术伦理、国家安全等方面带来了新的风险。元宇宙的产生和发展以及数字身份问题的日益突出，改变了社会治理共同体的形态和结构，对数字社会治理提出了新的挑战。数字社会治理应"从封闭走向开放，从单一性走向多样性，从虚拟性走向现实性，从孤立性走向协同性，从意识形态化走向务实发展化"，[①] 构建扁平化、超时空、全联结的治理框架。具体来说，要进

---

① 杜骏飞：《数字巴别塔：网络社会治理共同体刍议》，《当代传播》2020 年第 1 期。

一步发展和完善政府监管、行业自律、公民维权和社会监督的多元共治体系，综合运用技术赋能、规范立法和伦理约束等方面的多样化治理举措，实现科学合规有效的数字社会治理共同体目标。

三　数字公民计划与实践

（一）美国：数字公民素养教育

"数字公民教育是以培养信息时代的合格数字公民为目的，是信息时代公民教育的一个重要组成部分。"[①] 美国数字公民教育研究学者迈克·瑞布在 2015 年提出了数字公民教育的具体内容，包括数字准入、数字礼仪、数字法律、数字素养、数字交流、数字健康等九大要素，[②] 得到了业界普遍认同。"数字公民素养是数字公民参与数字社会活动所应遵循的道德规范和行为准则在数字公民身上的集中体现，是合格数字公民所应展现出来的关键素养。"[③] 作为互联网诞生的起源国，美国信息技术在生产生活中的应用较为普及，很早就开始研究与实践数字公民素养教育，并在政府、学校家庭、专业机构与社会力量的合力支撑下，已经构建起全方位、多主体、多途径的公民数字素养培养协同体系。在政府机构服务方面，2010 年美国联邦通信委员会提交的《国家宽带计划》明确地将国家数字素养工程纳入国家宽带计划，随后大量服务于数字公民素养教育的专业机构、非营利组织和研究项

---

① 阮高峰、张冬冬等：《美国中小学数字公民素养教育现状及启示》，《中国信息技术教育》2016 年第 19 期。

② 迈克·瑞布（Mike Ribble）是美国国际教育技术协会（ISTE）数字公民专业学习网络（PLN）创始人，担任其第一任联合主席，是美国数字公民委员会以及数字公民国际委员会成员，被称为"数字公民教父"，出版专著《学校中的数字公民》《抚养一个数字儿童》等。他提出的数字公民分成三个核心主题 REP——Respect（尊重）、Educate（教育）、Protect（保护）。其中，"尊重"包括数字礼仪、数字准入和数字法律，"教育"包括数字素养、数字交流和数字商务，"保护"包括数字权利与责任、数字安全和数字健康。

③ 郑云翔、钟金萍等：《数字公民素养的理论基础与培养体系》，《中国电化教育》2020 年第 5 期。

目如雨后春笋般涌现。在教育系统培养方面，出版了《学校中的数字公民素养》《数字孩童养育》《美国国家教育技术标准》① 等，以标准和规范的形式将数字公民素养教育融入教育规划。在社会力量参与方面，美国政府、大型互联网公司以及非营利组织通过法律、公司协议等方式规范儿童的互联网使用行为。②

（二）爱沙尼亚：去中心化的数字公民实验

1994 年，爱沙尼亚首次提出要建立一个数字国家的计划。经过近 30 年的努力，如今爱沙尼亚已经在公共服务、政府治理以及数字经济等领域为世界各国数字化发展树立了典范。数字国家计划有三个重要的支撑性项目：X-Road、数字身份证项目和电子居住证项目。X-Road 即去中心化的公共数据库系统。2000 年，爱沙尼亚开始实施政府信息系统现代化工程"十字路口"（X-Road Project），数字化服务优势不断加强。X-Road 不同于集中式的中心化数据平台，是利用分布在不同公共和私营部门的数据平台，通过高速网络和数据传递方式，让爱沙尼亚本国的公民能获得充分透明的数据信息。数字身份证项目就是通过加密的数字 ID 赋予所有爱沙尼亚公民的身份证，并利用多组数字密码来满足不同场景下的使用登记需求，让每个公民在数字世界中享受各种服务，与其他数字公民进行便捷交流。2015 年 4 月，爱沙尼亚启动"e-Residency"（电子居住证）计划，成为世界上第一个向全球提供跨境数字身份认证的国家。电子居住证不赋予申请人爱沙尼亚或欧盟的公民身份，不能凭电子居住证入境、居住或工作，也不能用作旅行证件，但可以为电子居民带来线上创建总部位于欧盟的公司、不受地域限制的线上经营公司、远程发展业务、加入全球社区等

---

① 2016 年，美国国际教育技术协会发布的《美国国家教育技术标准》一书中，将"数字公民"作为一项专项标准同时列入系列标准中。

② 美国政府从 1998 年起就相继发布了《儿童在线保护法案》（*Child Online Protection Act*）、《儿童在线隐私保护法案》（*Children's Online Privacy Protection Act*）、《儿童互联网保护法案》（*Children's Internet Protection Act*）、《每一个学生成功法案》（*Every Student Succeeds Act, ESSA*）等法案以规范互联网企业与数字公民行为。

便利。爱沙尼亚的数字国家计划改变和扩展了国家定义的边界，数字公民则成为一种全球化的身份定义。

（三）福州：全国首个数字公民试点

2017 年 8 月，全国首个"数字公民"试点在福州市鼓楼区启动。福州"数字公民"项目开启了数字身份公共服务、个人数据归集两大基础设施建设，政府通过给每个公民一个数字身份，将公民个人数据与每一位公民的现实身份有效实时关联。同时，开展政务便利应用、商务权证保管、健康全息数字人、综合信用服务、数据创建应用、参与社会治理应用、个人数据云服务等七项基本应用。试点启动后，数字公民身份公共服务平台率先建设与运营，向鼓楼区所有居民发放了首批数字公民身份证。"可信数字身份是居民身份证的网络可信凭证"①，无须泄露个人身份信息即可实现实名制与真人身份认证，从而建立起人证合一、证机合一、机人合一的完整身份认证体系，可在不同场景轻松地证明"我是我"。可见，"数字公民"项目的应用将有效释放公民个人数据应用价值，通过数据的安全、可信、高效流动，推动政府治理模式创新，不断提升政府公共服务和社会治理能力，为助力"数字公民"在国内的成功实践提供了有力支撑。

（四）贵阳：扎牢诚信身份"数据铁笼"

2017 年以来，贵阳创新性地将区块链技术、大数据技术应用于社会诚信体系建设，并首次提出"身份链"，其试点放在了探索诚信建设多年的清镇市。身份链是贵阳原创的"基于中国自主可控区块链底层技术的分布式数字身份产品，旨在保护隐私安全的前提下为用户建立可信的新型数据账户"，② 基于该可信身份认证系统，通过跨链技术实现不同应用场景对应的

---

① 《福州积极打造可信数字身份应用示范城市》，央广网，2020 年 10 月 2 日。
② 黄玉叶：《"身份链"重新定义区块链》，贵州省大数据发展管理局网站，2020 年 6 月 30 日。

链与链之间的价值转移和事务协作。"身份链 App"通过整合 CA 认证，赋予所有诚信参与者数字身份，实现全链网自动捕捉个性化、场景化诚信痕迹，并全景式呈现，通过构建全覆盖范围、全流程记录、全数据监管的信用体系"数据铁笼"，实现诚信数据价值链权益的可信分布、可追溯、可审计。近年来，围绕"身份链"系统，贵阳建成"链上清镇·智惠城乡""清镇数屋·诚信人家"等诚信数据共享平台。① 此外，贵阳还积极探索"区块链+医疗"场景应用、"诚信你我"个人便民服务产品，基于身份链系统打造诚信账户管理 App，管理个人诚信信息，快速实现医疗、社保、交通等各类便民业务的办理。基于区块链的"身份链"以诚信农民的应用场景为突破口，从个人诚信、社会基层、社会规范、道德秩序等方面建设政府治理数字基础设施，确保诚信的农民拥有诚信的身份，为诚信社会提供正向激励的渠道，让农民在数字文明新秩序下找到合理的归宿、贡献应有的价值。

四　关于加快构建数字社会治理共同体的
思考与建议

（一）治理主体：创建多元主体支撑体系，形成共建共治共享数字治理新格局

1. 充分发挥政府主导作用

充分发挥政府在数字治理中的引导和统筹作用，推动数字治理从单纯的政府管理向更加重视社会协同治理转变，统筹规划数字治理，提供

---

① "链上清镇·智惠城乡"诚信数据共享平台于 2018 年 7 月 13 日上线运行，具备个人管理、政务诚信、商务诚信等十大功能模块。该平台目前与信用贵州平台的数据通道实现数据交互，且集成了大数据、区块链及物联网等功能应用，逐步实现覆盖村庄社会治理、农业生产、社会服务等各个方面。"清镇数屋·诚信人家"通过"区块链"技术生态体系将村庄内及村庄间各种经营活动数字化，采用诚信建设+社会治理、区块链+党支部（村委会）+合作社（村集体）+农户+农业供应链+金融机构的运行模式，提升农民在数字化治理中的体验感和获得感。该平台已在卫城镇凤山村、红枫湖镇芦荻哨村落地应用。

全局性和战略性指导。不断加强地方政府与非政府组织、私营部门和公民之间的协同治理效能，拓宽其他主体参与治理的渠道、明确各主体参与的原则和程序，及时反馈公众意见和需求。建立健全多元社会主体共治机制，充分发挥各主体的主动性、积极性和创造性，不断为数字社会治理工作建言献策，促进政府与其他数字社会治理主体之间形成良好的信任关系。

2. 打造多元协同治理结构

不断完善以公开、透明、流程化、系统性为特征的民主协商机制，着力培育和鼓励社会力量参与，充分发挥其开放性、专业性、服务性等优势，提升协商民主效能，激发数字治理活力。构建以政府、市场、企业、社会组织、公民为多元主体参与的开放、协作、共享数字治理生态，打造多位一体的"同心圆"治理结构，强化多中心主体参与共同治理，让各主体均能获得数字治理的参与权、话语权。建立多元主体协作机制，定期召开数字治理协同工作会议，及时化解数字治理分歧和治理工作中面临的痛点和难点。

3. 创新基层社会自治模式

完善自治机制，建构多层次、多类型、差异化的基层社会自治①体系，支持鼓励治理主体积极采取有效的自主规范、完善的管理流程和安全的技术措施，建构稳定、民主、多元的多中心自治秩序。推动基层自治组织建设与发展，加快构建"立体多元化"的智慧监督体系，实现基层社会自治范围"全方位""全过程""全链条"覆盖，不断强化自治主体对治理事务的自觉、自愿和深度参与。加强基层社区共建共治共享精神理念的宣传和教育，不断优化参与治理相应的激励机制，实现政府治理、社会自律与公民自治的良性互动。

---

① 基层社会自治是社会成员通过社群的集合体共同行使自治权利，即"自己统治自己"的社会治理形式，体现了公民社会的本质意义。参见周庆智《论基层社会自治》，《华中师范大学学报》（人文社会科学版）2017 年第 1 期。

（二）治理内容：聚焦关键环节和重点领域，推动社会治理体系和治理能力现代化

1.持续提高数字治理效能

依托数字政务服务平台不断深化体制机制改革，加强数字政府治理流程的整合与重塑，推动简政放权、全过程监管、全方位服务的"放管服"改革向纵深发展，营造良好的数字生活环境。以有效提升数字治理效能主动对接数字治理需求，加快国家数字身份互联互通基础设施建设，建立面向政府、企业和个人的数字社会治理平台，提供及时、优质的基本公共服务。加强数字治理社会平台数据和技术的拓展运用，构建安全高效的数字治理生态体系，促进政府决策过程的现代化、科学化，助力公共服务普惠化、便捷化、高效化，提高数字治理的前瞻性、精准性。

2.加快弥合城乡数字鸿沟

加快推动落后地区数字基础设施建设，拓宽农村及偏远地区网络覆盖范围，推动乡村教育、医疗、养老等公共服务数字化发展，加快城乡公共服务数据建设与信息互通，促进城乡之间公共资源的共享及均衡配置。加快推动数字乡村建设，支持和鼓励社会资本特别是数字企业参与欠发达地区与乡村公共服务和社会治理，更好地推进农村数字供给的市场化发展。在智慧社区建设中，重点关注缺位于数字时代的治理主体，兼顾欠发达地区以及老年人、残障人士等弱势群体需求，探索多样化服务路径，提升人民群众的获得感、幸福感。

3.切实提升全民数字素养

构建适合我国国情的数字素养培育框架，加快制定数字素养教育指导意见实施细则，明确数字时代实施数字素养教育的指导思想、教育目标、实施原则、具体要求和相关举措。充分发挥学校教育的引领作用，将数字公民素养教育内容纳入教育规划范畴，帮助学生提高安全和规范使用数字技术的意识。全方位、多维度、立体式做好数字素养的社会宣传工作，加强数字素养舆论引导，紧密结合实施数字公民教育纲要，大力推动数字公民教育内容在

社会各领域的广泛传播，构建多类型、分群体的数字素养教学培养体系，共同打造数字公民教育创新创业生态圈。

（三）治理手段："智治"与"制治"相结合，促进数字社会治理机制协同均衡

1.注重治理科技场景应用

促进大数据、人工智能、区块链等治理科技的应用服务与社会治理应用场景相融合，不断创新治理方式、丰富治理手段、提高治理效率，推进数字社会治理工作科学化、精细化、高效化、智能化，不断提升社会治理的数智化水平。坚持把治理科技作为深化城乡数字社会治理的重要支撑，以场景治理为新机遇、新试验场，推动社会治理转型。充分利用治理科技，打造一批数字化场景治理的先行示范区和创新项目，形成可复制、可推广的社会治理经验和模式。

2.推动数字治理立法创新

结合地方实际，加强数字社会治理地方立法，加快制定一套具有约束力、规范性和可操作性的法律法规体系，并出台实施细则和指导文件，营造有利于数字社会治理发展的法制环境。尽快研究出台数字身份管理规范，明确数字身份各主体责任，制定合法有效的数据收集、储存、分析、加工及处理规则，在界定数字社会治理的范畴、定位和功能，以及数据确权、流通、交易、数据隐私保护等方面，做出更加明确的法律规定。建立健全数据要素市场治理规范，设立专门的数据治理监管部门，构建严格的监管制度，确保监督和制约职能部门权力运行，强化执法问责。

3.加强数字伦理规范建设

确立数字社会治理的科技伦理规范，制定清晰的道德边界，并积极构建数字伦理①的落地机制和具体举措。加强数字企业伦理规则、合规使用、伦

---

① 数字伦理是指立足以人为本，在数字技术的开发、利用和管理等方面应该遵循的要求和准则，涉及数字化时代人与人之间、个人和社会之间的行为规范。参见段伟文《数字化时代需要"数字素养"》，《人民日报》2021年6月8日。

理监管与审查框架建设，遵循公平、公正和公开原则，防范算法歧视、算法垄断、信息茧房等伦理设计风险，完善行业自律机制。重视数字伦理文化和网络道德教育与宣传，增强全社会良好的伦理意识，践行科技向善的价值观，提高治理主体的道德水准。坚定以安全和责任为先导，明确平台企业主体的责任和义务，加强对平台垄断、侵害用户权益等行为的治理，不断完善数字社会安全责任认定与分担机制。

参考文献

王益民：《数字政府》，中共中央党校出版社，2020。

张吉豫：《构建多元共治的算法治理体系》，《法律科学》（西北政法大学学报）2022年第1期。

王国豫、梅宏：《构建数字化世界的伦理秩序》，《中国科学院院刊》2021年第11期。

顾爱华、孙莹：《赋能智慧治理：数字公民的身份建构与价值实现》，《理论与改革》2021年第4期。

郑云翔、钟金萍等：《数字公民素养的理论基础与培养体系》，《中国电化教育》2020年第5期。

龙晟：《数字身份民法定位的理论与实践：以中国—东盟国家为中心》，《广西大学学报》（哲学社会科学版）2019年第5期。

李一：《"数字社会"的发展趋势、时代特征和业态成长》，《中共杭州市委党校学报》2019年第5期。

王晶：《"数字公民"与社会治理创新》，《学习时报》2019年8月30日。

腾讯新闻、复旦大学新闻学院传播系：《2021元宇宙年度报告》，2022年1月12日。

公安部第一研究所、中国信息通信研究院、北京中盾安信科技发展有限公司：《基于可信数字身份的区块链应用服务白皮书（1.0版）》，2020年12月。

数字政府指数篇

Digital Government Index

B.9

数字政府治理与数字政府指数研究

摘　要： 　数字政府已经成为数字中国战略的重要部分，成为服务人民的重
要支撑，成为治理体系和治理能力现代化的重要动能。中国政府
在积极探索和实践，走出了一条具有中国特色的政府数字化转型
之路。面对新时代建设浪潮，基于数字政府建设形势和判断，我
们建构数字政府指标体系，以期客观呈现我国各地区数字政府建
设态势，助力地方政府数字化转型发展。

关键词： 　数字政府　治理现代化　数字政府指数　数字化转型

　　大数据、人工智能等新一代信息技术的发展，深刻地影响着经济社会发
展和国家治理，世界各国纷纷进行"数字政府"战略部署，加速推进政府
数字化转型进程，这种"数字蝶变"的出现将与国家的发展战略融为一体。
世界各国也达成了共识，那就是只有通过数字政府的推动才能实现经济社会
可持续发展。我国"十四五"规划强调要加快建设数字政府，各地政府率

先实践激发了市场创造活力、社会参与热情，也加快了政府改革创新的步伐，推动了政府治理现代化进程。

一　治理现代化背景下数字政府新形势

过去十年来，运用数字技术、协同社会主体、重塑政府治理结构发展为全球数字政府转型发展的核心议题。与发达国家相比，中国围绕数字政府转型发展，进行了不同层面和领域的社会治理创新。从国际层面、国家层面和地方政府层面三个维度比较，可以客观感受国内外数字政府发展差异以及中国特色的路径选择。

（一）数字化治理成为反映各国治理能力的核心指标

从全球发展趋势来看，发达国家的数字政府建设正面临从"数字化政府"向"变革政府"的转变，即进入对政府固有的理念文化、组织架构、业务流程、制度标准、人员能力等深层次要素进行改革的"深水区"阶段。[①] 处于这个阶段，技术会反作用于政府内部的改革，加速适应经济社会发展需求以及提升公众满意度。美国、英国、韩国、新加坡等国家纷纷利用数字政府战略打造具有竞争优势的政务环境。2012 年，美国发布了《数字政府：构建一个 21 世纪平台以更好地服务美国人民》，基本建成国家和社会共同治理、坚持公共服务导向的新型政府模式。与此同时，政府治理理念也发生了创新性转变，调整了政府治理模型和机制。2012 年 11 月，英国推出"政府数字战略"，旨在建立统一集成、全方位融合、一体化架构的数字平台，并于 2017 年启动"数字化战略"，主要包括数字连接战略、数字技能和包容性战略、数字经济发展战略、数字化转型战略、网络空间安全战略、数字政府战略和数据战略等 7 个子战略。[②] 2012 年 6 月，韩国正式迈入

---

① 章燕华、王力平：《国外政府数字化转型战略研究及启示》，《电子政务》2020 年第 11 期。

② 刘淑春：《以数字政府建设推进政府治理现代化》，《审计观察》2020 年第 12 期。

"政府3.0"建设时代，在"政府1.0"版本、"政府2.0"版本的基础上，尝试启动"智慧政府实施计划"，集中精力探索"数据政府"模式。2014年3月，新加坡政府发布"智慧国家2025"计划，意图抢占全球领先智慧政府席位，并且这是真正意义上第一个智慧国家建设蓝图。①

（二）中国政府的数字化转型引领整个经济社会数字化转型

从国家实践来看，数字政府建设是党和国家制定的重大战略。数字政府建设正处于重要节点，必须抢抓历史性机遇，抢占全球数字政府建设领先地位。党的十九大报告提到，要建设网络强国、数字中国、智慧社会。2018年7月，国务院印发《关于加快推进全国一体化在线政务服务平台建设的指导意见》，明确了数字政府的战略定位，要求尽快、全方位地推进"一网通办"，提升政务服务水平，保障各省区市系统平台建设标准化、统一化，同时，打破地域壁垒实现互联互通，跨部门、跨区域、跨层级业务办理更加迅速，让就近、就地办理惠及百姓，2020年3月，习近平总书记在视察杭州城市大脑运营指挥中心时指出，"运用大数据、云计算、区块链、人工智能等前沿技术推动城市管理手段、管理模式、管理理念创新"，强调"从数字化到智能化再到智慧化是推动城市治理体系和治理能力现代化的必由之路"。② 2020年发布的"十四五"规划为数字政府发展战略指明了方向，遵循"政府—市场—社会"三元主体协同发展的整体布局，提出由数字政府、数字经济、数字社会构成的数字生态协同发展的新理念。

（三）省域数字政府建设呈现分散推进、百花齐放的局面

从省域管理转型来看，全国各省区市均在以史无前例的力度，推动地方政务数字化转变。根据中国互联网络信息中心（CNNIC）第49次《中国互联网络发展状况统计报告》，截至2021年12月，全国一体化政务服务平台

---

① 章燕华、王力平：《国外政府数字化转型战略研究及启示》，《电子政务》2020年第11期。
② 刘淑春：《以数字政府建设推进政府治理现代化》，《审计观察》2020年第12期。

实名用户总量达 10 亿，国家平台累计向地方部门提供数据共享交换服务 1811 余亿次。[①] 目前，国家政务服务平台接入 31 个省区市及新疆生产建设兵团、46 个国务院部门政务服务平台，全国一体化政务服务平台体系逐步完善。福建、浙江、广州等地区善用人工智能、云计算、区块链等技术推进数字政府建设，创新"最多跑一次""不见面审批"等模式，让政务服务方式更加多元、便捷，降低人力成本、资源成本，治理效能大大提升。其中，广东省和浙江省的数字政府建设最具特色。广东省为了建设数字政府专门制订"指尖计划"，以建成政企交流、系统集成、高效协同、整体服务的数字政府治理体系为目标，形成共享、开放、融合的数据中心，搭建安全、稳定、可靠的政务网和政务云。浙江省坚持推行"最多跑一次"政务改革，建设"掌上办公之省""掌上办事之省"，重塑、整合现有的政府业务系统，构建新一代数字政府顶层架构和运维模式，聚焦实现政府职能的数字化转型。

二 数字政府指数的理论模型

（一）数字政府建设研究述评

随着我国数字政府建设进程加快，相关研究成果也越来越多。学者们围绕数字政府的概念和内涵进行了理论探讨。戴长征、鲍静指出，人类社会历史演进有三大形态，理解数字政府治理可以从三大形态对应的不同治理模式着手，即单向控制、代表性互动和数字谈判。数字政府治理的核心是数据集成和以人为本的智能服务。[②] 黄璜提出，需从信心能力、数据流、知识应用和决策优化来理解数字政府概念，厘清数字政府相关的资源、目标和权

---

① 中国互联网络信息中心：《第 49 次〈中国互联网络发展状况统计报告〉》，http：//www.cnnie. net. cn/hlufzgj/hlwxzbg/hlwtjbg/202202/t20220225_ 71727. htm，2022 年 2 月 25 日。
② 戴长征、鲍静：《数字政府治理——基于社会形态演变进程的考察》，《中国行政管理》2017 年第 9 期。

力。① 鲍静、贾开建议加强组织能力、规范能力、技术能力，从而提高数字治理能力。② 然而，目前对于数字政府到底包括哪些内容尚未达成共识。

在数字政府建设方面，已有数家机构对此进行排名、评估，包括清华大学国家治理研究院发布的《中国政府网站绩效评估报告》、南京大学发布的《政府电子服务能力指数（CESAI）报告》、中国软件评测中心发布的《中国政府网站绩效评估报告》等。特别要注意的是，经济性、安全性、功能性和适应性等是在评估数字政府时着重需要考虑的。以上专业的评估主要是供给方的评测，缺乏用户的使用体验评估，这对评估的完整性和全面性提出了挑战。并且，目前的评价侧重外在数字政府的特征，无法精确评测内部信息系统的安全保障、运维状况等方面，更无法为数字政府的建设提供足够的有益启示。

此前国内数字政府实践领域的研究针对浙江省"最多跑一次"改革和"云上贵州"等案例进行了剖析，会存在一些相似的问题。例如，阎波、吴建南发现，电子政务方面完善政府问责制的主要途径是解耦机制、对话机制、信息披露机制。③ 谭海波等认为，不同地方政府的网站建设绩效主要由财政资源供给、技术设施建设、技术管理能力、同行竞争压力、公民外部需求等综合效应塑造。④ 组织内的参与者，比如地方政府领导、职能部门经理和窗口工作人员可能会存在一定程度的利益冲突和权力集中，会影响彼此对信息技术的互动、认知以及政策的选择，进而影响政务网上系统运行。⑤ 国内学者也对美国、英国、丹麦、韩国、新加坡等国家进行了介绍和比较。此

---

① 黄璜：《数字政府的概念结构：信息能力、数据流动与知识应用——兼论 DIKW 模型与 IDK 原则》，《学海》2018 年第 4 期。

② 鲍静、贾开：《数字治理体系和治理能力现代化研究：原则、框架与要素》，《政治学研究》2019 年第 3 期。

③ 阎波、吴建南：《电子政务何以改进政府问责——ZZIC 创新实践的案例研究》，《公共管理学报》2015 年第 2 期。

④ 谭海波、范梓腾、杜运周：《技术管理能力、注意力分配与地方政府网站建设——一项基于 TOE 框架的组态分析》，《管理世界》2019 年第 9 期。

⑤ 谭海波、孟庆国、张楠：《信息技术应用中的政府运作机制研究——以 J 市政府网上行政服务系统建设为例》，《社会学研究》2015 年第 6 期。

外，OECD 数字政府研究项目对十几个国家的数字政府实践进行了评估，并总结其经验模式，为比较案例研究提供了素材。

（二）数字政府指数建构理论基础

数字政府评估指数遵循理论先导原则，包括以下三大理论。

1. 治理现代化理论

治理现代化理论解构国家治理的组成，指出政府治理在国家治理现代化中占据很重要的位置，是国家治理体系的重要组成部分；[①] 阐释社会治理是坚持执政党领导下，以政府组织主导、涵盖社会组织等多个方面治理主体参与对社会公共事务开展的治理活动，[②] 从而划清国家治理、政府治理、社会治理的界限。因此，评估数字政府发展既要关注政府自身，利用数字技术提高政府治理效能，也要关注政府与社会关系，利用数字技术提升政府对社会的治理能力。

2. 新公共治理理论

在政府治理领域，新公共管理范式一度长期占据主导地位。然而，自20 世纪晚期开始，关于该范式的反思逐渐增多。学界认为，新公共管理聚焦组织内部，忽视了组织之间、治理主体之间的关系管理，造成治理碎片化；对多主体参与的治理难以形成有效的问责机制和激励机制；未能关注到多重利益相关者之间的协调机制。[③] 进入 21 世纪，"新公共治理"作为一种新的治理范式逐渐取而代之。治理主体多元化、主体间关系网络化，以及治理主体之间的协调互补机制是该理论的核心主张。随着数字技术的普及，新公共治理模式获得了新的发展机遇，一方面，以网状形式出现的政府与社会各组织的合作改变了以往官僚模式自上而下的运作方式；另一方面，数字技

[①] 薛澜、李宇环：《走向国家治理现代化的政府职能转变：系统思维与改革取向》，《政治学研究》2014 年第 5 期。

[②] 王浦劬：《国家治理、政府治理和社会治理的含义及其相互关系》，《国家行政学院学报》2014 年第 3 期。

[③] R. A. W. 罗兹：《理解治理：政策网络、治理、反思与责任》，丁煌、丁方达泽，中国人民大学出版社，2020。

术为公众参与公共行政提供了更方便的途径和手段，为政府与社会的互动提供了前所未有的便利条件。① 因此，评估数字政府发展应关注政府、企业、社会组织、公众多方主体之间的互动过程和协作关系，超越单一的政府中心主义。

3. 技术治理理论

技术治理理论重在探讨数字技术与治理转型之间的关系，集中体现在技术赋能和技术赋权两个方面。技术赋能主要是指国家和政府利用数字技术实现自主意志、有效治理的能力。数字化国家能力具体可分为信息汲取能力、数据治理能力、科学决策能力、数字规制能力、回应吸纳能力和濡化传播能力。评估数字政府发展水平要关注政府利用数字技术提取民情民意信息的能力、管理数字化平台和管理数据的能力，以及回应社会公众诉求和渗透治理价值的能力。技术赋权主要是指公众个人利用数字技术提升话语权和提高参与能力②，以及社会组织利用数字技术提高自我管理和自我服务的能力③。因此，评估数字政府发展水平要关注公众使用数字化渠道参与政府治理的频度和满意度，以及政民互动的程度。

（三）数据驱动的数字政府指数框架

作为政策分析、决策的重要来源的数据，不仅可以帮助实现相关目标，而且有利于解决相关问题。数字政府善于使用数据来实现开放共享，实现人性化管理，能够基于大数据分析提供服务。构建以数据驱动的数字政府指数框架，包括基础设施保障度、数据资源支撑度、数据应用融合度、政务服务完善度、治理效能提升度、社会公众满意度六个模块。

1. 基础设施保障度

电子政务发展到高级阶段就是数字政府，数字政府需进一步完善大数

---

① 竺乾威：《理解公共行政的新维度：政府与社会的互动》，《中国行政管理》2020年第3期。

② 杨嵘均：《论网络空间草根民主与权力监督和政策制定的互逆作用及其治理》，《政治学研究》2015年第3期。

③ 丁未来：《新媒体赋权：理论建构与个案分析——以中国稀有血型群体网络自组织为例》，《开放时代》2011年第1期。

据、大系统、大平台的顶层架构，更加系统地推进"三融合五跨越"和协同治理，助力推进全面政府、协同政府、高效政府和创新政府建设。这就需要进一步加快互联互通、集成融合、创新的数字政府基础设施体系建设。

2. 数据资源支撑度

数据是国家的基本要素资源，是国家治理体系和治理能力现代化的基本要素保障，也是政府决策的重要依据。数字政府建设中的社会治理、经济监管、公共服务、市场监管、生态环境保护等都需要大量有效的数据支持。可以说，新时期数字政府的建设离不开政府数据资源的高效协作和开放共享。用场景牵引，以数据为动力，释放数据的潜在价值，充分发挥数据在预测和响应用户需求中的作用。

3. 数据应用融合度

推动数据资源开发利用规范化和制度化，以通信、卫生健康、交通、社会保障、普惠金融等领域为重点，探索数据资源开发利用模式，创新政务数据服务模式，推进公共数据和社会数据深度融合应用。

4. 政务服务完善度

政府部门业务流程的智能化有助于简化行政流程，将政府沟通、政府决策和服务响应从烦琐的层级结构中解放出来，通过数据流建立扁平化的行政关系，打破部门和地区之间的壁垒，实现更多数据运行、更少人跑腿。它可以全面地推进政府运行模式、业务流程和服务模式的数字化、智能化，推进政府治理流程再造和模式优化，扩大在线公共服务覆盖范围。

5. 治理效能提升度

数字政府的建设推动了政府职能的转变，特别是职能履行方式的创新，推动了"分权与服务"改革的全过程优化与重构、全程监督、全方位服务。除了提供公共服务外，市场监管、社会治理和环境保护领域的职责履行也在不断地从大数据发展中获得更多能量，从而提高效率。

6. 社会公众满意度

数字政府在向公众提供服务时，应该认识到公众角色的转变，明确认识到公众不再是一个简单管理的"客户"角色，而是一个"主人"角色。因此，数字政府网站服务的首要评价指标是网站是否能与公众互动，将"公众自助浏览"转变为"网站智能服务"，由被动转为主动，而公众的满意度是数字政府提供服务时需要关注的重要问题。

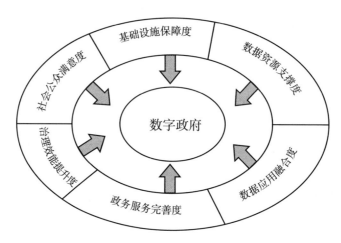

图 1　数字政府指数框架

三　数字政府指标体系建构

（一）指标设置的内涵与阐释

数字政府指标体系是在理论研究的指导下，基于已有指标体系的研究成果，遵循科学合理的指标设置与选取原则，经由严谨论证和精确阐释建构而成，构建包括基础设施保障度、数据资源支撑度、数据应用融合度、政务服务完善度、治理效能提升度、社会公众满意度 6 个一级指标，12 个二级指标，28 个三级指标在内的评价体系（见表1）。

表1　数字政府指标体系

一级指标	二级指标	三级指标
基础设施保障度	网络基础	域名数
		政府网站数量
		新基建项目数占重点基础设施比重
	算力设施	全国一体化算力网络国家枢纽节点
		算力中心分布数
数据资源支撑度	数据融合	数据开放平台建设
		数字资源融合度指数
	服务支撑	网站专栏专题新增与维护数量
		政府网站人员培训量
		第三方助力运营机构数量
数据应用融合度	平台管理	政务服务移动端应用个数
		政务数据开放相关政策汇总
	安全保障	5G应用安全创新示范中心
		安全与保障指数
政务服务完善度	集约服务	一网通办创新案例入选数
		跨省通办清单事项
	标准事项	政务服务事项数量
		服务清单种类
		办事服务办件量
治理效能提升度	政务应用	网站服务功能创新应用
		数字政府应用指数
	政民互动	移动新媒体信息发布量
		回应公众关注热点或重大舆情数量
		举办在线访谈期数
社会公众满意度	行政效能	政务服务网站互动留言平均办理时间
		可全程在线办理政务服务事项比率
	群众评价	政务服务"好差评"系统差评整改率
		政务服务满意度

基础设施保障度下设网络基础、算力设施2个二级指标，反映数字政府的硬件配套设施建设进展。网络基础主要考察信息传输系统通畅、链接程度，选取域名数、政府网站数量、新基建项目数占重点基础设施比重进行测

评；算力设施主要考察数据处理能力，选取全国一体化算力网络国家枢纽节点、算力中心分布数进行测评。

数据资源支撑度下设数据融合、服务支撑 2 个二级指标，反映政务数据的有效供给和高效协同能力。数据融合主要考察政务数据整合利用程度，选取数据开放平台建设、数字资源融合度指数进行测评；服务支撑主要考察政务数据系统运行保障效果，选取网站专栏专题新增与维护数量、政府网站人员培训量、第三方助力运营机构数量进行测评。

数据应用融合度下设平台管理、安全保障 2 个二级指标，反映政务数据共享、融合应用、价值创新的服务程度。平台管理主要考察基于政务数据融合的相关应用平台开发建设水平，选取政务服务移动端应用个数、政务数据开放相关政策汇总进行测评；安全保障主要考察政务应用安全系数，选取 5G 应用安全创新示范中心、安全与保障指数进行测评。

政务服务完善度下设集约服务、标准事项 2 个二级指标，反映数字政府政务服务便捷高效程度。集约服务主要考察政务服务事项实现一网一平台办理集成程度，选取一网通办创新案例入选数、跨省通办清单事项进行测评；标准事项主要考察政务服务规范化、标准化程度，选取政务服务事项数量、服务清单种类、办事服务办件量进行测评。

治理效能提升度下设政务应用、政民互动 2 个二级指标，反映数字政府公共服务、社会治理等方面的智能化水平。政务应用主要考察数字政府终端应用平台建设情况，选取网站服务功能创新应用、数字政府应用指数进行测评；政民互动主要考察数字政府和社会公众之间的有效互动程度，选取移动新媒体信息发布量、回应公众关注热点或重大舆情数量、举办在线访谈期数进行测评。

社会公众满意度下设行政效能、群众评价 2 个二级指标，反映社会公众对数字政府建设及服务带来的便利程度是否满意。行政效能主要考察数字政府在线政务办理效率，选取政务服务网站互动留言平均办理时间、可全程在线办理政务服务事项比率进行测评；群众评价主要考察社会公众对数字政务服务评价，选取政务服务"好差评"系统差评整改率、政务服务满意度进行测评。

（二）指标设置与选取原则

指标体系是数字政府发展的"标杆向导"。为更好地发挥"指挥棒"和"风向标"作用，需构建科学合理、健全有效的数字政府指标体系。本研究在测评中的指标设置和选取遵循以下原则。

1.本土性与时代性原则

数字政府发展不仅对传统信息化模式、政务管理模式和社会治理模式产生深刻冲击，也是促进经济高质量发展、推动"数字中国"建设的核心抓手和重要引擎。在国家治理体系和治理能力现代化进入新阶段的背景下，我国数字政府发展面临着新的机遇和挑战，要求相应的指标体系构建符合中国政府运行和中国社会治理的实际情况，紧扣数字治理时代命题。

2.全面性与代表性原则

数字政府发展是一个全方位变革过程。过往指标充分覆盖了数字政府的政务服务层面和治理效能层面，但对数字政府发展的基础设施保障层面、数据资源支撑层面、数据应用融合层面以及社会公众的感知评估层面的关注不足。本指标体系试图弥补这些不足，建立全面涵盖上述维度的指标体系，并合理分析借鉴既有指标体系，选取最具代表性的指标。

3.可靠性与可操作性原则

为保证评估的信度和效度，一方面，本测评选择反映宏观社会运行情况的客观统计指标；另一方面，选取具有较强可得性和时效性的数据。每个二级指标至少对应 2 个及以上的三级指标，在具体三级指标的数据选取中，以2020 年、2021 年 31 个省区市官方渠道获取的数据为准，较难对应的三级指标数据以研究报告发布的复合数据为准，降低操作难度，提高评估信度，在指标数据的收集环节，对评估人员进行严格的技能培训，编制详尽的操作手册，确保任何一项指标至少有两组人员进行评估，并对评估结果进行多次交叉对比。

（三）指标数据处理与测算

在数据收集方面，数字政府指标的数据来源主要包括：一是政府部门官

方发布的统计数据，如国家统计局发布的域名数、工信部公示的 2021 年度 5G 应用安全创新示范中心名单、各省级政务服务官网公布的政务服务"好差评"系统差评整改率、各省级人民政府网站年度工作报表公示的政务服务事项数量；二是相关研究报告，如赛迪研究院的《2020 城市新基建布局与发展白皮书》、中国互联网信息中心（CNNIC）的第 49 次《中国互联网络发展状况统计报告》、中央党校（国家行政学院）的《省级政府和重点城市一体化政务服务能力（政务服务"好差评"）调查评估报告（2021）》；三是国内权威数据库平台，如中国算力大平台提供的算力中心分布情况。

在数据处理方面，缺失值主要集中为政府网站人员培训量、网站服务功能创新应用等极少数指标，绝大多数三级指标并不存在数据缺失问题。针对少量数据缺失，通过地理位置临近省或地级市的平均值进行填补。其原因，一是地理位置临近的地区，其经济社会发展往往具有同质性，数字政府发展水平亦相似；二是截面数据无法通过数据的时间延续性进行填补时，在技术手段上只能通过空间路径实现。

在数据测算方面，数字政府指标是综合统计指标，由于各项指标对数字政府的影响程度不一，为了体现客观性、公正性的原则，准确评估数字政府发展水平，需要为各项指标设定权重。数字政府指标体系中的指标权重由不同指标的作用或影响程度而定，最终评价值以加权平均方法得到。

四 数字政府建设路径

数字政府是未来政府演进的必然路径，也是推进国家治理体系和治理能力现代化建设的重要内容。在数字政府发展的全球时代浪潮中，中国各省区市数字政府发展已取得长足进步，但仍有较大的提升空间。只有围绕基础设施、数据资源、数据应用、政务服务、治理效能及社会公众满意等方面不断努力，数字政府发展才能不断地推进。

（一）超前部署信息基础设施，保障基础设施支撑能力

加大通信网络基础设施建设力度。构建覆盖"5G+千兆光网络+智能专网+卫星网+物联网"的通信网络基础设施体系，为率先实现互联互通打下坚实的基础，进行基础设施的前瞻性部署。以数据中心为支撑，加快建设"边缘计算+智能计算+超级计算"的多协作、数字智能集成计算能力体系，为经济社会发展提供充足的计算资源；高站位布局数字技术基础设施。把握数字技术快速迭代发展趋势，加快推进"上云、赋智、用链"等新技术应用，建设世界领先的数字技术对标省份。

（二）加快标准规范体系建设，推动政务数据资源整合共享与开放

完善政务数据目录和管理机制。加快省市县政务信息资源目录的梳理和汇聚，推动形成跨层级、跨地域、跨系统、跨部门、跨业务的统一政务信息资源目录；持续完善数据共享体系。构建政务数据共享标准规范体系、安全制度体系、管理体系、技术防护体系，出台数据共享相关的安全、基础、技术、管理等地方规范；加快共享和开放公共数据资源。在保障隐私和安全的基础上，稳步推进共享、开放进程。建成统一、标准的公共信息资源开放平台，提供数据预览、可视化展示、智能查询等服务，满足数据下载、接口访问、在线分析等需求。

（三）聚焦公共服务难点痛点，促进政务数据要素融合应用

围绕经济调控、社会管理、数字村落、生态环境保护、市场监管、文化旅游等领域，突出服务、治理、政府运作三条主线，通过加强数据的整体聚集、相关性分析、挖掘和应用，加快各级政府数字化转型，不断提高政府绩效。坚持数智化目标，加强政府数据在民生、公安、住宅、自然资源、交通等领域的数字化集成与应用，加快城市信息模型（CIM）平台、工程建设项目审批管理系统等信息平台的建设和应用，促进数字经济与数字社会共同发展、相互促进。

（四）持续优化一体化平台，全面提升政务服务能力

积极借鉴"不见面审批""最多跑一次"等经验和做法，梳理政府信息目录清单，聚焦申请材料等公众关注的问题，推进流程优化和再造，拓展数字政府在线服务深度。推动线上线下服务平台的有效、深度融合，打造功能互补、有机衔接的综合性政府服务新模式，不断提升数字政府在线服务能力。同时，借助数据挖掘和深度学习算法等信息技术，准确捕捉和定位民众需求，有效提升数字政府精准服务供给能力，全面提升民众满意度和获取感。

（五）创新一站式数字解决方案，持续提升数字政府治理效能

构建数字政府创新应用平台，推动5G、物联网、大数据、人工智能、区块链等创新技术应用，实现技术与业务深度融合，打造智能应用场景和政府应用，推动社会治理、城市管理和服务模式创新，让公众共享智慧城市建设成果；利用政府网站，建立多元化的互动沟通渠道，解决民众关注的问题，倾听民意，凝聚民众智慧。通过信息咨询、网上采访、征集调查等方式，与公众进行互动沟通，解决公众问题，听取公众意见和建议，鼓励公众参政议政，提高公众对政府工作的认可度，增强政府的公信力和权威性。

（六）坚持以人民为中心，提高数字政府社会公众满意度

将数字政府建设融入实现人民美好生活向往的过程中，以人民需不需要、满不满意作为建设的出发点和落脚点。在建设过程中，从方便群众使用的角度构建统一的数字平台，促进工作流程的转变，创新管理措施；将数字政府的评估权交给群众，推动政府服务"好差评"机制的落实，有序纳入群众对其他维度建设成果的评估；培养数字政府建设相关部门工作人员的数字思维，改变以往政府治理的中心观念，提高对前沿数字技术的理解水平和数字技能的操作水平。

参考文献

王益民：《数字政府》，中共中央党校出版社，2020。

孟天广、张小劲等：《中国数字政府发展研究报告（2021）》，经济科学出版社，2021。

王益民：《"十四五"时期数字政府建设新趋向》，民政部信息中心，https：//xxzx.mca.gov.cn/article/dzzw/202103/20210300032373.shtml，2021年2月7日。

叶战备、王璐、田昊：《政府职责体系建设视角中的数字政府和数据治理》，《中国行政管理》2018年第7期。

B.10
2021年数字政府指数分析报告

摘　要： 党的十九届四中全会和国家"十四五"规划分别提出和明确了"推进数字政府建设""加快建设数字政府"内容，数字政府建设已上升为国家战略，也是全面提升我国综合国力和全球影响力的关键举措。本报告基于2021年数字政府建设情况，遵循科学性、导向性、持续性、系统性等原则，对31个省区市数字政府建设情况进行综合测评，分析数字政府建设新趋势，总结数字政府建设典型案例，为数字政府发展提供政策建议。

关键词： 数字政府　政务服务　一体化改革　满意度

"十四五"时期，数字技术支撑的新产品、新服务、新业态、新模式将成为经济社会发展的主要贡献力量。加强数字政府建设，是适应新一轮科技革命和产业变革趋势，加快网络强国、数字中国建设的基础性和先导性工程，有助于我国创新治理理念、构建治理发展新格局，推进国家治理体系和治理能力现代化的客观要求。加快数字政府基础设施建设、加强数据资源融合应用、提升政务服务效能和提高社会公众满意度，有助于推动我国数字政府建设。

一　数字政府建设"七大新表现"

近年来，技术与政府治理的加速融合，极大地加快了政府治理进程，深刻改变了传统政府与社会之间、国家与人民之间的关系。随着我国数字政府加快基础设施建设、加强数据资源融合应用、推进政务服务事项完善，数字政府建设呈现决策科学化、治理精准化、服务高效化趋势，社会公众满意度进一步提升。

表1 31个省区市数字政府建设各项指标得分及总体情况

省区市	总指数	基础设施保障度	数据资源支撑度	数据应用融合度	政务服务完善度	治理效能提升度	社会公众满意度	排名
广　东	71.11	14.78	11.81	10.92	17.02	7.75	8.84	1
北　京	61.42	11.59	9.39	11.90	6.53	10.89	11.13	2
浙　江	56.58	5.44	10.48	12.75	9.77	6.38	11.77	3
贵　州	51.48	8.02	9.89	11.30	9.05	6.23	6.98	4
四　川	51.01	4.75	9.88	11.63	10.69	9.48	4.59	5
山　东	49.45	7.81	8.83	9.86	5.28	6.71	10.97	6
上　海	49.06	9.01	8.15	7.37	7.87	5.50	11.17	7
江　苏	47.83	6.49	7.75	9.23	10.74	5.14	8.49	8
安　徽	46.59	5.21	2.59	8.35	13.97	6.01	10.46	9
湖　北	46.27	5.47	11.97	4.85	4.85	7.76	11.37	10
河　南	43.93	6.07	9.86	9.30	1.38	8.52	8.80	11
重　庆	42.58	6.62	5.51	13.47	1.78	5.68	9.52	12
福　建	41.19	4.18	7.48	10.83	1.14	7.14	10.43	13
陕　西	41.07	3.42	7.73	8.05	1.23	11.08	9.55	14
广　西	37.65	2.93	8.85	8.13	1.41	5.82	10.52	15
宁　夏	34.77	6.46	7.67	5.75	0.59	2.93	11.37	16
江　西	34.72	4.05	9.61	4.36	1.14	4.83	10.74	17
河　北	32.35	5.86	2.65	5.38	3.48	5.55	9.43	18
湖　南	31.16	4.83	7.99	5.68	0.35	5.13	7.19	19
天　津	30.48	1.70	7.00	9.30	1.33	3.70	7.45	20
内蒙古	30.12	8.14	2.63	4.49	0.58	6.84	7.44	21
山　西	29.40	4.05	4.13	4.69	0.57	5.83	10.13	22
海　南	27.21	1.45	7.79	5.34	0.57	4.01	8.04	23
云　南	26.62	1.50	2.70	4.52	1.82	5.79	10.28	24
甘　肃	25.92	7.33	1.50	3.76	0.23	3.90	9.20	25
青　海	25.69	0.35	6.69	2.90	0.30	3.53	11.93	26
新　疆	23.68	1.11	5.17	3.61	0.68	3.76	9.35	27
吉　林	22.31	1.91	1.89	8.09	0.31	4.77	5.35	28
黑龙江	19.88	2.18	0.96	1.84	0.84	3.58	10.48	29
辽　宁	18.75	2.72	1.82	4.92	0.46	3.20	5.63	30
西　藏	8.13	0.59	2.03	1.00	0.37	0.13	4.02	31
平均值	37.37	5.03	6.53	7.21	3.75	5.73	9.12	—

（一）总体向好：数字政府建设加快，为民服务水平提升

加快数字政府建设，是提升政府服务能力，建设人民满意政府的重要保障。党的十九届四中全会明确，建设人民满意政府是中国特色社会主义行政体制的重要组成部分。数字政府建设过程，就是"打基础、强支撑、促融合、提服务、强效能、民满意"的过程。通过基础设施保障度、数据资源支撑度、数据应用融合度、政务服务完善度、治理效能提升度和社会公众满意度6个一级指标，12个二级指标，28个三级指标数据，对31个省区市数字政府建设情况进行指数分析发现，我国数字政府已进入全面发展新阶段。

随着我国数字政府建设以"奋斗目标奔人民而去，手中权力为人民所用，根本利益为人民所谋，心中位置数人民最高，工作好坏依人民而定"为方向，在基础设施保障上，各地政府对先导工程网络基础设施建设与算力基础设施建设的投入力度逐步增大，为推进数据融合、服务支撑、平台管理与安全保障等打下了坚实的基础，有效推动了政府数据资源开放共享和融合应用；在数字资源融合应用上，政务服务跨省通办等集约服务内容不断增加，政务服务事项数量、办事服务办件量与服务清单种类实现标准化发展，"一网通办"创新服务成效显著；在治理效能提升上，网站智能化创新应用、移动政务服务App、公众号等移动新媒体传播服务功能不断显现，回应公众关注热点问题等及时解疑释惑、增进政民互动能力增强，治理效能成效明显；在社会公众满意度上，进一步增加"获得感"服务内容，以服务人民为宗旨，加快回应互动留言进程，提升可全程在线办理政务服务事项比率，强化社会公众"满意度"服务等内容，为民服务水平和服务能力进一步提升（见图1）。

（二）基础优势：新基建成为提升政府服务效率支撑要素

基础设施是数字政府建设的基石与先导工程，也是政务运行、服务大众的连接枢纽，在政府资源配置中起着核心作用，支撑着数字政府建设的资源链接、运用与配置。从基础设施建设保障上，我国域名数4106.45万个、政府网站数量13495个、各地政府新基建项目数占重点基础设施比重平均为

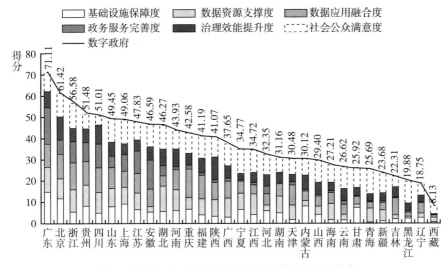

图1　2021年31个省区市数字政府指数得分与排名

16.98%、全国一体化算力网络国家枢纽节点为8个、算力中心分布数达85个。各地加快推进数字政府基础设施建设，不断提升数字政府基础设施保障能力（见图2）。

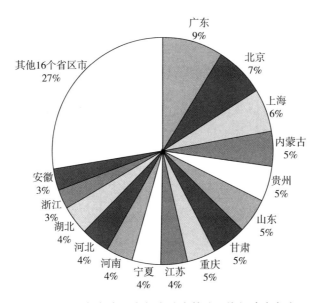

图2　2021年各省区市数字政府基础设施保障度占比

随着数据要素市场的发展，未来数据资源需求将进一步增加，数字政府建设综合实力靠前的省份与率先布局国家大数据综合试验区省份，如广东、北京、上海、山东、浙江、贵州、内蒙古等在巩固传统数字技术基础设施优势的基础上，率先推动 5G、云计算、人工智能、数据中心等发展，提升新基建项目数占重点基础设施比重，提高新一代算网能力，为数字政府进一步快速高效汇聚数据资源、拓展相关的服务应用、优化资源配置和提升服务效率提供稳定的运维支撑与能力底座。

（三）数据赋能：数据资源融合应用释放数字政府新价值

数据资源作为大数据时代发展过程中出现的新资源要素，以数据为基础的科技发展逐步演变为数字经济时代的重要生产力，推动着生产关系的变革。"推进数据资源整合和开放共享，保障数据安全，加快建设数字中国"已成为我国经济社会快速发展下提升人民生活满意度的战略选择。基于数据资源支撑度和数据应用融合度 2 个一级指标，对 31 个省区市进行分析。

30 个省区市制定了政务数据开放相关政策，占比高达 97%；27 个省区市推动数据开放平台建设，占 87%；各地数字资源融合度指数平均得分为 89.77。各地在数字政府建设过程中，以数据服务平台为载体，加强职能部门间协同，着力打破数据壁垒与消除数据孤岛现象，加速数据资源的汇聚。通过不断推广政务服务移动端应用，推动着数据资源的融合创新发展，数字政府在助力精准脱贫攻坚、智慧交通出行、基层社会治理等方面取得了明显成效。同时各地网站专栏专题新增与维护数量达 1262 个、政府网站人员培训量达 36370 人次，完善了网站安全保障、网络安全普及、网络安全法治建设等保障服务内容，提升了岗位人员操作技能的熟练度，为各职能部门数据资源进一步安全高效开放共享与协同服务消除了物理上与技术上的障碍，增强了数据资源的服务支撑能力与融合应用能力。此外，部分地方政府根据实际情况，引入第三方助力运营机构、开展 5G 应用安全创新示范中心建设，推动数据资源融合应用，进一步发掘新潜能、释放新价值（见图 3）。

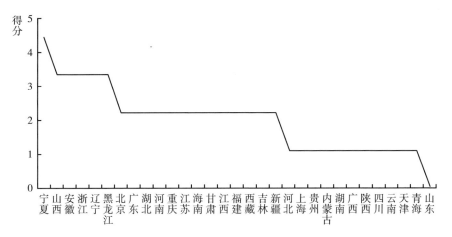

图3 2021年97%的省区市政务数据开放相关政策汇总指标情况

（四）发展趋势：政务服务总体往集约化标准化方向发展

2021年政府工作报告明确提出打造数字经济新优势，以提高数字政府建设水平为抓手，协同推进数字产业化发展和产业数字化转型，为我国数字经济发展营造良好的数字生态。同时强调继续推动扩大电子证照应用领域与应用范围，形成全国互通互认，实现更多政务服务事项"掌上办""一次办"，推动跨区域服务事项发展，实现便民利企的事项"跨省通办"。

2020年度统计数据显示，在推动"互联网+政务服务"融合发展上，31个省区市政务服务事项数量达15045321项，办事服务办件量达1301002627项，跨省通办清单事项达10189项，各地以搭建公共服务在线平台为载体，大力推动政务服务事项集约化标准化发展，助推"一站式""一体化"整体改革，为便民利企提供服务且成效明显。政务服务能力较强的广东、浙江、江苏、贵州等地，通过不断完善办事服务事项、服务清单、政务服务事项统一规范，推行多项集约化与标准化服务创新举措，形成"不见面审批""最多跑一次""一网通办"的高效集约服务方式，让企业办事"少跑腿、多成事"，让个人业务"更方便、更省心"，极大地提升了便民利企服务效率，政务服务成效显著。《"十四五"推进国家政务信息化规划》明确提出，在政务服务上，将加强跨部门的共建共享和业务之间的联动，加快数据资源的流动，形成一体化、集约化、科学化、协同化发展模式，由助企纾困、就业、创业多策并举向多措并举迈进（见图4）。①

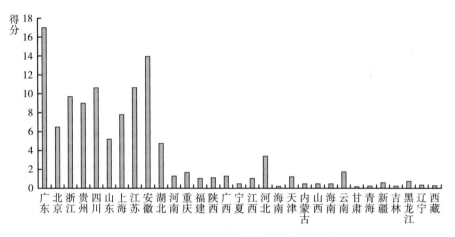

图 4 2021 年各省区市数字政府政务服务完善度指标得分情况

（五）关切民生：强化政民共同参与的政务互动方式

党的十九大报告提出，提高社会治理的社会化、法治化、智能化、专业化水平，党的十九届四中全会强调，建立健全政府负责、社会协同、公众参与和科技支撑的社会治理体系。为此，智能化专业化的智慧政务服务与政民共同参与的政务互动模式被认定为数字政府治理改革长兴长效的有效方式。

通过政务应用与政民互动 2 个指标的数据分析发现，各地政府通过网站服务功能创新应用和政务服务 App、小程序、公众号等移动新媒体信息发布量达 145608 条。运用大数据技术等信息技术推动移动新媒体传播国家路线、方针、政策的服务能力进一步增强。各地通过网站服务功能创新应用、移动新媒体等渠道发挥政务服务智能化、专业化服务能力进一步提升。同时通过

---

① 《"十四五"推进国家政务信息化规划》，https：//www. ndrc. gov. cn/xxgk/zcfb/ghwb/202201/t20220106_ 1311499. html？code＝&state＝123，2021 年 12 月 24 日。

政务服务平台、移动 App 等渠道回应民生关注热点或重大舆情数量达 6512 次，举办在线访谈期数达 869 期等，推动政民互动，及时获取最新民声、民情，并根据民情民意解疑释惑，便民利企服务能力进一步提升，增进了政府与人民之间的双向互信关系，降低了政策法规实施障碍。通过加强政民互动的方式了解民意、急民之所忧，是制定合理施政的有效之策，也是促进政府治理能力提升的有力举措（见图 5）。

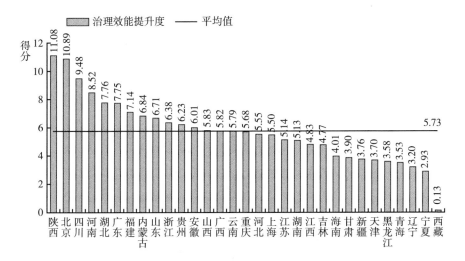

图 5　2021 年 31 个省区市数字政府治理效能提升度指标得分与排名情况

（六）发展方向：社会公众满意度成为数字政府建设新标尺

"人民政府人民建，人民政府为人民"，数字政府顺应人民的需求变化而不断完善，是推动政府建设转型的重要突破口。在基础设施保障度、数据资源支撑度、数据应用融合度、政务服务完善度、治理效能提升度和社会公众满意度 6 个一级指标的平均得分分别为 5.03、6.53、7.21、3.75、5.73和 9.12，社会公众满意度指标得分远高于其他五个指标，是数字政府建设成效的重要体现。

从政务服务网站互动留言平均办理时间、可全程在线办理政务服务事项比率、政务服务"好差评"系统差评整改率、政务服务满意等指数分析中发现，政府提升网上行政效能和群众评价服务能力，是党的群众路线在互联网信息时代下的延伸、拓展和创新体现，也是党紧密联系和服务广大网民群众的根本工作路线和方法。数字政府建设在继承和发扬党的传统优良作风"坚持以人民为中心"的基础上，依托互联网技术，问政于民、问需于民、问计于民，一切从民众实际出发，以人民满不满意作为执政标尺，将党的群众观点和工作方法运用于大数据网络平台，既让百姓办事像网购一样方便，也满足了民众知情权、参与权、表达权和监督权的现实需要，更是树立了新时代服务导向和人民至上观念，是努力建设服务型政府和责任型政府的体现（见图6）。

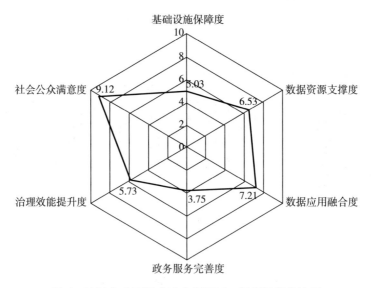

图6 2021年全国数字政府指标下一级指标得分情况

（七）区域分化：东部地区发展水平显著领先于中部和西部地区

在数字政府建设方面，东部地区整体强于中部和西部地区。从数字政府指数得分排名结果得知，广东得分71.11，居全国首位，北京、浙江分别位列第二、第三名，得分均在55以上，三地引领全国数字政府建设；贵州、四川、山东、上海、江苏、安徽、湖北分别列第四至第十名，发展势头良好；河南、重庆、福建、陕西、广西、宁夏、江西、河北、湖南、天津、内蒙古、山西、海南、云南、甘肃、青海、新疆、吉林等的数字政府建设加快；黑龙江、辽宁、西藏等地数字政府发展潜力巨大。

从空间分布来看，在数字政府指数方面，东部地区平均得分为46.67，中部地区平均得分为38.68，西部地区平均得分为33.23，东北地区平均得分为20.32。东部地区数字政府的发展水平显著领先于中部、西部和东北地区；西部地区数字政府发展呈现两极分化趋势，其中贵州、四川等加快数字政府建设布局，凭借后发优势，正在迎头追赶领先省份，数字政府指数得分排名位居前列，部分省份则在数字政府建设方面较为滞后，整体排名处于全国中后位段。各省区市数字政府建设情况因经济发展程度和数字政府建设侧重点不同而具有较大差异，总体上，经济发展较好的地区数字政府建设加快，中西部地区在单项指标方面有亮点（见图7）。

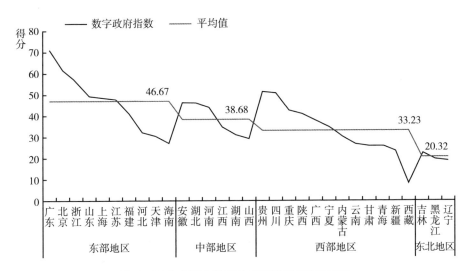

图7　31个省区市数字政府指数区域情况对比

二　数字政府建设总体呈"一超多强"格局

各省区市贯彻新发展理念，紧跟数字经济发展步伐，在基础设施保障度、数据资源支撑度、数据应用融合度、政务服务完善度、治理效能提升度与社会公众满意度等维度加快步伐，有力推动数字政府治理体系和治理能力

现代化，形成了一批强基础、促融合、提效能的典型数字政府建设案例，为各地加快推进数字政府建设提供了可复制、可推广的经验。

（一）广东综合服务能力强劲，综合得分高居榜首

广东数字政府一体化改革进程综合实力较强，数字政府指数得分以71.11高居榜首，在域名数、全国一体化算力网络国家枢纽节点、数据开放平台建设、第三方助力运营机构数量、5G应用安全创新示范中心、一网通办创新案例入选数、跨省通办清单事项、服务清单种类、数字政府应用指数等指标上引领全国数字政府建设。在数字政府建设上，广东通过"政企合作、管运分离"的建设运营模式，深化"一网通办创新"服务事项，大力推进"跨省通办"服务清单事项与服务清单种类标准化规范化等举措，有力提升了集约化、一体化水平。在全国一体化政务服务改革总体部署下，广东通过政务服务网和"粤省事""粤商通""粤省心"等数字政务服务应用移动服务平台深度融入企业和群众生产生活，为社会提供便捷、高效、智能的政务服务。为保持数字政府建设优势，广东加快5G应用安全创新示范中心、全国一体化算力网络国家枢纽节点建设布局，同时也增强了数据开放共享安全保障能力和数字政府基础算力服务能力。未来五年广东在数字政府建设中将优化政务服务"一网通办"、推动省域治理"一网统管"、强化政府运行"一网协同"、推进数据要素市场化配置改革，进一步提升数字政府服务效能（见图8）。①

（二）北京多措并举，强基础、促融合、推应用多方引领

北京数字政府指数得分为61.42，位列全国第二名，在全国一体化算力网络国家枢纽节点、算力中心分布数、数据开放平台建设、政务服务移动端应用个数和5G应用安全创新示范中心等指标上引领全国数字政府建设，分别占比为11.1%、14.1%、0.5%、5.3%和11.1%。在基础设施保

---

① 《广东省数字政府改革建设"十四五"规划》，广东省人民政府网站，http：//www.gd.gov.cn/zwgk/wjk/qbwj/yf/content/post_3344999.html，2021年7月14日。

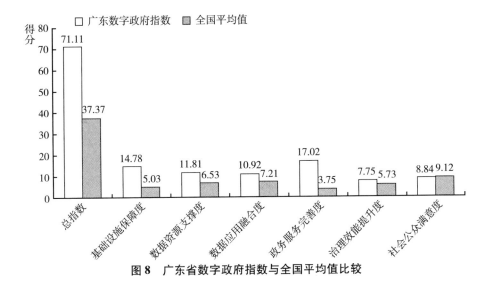

图8　广东省数字政府指数与全国平均值比较

障度、数据资源支撑度与政务服务完善度等维度上得分位居全国前列。在巩固传统基础设施优势的基础上，北京在域名数上仅次于广东，位居全国第二；同时强化在数字政府建设中政务服务在移动端的融合应用，推动"接诉即办"服务走深走实。"十四五"期间，北京基于市级大数据平台加快建设城市大脑中枢，加快"一库一图一网一端"市区街一体化城市管理综合执法平台等新型基础设施建设，打造"6+4"一体化综合监管体系，推进城市运行及监测、环境卫生管理、市政市容管理和网格管理等业务应用，为构建强有力的数字政府打下坚实的基础（见图9）。①

（三）浙江高位推动数据开放，安全保障指数高居首位

浙江数字政府指数得分为56.58，位居全国第三。其中安全保障指数得分为74.8，位居全国第一，在安全保障水平、网络安全普及情况、政府网上服务安全性现状、居民网络安全感满意情况和网络安全法治建设等方面水平领先。推动公共数据开放共享，加强数据资源整合和安全保护，是数字政

---

①　《北京市"十四五"时期智慧城市发展行动纲要》，北京市人民政府网站，http：//www.beijing.gov.cn/zhengce/zhengcefagui/202103/t20210323_ 2317136.html，2021 年 3 月 23 日。

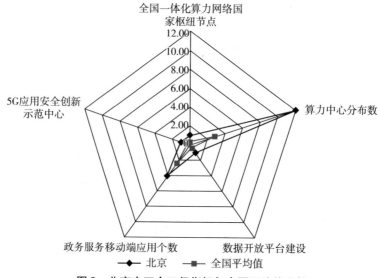

图9　北京市五个三级指标与全国平均值比较

府构建完善的要素市场化配置体制机制的客观需求。① 在国家进一步推动数据开放共享形成数据要素市场和保障数据安全的战略背景下，浙江省运用数字技术提升政府治理效能，通过出台政策完善数据开放共享安全保障顶层设计，落实公共数据安全体系整体规划，提升公共数据安全管理与运营能力，以"互联网＋"技术打造集约化网站平台，以大数据技术实现政务数据全面汇聚和互联互通，以云技术为各政府部门提供基础设施和数据平台，以安全技术保障数据安全风险防范，从而为数字政府建设提供了坚实的安全技术保障。下一步，浙江数字政府将加强智能安全技术支撑体系建设，提升政务云、视联网、物联网等基础设施支撑能力，强化用户交换中心、业务中心等集约化组件化应用支撑能力中心建设，同时加快安全防护体系建设，构建公共数据全生命周期的安全防护体系。②

---

① 《中共中央　国务院关于构建更加完善的要素市场化配置体制机制的意见》，新华社，http：//www. gov. cn/zhengce/2020-04/09/content_ 5500622. htm，2020 年 4 月 9 日。
② 《浙江省数字政府建设"十四五"规划》，http：//www. zj. gov. cn/art/2021/6/18/art_ 1229019364_ 2305064. html，2021 年 6 月 18 日。

（四）贵州持续加码政务服务建设，锻造一流营商环境

贵州数字政府指数得分为 51.48，仅次于广东、北京、浙江三地，居西部地区数字政府建设首位。同时，在全国一体化算力网络国家枢纽节点、算力中心分布数、第三方助力运营机构数量、5G 应用安全创新示范中心、一网通办创新案例入选数等多个指标上引领全国数字政府建设，在数据资源支撑和数据应用融合方面处于全国数字政府建设前列。近年来，贵州省通过科学布局大数据发展战略，抢抓数字红利，大力推动行政体制改革，按照全省"一体化"①发展思路，大力推进政务服务"一网一云一平台"建设，闯出了一条有别于东部省市、不同于西部其他省份的新路。在数字政府核心基础设施建设上，推动云上贵州政务云平台一体化算力调度平台、数字政府"大中台"体系建设，完成省数据共享交换平台省市一体化升级，有效提升了云资源有效利用与公共服务能力；在数据资源融合应用上，不断强化政用数据的"聚""通""用"过程，使得部门专网、政务服务网的数据进一步汇聚与融合，通过贵州政务服务网统一为省、市、县、乡、村五级 20000 多个部门、乡（镇）政务服务中心、村（居）便民服务站提供"一张网"的政务服务，同时强化全国一体化政务服务平台试点省、公共资源交易平台整合共享试点省建设。在新时代新起点上，贵州将以"一云一网一平台"为载体，继续在西部大开发中创新路，适度超前布局新型基础设施，加快推动全国一体化算力网络国家枢纽节点、5G 应用安全创新示范中心建设等，建立数字政府的典型应用场景，助力西部大开发综合改革示范区、数字经济发展创新区、内陆开放型经济新高地、生态文明建设先行区建设，为锻造一流营商平台"贵人服务"品牌打下坚实的基础。②

---

① "一体化"是指基础设施一体化、数据资源一体化、业务应用一体化、运营管理一体化等。
② 《贵州省国民经济和社会发展第十四个五年规划和二〇三五年远景目标纲要》，http://www.gzpopss.gov.cn/skyw/20210227202651520.html，2021 年 2 月 27 日。

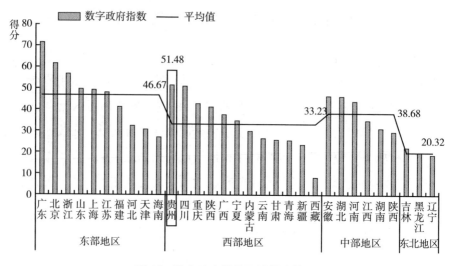

图10 数字政府指数区域得分情况

（五）7个省市综合引领"一网通办"政务服务高地

政务服务是推进国家治理体系和治理能力现代化的迫切需要和战略选择。北京、上海、江苏、浙江、安徽、四川、重庆等地，利用自身资源禀赋与技术优势，加强顶层设计谋划，加大信息基础设施建设投入，提升服务支撑能力，以网上政务服务平台为载体，推动跨部门、跨地区、跨层级的协同，打通数据壁垒，加快数据开放共享与融合应用进程。京沪等地逐步提升政务服务网上办事项服务数量的比例与覆盖率、加快政务服务事项集约化标准化建设、开启政务服务同源多端新模式建设等，并在数据赋能的基础上，进一步优化政务服务一体化、智慧化服务流程，极大地提升了本地政务服务"一网通办"与跨省高效办等的服务效能，为其他省区市加快政务服务建设提供了一批可复制、可推广、可应用的经验（见表2）。下一步，我国政务服务将进一步加快信息化建设，从政府供给导向向群众需求导向转变，并向以数据资源化、多头协同治理、智慧高效决策、优质便捷服务为主要特征的融慧治理阶段跃进，进一步推动数据资源的跨界融合，形成数据、技术与业务的交汇融合与创新发展，逐步形成平台化协同、在线化服务、数据化决策、智能化监管的新型数字政府治理模式，有力支撑国家治理体系和治理能力现代化。[①]

表2　7个省市"一网通办"创新案例

省市	政务服务创新案例经验	下一步计划
北京	一网通办：以"一网"为基础、"通"为核心、"办"为关键、用户体验为导向、智能场景应用为特色、数据共享和事项标准化为重点，推动流程再造与技术创新，促成业务协同、系统迭代和移动端拓展，实现"数据通、业务通、查的通、办的通"，提升网上政务服务使用率和满意率，实现利企便民	建立全面接诉、分类处置、精准派单、首接负责、协调督办、考核评价、主动治理、信息公开等工作机制，推行"一口申报、智能分派、自动流转、一次办结"数字服务新模式。全面推进政务服务事项系统办理，形成"入口、预约、受理、赋码、反馈"五统一，助推数字政府建设
上海	一网通办：上海依托一体化政务服务平台总门户，以"办"为落脚点，整合各部门服务数据资源，解决前端业务统一受理和政务数据共享资源池建设问题，提供多场景平台多站功能应用。推进政务服务事项、流程与服务信息化标准化建设，为社会和公众提供综合性的公共服务	全面建设协同高效的全方位服务体系，强化公共服务标准规范，优化服务流程，高标准开展营商环境试点；加强统筹协调，充分应用大数据、人工智能等技术，推动数据跨境安全有序流动，推进服务从"精准推送"向"精准兑现"转变
江苏	不见面审批：构建全省政务服务一张网，形成一网四端线上政务服务体系，以"网上办、集中批、联合审、区域评、代办制、不见面"为主要内容，最大限度地方便企业和群众办事，打造"放管服"改革的一张亮丽名片	下一步将加快数字政府改革，推进政府部门业务向"零边界"整合重塑，深入推进"放""管""服"，主动服务，加强市场化、法治化、国际化，争创一流营商环境。以高效能治理实现高质量发展、高品质生活
浙江	"最多跑一次"：推进公共管理和服务机构之间无偿共享公共数据，并针对群众和企业办事事项进行梳理归集，进行"一窗受理、集成服务"等重点改革	以高质量建成政务服务满意省为目标，强化优质便捷的普惠服务体系。迭代升级"浙里办"应用；持续优化数字营商环境，推动经济高质量发展；促进公共服务智慧均等。形成比较成熟完备的数字政府实践体系、理论体系、制度体系，基本建成"整体智治、唯实惟先"现代政府

---

① 《"十四五"推进国家政务信息化规划》，https://www.ndrc.gov.cn/xxgk/zcfb/ghwb/202201/t20220106_1311499.html? code=&state=123，2021年12月24日。

续表

省市	政务服务创新案例经验	下一步计划
安徽	皖事通办:依托"皖事通办",进一步做优政务服务、拓展社会服务,在全国首家开发上线7×24小时政务服务地图,形成电脑端、手机端、自助端、电视端、窗口端"一源五端"线上线下深度融合的服务渠道,电子证照在区域一体化政务服务、特定监管执法和社会化生活领域实现互认应用	完善全时段"随时办"服务机制,完善政务服务地图功能,向标准化、规范化、便利化方向推进,提高政务服务事项手机办、智慧办、自助办和"跨省通办"、长三角"一网通办"覆盖率,全面实施政务服务"好差评"制度,加强"互联网+监管"系统建设应用,深化"赋码生活",实现"皖事如意"
四川	互联网+政务服务:整合各部门政务服务等服务功能,构建一体化政务服务平台枢纽,形成"1+N"同源多端新模式,推动事项规范化标准化建设,推行"一窗受理、分类审批、统一出件"工作模式,实现线上线下"一套服务标准、一个办理平台",推进"最多跑一次"改革和一体化政务服务建设	建成覆盖全省的电子政务网络和政务云,智慧政务服务体系和协同办公体系全面建立,各类业务系统应接尽接、服务事项应上尽上,实现跨层级、跨部门、跨区域高效协同,提升"联、通、办"效能,打造全国知名的"天府通办""川政通"等系列政务服务品牌
重庆	智慧政务:推动2458个信息系统上云,强化全市政务数据交换体系建设,"渝快办"政务服务平台已融入全市20个市级部门的51套自建系统、462个事项,市级行政许可事项"最多跑一次"比例达到99%	推进法治营商环境司法评估指数体系建设;丰富"全渝通办、跨省通办"内容,到2025年,实现政务服务跨区域、跨层级、跨部门的"一号申请、一窗受理、一网通办",95%的基本公共服务事项可在网上办理,公共信息资源开放比例达40%

资料来源:《北京市"十四五"时期智慧城市发展行动纲要》,北京市人民政府网站,http://www.beijing.gov.cn/zhengce/zhengcefagui/202103/t20210323_ 2317136.html,2021年3月23日;《江苏省"十四五"数字政府建设规划》,http://www.jiangsu.gov.cn/art/2021/9/14/art_ 46144_ 10013232.html,2021年9月14日;《浙江省数字政府建设"十四五"规划》,http://www.zj.gov.cn/art/2021/6/18/art_ 1229019364_ 2305064.html,2021年6月18日;《四川省"十四五"数字政府建设规划》,https://www.sc.gov.cn/10462/10464/13298/13299/2021/10/9/cc36e770de3b4e7ba7caf33222ee3e1f.shtml,2021年10月9日;《重庆市数字经济"十四五"发展规划(2021—2025年)》,http://fzggw.cq.gov.cn/zfxxgk/fdzdgknr/ghxx/zxgh/202112/t20211213_ 10156527.html,2021年12月13日。

(六)湖北加码政务服务事项,率先实现乡村服务标准化

湖北2020年政务服务事项数量达3073938项、网站专栏专题新增与维护数量达259个,均居全国首位。在政务服务上,湖北深化"放管

服"改革，以"四减四办"①为重要抓手，大力推动"高效办成一件事"，不断优化《湖北省省市县乡村五级依申请及公共服务事项清单（目录）》，在全国范围内率先推动政务服务事项标准化建设向乡、村两级延伸。同时，实现72个部门968个应用系统联通，建成人口、法人、电子证照等六大技术基础数据库，以及31个专业数据库，有效归集了各类数据，为加快推进办事服务、开辟专栏专题与数字化创新提供了海量的数据资源。在电子政务外网上，湖北已实现省、市、县、乡、村五级全覆盖，在网络承载、数据交换等方面进入全国第一方阵。

（七）陕西持续推进政民互动事项，治理效能独占鳌头

陕西省移动新媒体信息发布量达24042条、回应公众关注热点或重大舆情数量达1734次，两项指数指标均居全国首位。根据时代发展需求，陕西运用互联网等技术大力发挥移动新媒体对政务服务的宣传和引导作用，在建立了跨地区、跨部门、跨层级的平台协同、平台管理与协作机制且形成"一网协同"服务的基础上，推进新媒体矩阵管理平台建设、移动服务平台建设等，加大政府工作宣传力度，及时向社会公众传达政府工作动态与民众关切的相关服务信息，提升了受众感知度，增强了政务服务的公信力。同时，通过构建智能感知、快速反应、精准指挥、科学决策的社会治理体系，及时回应公众关切热点或重大舆情，推动治理效能精准化、高效化（见图11）。

（八）重庆加大人员技能培训力度，着力提升数字政府服务能力

2020年度，重庆市的政府网站人员培训量为7357人次，高于排名第二位的广东2727人次。人才是数字政府建设中的核心资源，重庆市直面各职能部门政务服务网站监管过程中发现的问题，对各部门在政务服务过程中的

---

① "四减四办"是指"一事联办"平均减少办理环节70%，减少申请材料34%，减少跑动次数77%，减少办理时限65%。

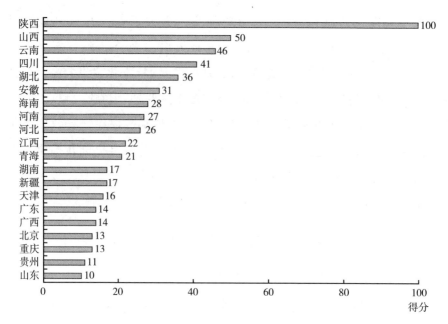

图11　移动新媒体信息发布量排前二十的省区市得分

薄弱环节进行改进，在全市范围内开展多场次的政务服务人员职业技能培训活动，本着不回避、不隐瞒、不姑息的原则，靶指痛处，推行"当下改+长久立"模式，通过自查自纠机制、建立问题台账，对行政审批事项管理、执行情况以及在网办过程中容易出现的问题进行了总结，并明确了对象、内容、方式、工作步骤，对鉴定评价机构和相关人力社保主管部门、经办机构等实施实效性培训管理、鉴定评价管理，逐步提升政府网站人员的工作能力。

三　关于推进数字政府建设的思考和建议

加快数字技术在数字政府建设中的融合应用，以新型基础设施建设为底座，优化数据资源化服务平台的支撑环境，保障数据资源合理有序开放共享，促进数据融合创新应用与普及，为社会公众提供智能化、集约化、协同化的应用场景和精准化、高效化、便利化的服务。

（一）以数字新基建为抓手，打造数字政府服务支撑

信息化建设为国民经济与社会快速发展提供了良好的环境与服务支撑，数字政府建设的过程中面临着经济、社会整体能力提升的压力。为解决政府系统数字化建设相对滞后的问题，应以新发展理念为引领、以技术为创新驱动，大力推动5G、大数据中心、算力中心、工程互联网、人工智能等新型基础设施建设，根据需求与实际进行合理布局、因事施策、因地制宜，进一步下沉人工智能、区块链等数字技术在数字政府建设中的应用，推动平台建设中的信息技术应用创新，支撑政务应用的个性化发展，进一步促进我国政府数字化转型，为政务网络高效化、营商服务智慧便捷化和融合创新常态化奠定坚实的基础。

（二）推进智慧服务普及应用，提升数字政府服务水平

随着"放管服"改革的加快和政府治理模式的进一步转型，各地一体化网上政务服务平台、云系统和移动政务服务相继上线，政府数字化建设进入一体化、协同化发展新阶段。政府数据开放共享程度进一步提升，政务服务、交通、医疗、教育、安防等领域越来越多的数据资源实现政府部门、商用企业、社会民众共享，推动政府数据资源服务与融合应用场景多元化发展。加强AI、智能识别等信息技术与政务服务融合，优化服务流程与形式，形成基础数据资源的归集、融通与共享，进一步推动智慧服务的普及，推动政务服务流程节点、申办服务进程可视化、办事服务渠道多元便利化、数据共享制度化，提升数字政府服务效率。

（三）加快通办事项协同治理创新，营造良好营商环境

实现全国一体化政务服务"一网通办"，是民之所望、治理所依、改革所向。坚持一体化发展思路，从"快速发展"到"精准服务"，厘清办事指南、服务流程、业务办理和监督评价等环节的难点、堵点、痛点，进行政务流程的优化和再造，全面推动政务服务通办事项服务标准化、规范化、便利

化建设，从省级"一网通办"向全国"一网通办"方向发展。健全数据协调共享机制，全面梳理数据共享需求，推动垂直业务系统的数据共享，有序扩大公共数据资源开放范围，释放数据资源价值。在政务"五通"①的基础上，以群众需求为导向，发挥平台通道作用，加强跨部门、跨地区协同建设，推行政务数据协同高效共享和应用服务无缝对接；提升平台服务公共支撑能力，开展差异化探索，通过办事服务事项集成创新、接力创新等方式，提升政务的便利化服务水平。

（四）聚焦移动服务平台建设，推行民生服务便利化

坚持以人民为中心的理念，加快推进数字政府移动服务平台建设，提升群众、企业办事便利化服务水平。推行前端服务，优化完善移动政务 App、微信公众号、微博、小程序等移动终端服务平台，主动服务，以用户"实名+实人"的方式进行身份验证，使群众、企业轻松实现事项"掌上办"。完善移动服务平台的办理服务事项，集成各业务部门民生服务事项，实现"一移动平台"覆盖政策动态、创业就业信息、证照办理、医疗服务、便利出行、生活美食等民生服务事项。推进移动服务标准化建设，建立移动服务平台标准化管理机制，加快数据开放共享和服务流程标准化建设。提高移动服务平台服务效率，构建全渠道、全方位、全区域的"无处不在"服务，优化公共需求及时反馈服务，增加办事服务提醒等功能，增进政府与公众间双向互信关系，切实提高人民群众获得感、幸福感、安全感。

（五）加强安全示范创新应用，保障政务服务能力

加快政府数据开放平台建设，推动安全示范试点，推广安全示范创新应用，建设协同有效的网络数据安全管理体系，形成常态化网络安全保障机制，推进政务信息系统整合共享，保障数字政府健康有序发展。建立动态化监测机制，搭建网络安全监控分析平台，持续关注国内外安

---

① "五通"是指用户通、系统通、数据通、证照通、业务通。

全环境，不断提升网络安全预警能力、防护能力与保障能力，提升数字政府治理效能。建立数据行为监测机制，摸清信息化建设中的安全短板与漏洞，及时保障政务服务安全。加快推动政务内网的互联互通，构建部门、省、市、县级机构间的标准通道，为跨部门、跨区域的电子政务开展涉密业务提供便利，加强涉密办公系统的建设和应用，提升数字政府服务能力。

参考文献

《北京市"十四五"时期智慧城市发展行动纲要》，北京市人民政府网站，http：//www.beijing.gov.cn/zhengce/zhengcefagui/202103/t202 10323_ 2317136.html，2021年3月23日。

中央党校（国家行政学院）电子政务研究中心：《省级政府和重点城市一体化政务服务能力（政务服务"好差评"）调查评估报告（2021）》，http：//app.myzaker.com/news/article.php？pk＝60b27b068e9f0953f83298db，2021年5月30日。

孟天广、张小劲等：《中国数字政府发展研究报告（2021）》，经济科学出版社，2021。

B.11
数字领导力：理论、评价与对策研究

摘　要： 随着人类社会阔步迈向数字时代，数字化转型成为促进各级政府实现治理现代化的必然选择。与此同时，如何培养和提升数字领导力成为政府、组织和个人面临的共同议题。本研究以政府及其领导者为中心进行数字领导力理论溯源和评价考察，构建数字领导力的结构维度及其理论模型，阐明从数字洞察力、数字决策力、数字执行力、数字引导力、数字组织力五个能力维度理解数字领导力及其对宏观环境、组织行为、个体发展的影响，为政府数字能力和领导能力评估提供参考架构。政府领导者应当深入理解数字领导力的理论内涵和评价体系，并以此进行数字领导力审视、塑造和提升。

关键词： 数字化转型　数字政府　数字领导力　数字素养

　　当今时代，"两个大局"相互交织，"两个百年"相互交汇，这种交织和交汇正在催化新旧秩序的交替。就像 2008 年的金融危机曾经改变了世界格局一样，工业时代历经百年形成的经济格局、利益格局、安全格局和治理格局因新冠肺炎疫情的蔓延而加速变革，2020 年成为人类从工业文明迈向数字文明的重要分水岭。以往历次文明的更迭都曾引发政府治理范式的革新，新冠肺炎疫情大流行和数字化转型使得这种革新提前到来。人类正在踏进由数字经济、数字社会、数字政府构筑的数字文明时代。① 领导力是经济

---

① 党的十九届五中全会强调，要发展数字经济，加强数字社会、数字政府建设，提升公共服务、社会治理等数字化智能化水平，首次明确了以数字经济、数字社会、数字政府为支柱的数字化发展内涵。国家"十四五"规划纲要提出，加快建设数字经济、数字社会、数字政府，以数字化转型整体驱动生产方式、生活方式和治理方式变革。数字政府是指政府的数字化转型，对数字经济、数字社会起着牵引性、带动性作用。

治理、社会治理、政府治理、全球治理的根本和核心，数字领导力是数字治理凝聚合力的关键。习近平总书记指出，这次疫情是对我国治理体系和能力的一次大考，我们一定要总结经验、吸取教训，而数字领导力是此次"大考"的重点科目。后疫情时代，数字技术将全面赋能政府治理创新，数字领导力将成为数字时代政府能力的标配。简而言之，数字化转型成功与否关键在于政府及其领导者是否拥有与数字时代相匹配的领导力。

一　政府数字化转型与数字领导力

当前，全球范围内的数字化转型步伐正在加快。世界主要国家相继提出了政府数字化转型战略，致力于构建平台化协同、在线化服务、数据化决策、智能化监管的数字政府。数字政府是对电子政务的延伸和重塑，是指政府应用数字技术履行职能而展现的一种政府运行模式，本质上是政府治理的数字化转型。[①] 数字政府所要转变的不仅是工作方式、业务流程，更是重塑治理理念，强化数字思维，创新服务模式，从而提升政府领导力和公信力。

（一）数字时代需要数字政府

1. 政府数字化转型演进趋势

中国政府数字化转型起步于20世纪90年代，经历了以内部办公、事务管理为主体的办公自动化时代，以"一站""两网""四库""十二金"为主体的电子政务时代，以"互联网+政务"、"放管服"、政务资源融合为主体的数字政府时代三个阶段的演绎和发展。[②] 一是办公自动化阶段（20世纪90年代末），主要特点是"以网络为基础、以工作流为中心，提供了文档管理、电子邮件、目录服务、群组协同等基础支持，实现了公文流转、流程审

---

① 中国信息通信研究院：《数字时代治理现代化研究报告——数字政府的实践与创新（2021年）》，中国信通院网站，http://www.caict.ac.cn/kxyj/qwfb/ztbg/202103/t20210302_370363.htm，2021年3月2日。

② 中国软件研究院：《现代数字政府白皮书》，2021年7月14日。

批、会议管理、制度管理等众多实用的功能"，极大地提升了便捷程度，规范了政府管理，改善了服务效能。二是电子政务阶段（2000~2015年），主要特征是以流程范式为驱动，政府事务实现了业务线上化管理，以分立式结构实现政务服务单点连接。三是数字政府阶段（2015年以来），《促进大数据发展行动纲要》发布后，政府数字化转型进入了以数据为核心的建设阶段，主要特征是以业务范式为驱动，通过数字技术应用实现用数据治理和对治理进行数据，政务上云、政务大脑等的建设为政府数据"聚通用"和资产化运营奠定了基础。2017年，"数字政府"一词出现在政府管理视野中。2018年，广西、广东发布数字政府建设规划，标志着数字政府从建设理念走向落地实施，随后数字政府建设迅速向其他省份扩散。2019年，党的十九届四中全会将数字政府建设由地方探索提升至国家顶层设计层面。

2. 数字时代的政府治理变革

数据是基础性战略资源，同时也是宝贵的政府治理资源。政府是数据最大的生产者和拥有者，数据治理成为政府治理能力现代化的核心。数字时代为政府治理变革提供了全新的图景。一是治理主体多元化。数据治理使政府、社会、市场、公众等各个主体之间互通有无，基于数据驱动的多元共治成为可能，由上至下的单向管理变成协同治理。二是治理内容预防化。通过"聚通用"建设形成的具有内在关联性的数据，预示着广泛的公共需求和公共服务问题，蕴含着巨大的利用价值和能量。通过数据挖掘和分析预测，可以增强预见性，让治理更精准、服务更高效。三是治理载体数智化。政府通过主动适应和利用治理科技，可以改革和优化业务流程，将各种内外部资源融合起来形成信息流，打造数据驱动、人机协同、跨界融合的智能化治理新模式。

3. 数字政府领导力与公信力

政府领导力是政府治理现代化的应有之义，强大的政府领导力的关键在于政府能力建设的战略指引与着力方向，数字政府建设要适应未来发展需要是时代大势。作为政府领导者，要以数字政府建设为契机，提升政府领导力，在数字化浪潮中掌握主动权。数字化时代给政府领导力带来新机遇，一是拓宽公民政治参与领域，二是增强政府利益协调能力，三是提高政府信息处理水平，四是提升政府应对和处理公共危机效能。新时代下提升政府领导力，要以数字思维为旨趣，转变思想与话语模式，提升政府公信力，增强公众对政府的认同感，打造责任型、服务型、法治型、诚信型、效能型、廉洁型政府。

（二）从领导力到数字领导力

现代领导科学理论认为，领导力是一定组织或个人基于目标信息的全面、准确分析，并做出科学决策和贯彻执行的能力，其一般由信息、决策和执行三个过程要素构成。[①] 领导力也被看作是领导能力，二者没有严格的区分，研究领导力就是研究领导者的能力和能力结构（见表1）。可以发现，学者们对领导力的研究主要聚焦"影响"（Influencing）、"激励"（Encouraging）、"能力"（Abilities）、"环境"（Environment）等方面，因此领导力可以理解为在特定环境下领导者影响、激励追随者的能力。

在数字时代下，"领导力"面临的冲击日益增强，并有了新的内涵。佩卡·维嘉凯南和马克·缪勒·艾伯斯坦在《数字时代的领导力》一书中写道，领导者的"权力已经不再取决于组织的层级结构或你得到的授权。你的权力和价值，是由你为团队和组织创造的具体价值决定的"。[②] 面对数字时代新变局和治理范式新变革，数字领导力的概念应运而生，这是对领导力概念的反思、重构与创新。2000 年，美国学者艾弗里欧（Bruce J. Avolio）为了界定数字技术给领导力带来的新变化，最早提出了"E-Leadership"的概念，中国学者将其译为"信息化领导力""电子领导力""数字领导力"（见表2）。本研究将数字领导力定义为，在数字时代，领导者通过数字思维、数字技术、数字素养影响个体、组织和环境的能力。

---

① 申小蓉、李怀杰：《用大数据提升领导力》，《光明日报》2018 年 4 月 26 日。
② 〔芬兰〕佩卡·维嘉凯南、马克·缪勒·艾伯斯坦：《数字时代的领导力》，钟淑珍译，电子工业出版社，2011。

表 1　部分学者对领导力的定义

学者	主要观点
Bennis W. G. （1959）	领导力是把愿景转化为现实的能力
Hersey P. （1969）	领导力是对他人产生影响的过程,影响他人做其可能不会做的事情
Covey S. R. （1992）	领导力是创造一个把使命与客户需求相联结的远景,创造一个技术完善的工作体系,发掘人的才能,并建立相互信任的能力
Hollander E. P. （1992）	领导力的发挥需要基于领导者和追随者之间的相互理解
John P. K. （1999）	领导力是企业面对日益变化的竞争环境所必须解决的瓶颈问题
Chapinan E. N. & O'Neil S. L. （1999）	领导力就是影响别人的能力,尤其是要激励别人实现那些极具挑战性的目标
Burns J. M. G. （2003）	领导力是不同于对组织的支配力,需要密切结合员工的需求来考虑,对领导力问题的研究实际上是对精英文化的研究
Kouzes J. M. & Posner B. Z. （2006）	领导力是领导者如何激励他人自愿地在组织中做出卓越成就的能力
Maxwell J. C. （2011）	领导力就是影响力
加藤靖庆 （2019）	领导力就是领导者在组织内部发挥自身所具备的素养、能力和统率力,依靠其强大的影响力,将自己的想法传达、渗透到下属的头脑中,使其按照自己的意志行动的能力
杨思卓 （2008）	领导力包括学习力、组织力、推行办、决策力、教导力、感召力
李开复 （2008）	领导力是一种有关前瞻与规划、沟通与协调、真诚与均衡的艺术

表 2　部分学者对数字领导力的定义

学者	主要观点
Avolio （2000）	在信息技术（ICT）中介下,促使个体、团体及组织在态度、情感、思维、行为及绩效方面发生变化的社会影响过程
Avolio （2014）	在信息技术（ICT）中介下,内嵌于近端和远端情境中的促使个体、团体及组织在态度、情感、思维、行为及绩效方面发生变化的社会影响过程
Van Wart （2017）	有效利用和融合信息化与传统通信技术,它意味着认知和了解当前信息通信技术,为自己和组织选择性地采用新兴信息通信技术,以及使用这些信息通信技术的技术能力
Roman & Van Wart （2018）	数字领导力是一系列以技术为媒介的社会影响过程,旨在改变态度、情感、思维、行为和绩效,这一过程有赖于领导者适当的沟通能力、提供充分的社交互动、激励和管理变革,建立和维持负责任的团队,说明与信息通信技术相关的知识,并培养对虚拟环境的信任感

学者	主要观点
霍国庆 (2008)	信息化领导力是领导者在信息化时代吸引、影响追随者及利益相关者并持续实现群体或组织目标的能力，它是传统领导力的子概念，包含传统领导力的全部内涵，但又比传统领导力的内涵更丰富
刘迫 (2015)	电子领导力是在知识经济时代，领导者所具备的以信息技术为媒介，整合资源，激励、影响员工不断实现个人目标和组织目标的能力
门理想 (2020)	数字领导力是数字化时代领导者借助数字技术手段促使个体、团体及组织在态度、情感、思维、行为及绩效方面发生变化的能力及其过程

（三）数字领导力的时代价值

1. 数字领导力是加强党的全面领导的重要力量

强大的领导力是中国共产党的显著标志。党的十九大报告指出，"党是最高政治领导力量"。确保党始终成为坚强领导核心，必须进一步锻造数字时代党的领导力。数据不仅是基础性战略资源和关键性生产要素，更是一种重要的执政资源和执政手段。"党管数据"既是必要也是必须，要加强对数据的管理，像"党管干部"一样"党管数据"，这事关党的执政安全。锻造数字时代党的全面领导力，提高领导干部政治判断力、政治领悟力、政治执行力，要以数字领导力为基础。党的全面领导力不能仅基于经验判断，还需要依赖数据研判。当前，我国数据治理体系基本形成。但从总体上看，数据的价值与潜力尚未充分激发，基于数据的分析与决策还有极大的优化空间。依靠数字领导力，挖掘数据的潜在价值，提升政治决策的科学性和预见性，对于加强党的全面领导意义重大。

2. 数字领导力是推进治理现代化的重要力量

习近平总书记强调，要建立健全大数据辅助科学决策和社会治理的机制，推进政府管理和社会治理模式创新。可以说，数据治理是治理现代化的题中应有之义。实现治理现代化的起点是统筹利用好治理所依凭的各种资源。作为"第五要素"，数据已经渗透至人类生存、生产、生活的各个环

节。因此，数字时代推进治理现代化首先是要统筹利用好数据这一战略资源。在数据力与领导力的良性互动中，数字领导力依靠基于数据的分析与决策，从而推动治理体系向更高效能、更好质量、更低成本发展，从根本上提升治理能力。

3. 数字领导力是建设数字政府的重要力量

数字政府是数字经济发展、数字社会治理的动车头，对建设网络强国、数字中国、智慧社会具有战略支撑作用。数字政府主张"用数据说话、用数据决策、用数据管理、用数据创新"，在提升政府效率、改进内部流程、改善公众参与、创新公共价值等方面具有显著优势。数字领导力对数字政府建设至少包含两个方面的影响：一是形成以人民为中心的服务模式，以人民需求为基础推动业务流程再造和部门关系重塑，推进以"事"为中心转变为以"人"为中心，增强人民群众的获得感和满意度。二是形成以数据为中心的治理方式，以数据流为牵引，推动政府数据由共享开放向开发利用转变，释放数据价值、激发创新活力、创造公共价值，让这些数据取之于民、用之于民、造福于民。目前一些省区市提供的"无感审批""最多跑一次""一次都不跑"等服务，就是以人民和数据为中心的实践，而这些都需要发挥卓越的数字领导力才能得以有效实现。

二 数字领导力评价指标体系建构

（一）数字领导力的影响因素

1. 数字洞察力

解决问题的前提是精准发现问题。数字化时代的核心驱动力是数字洞察，其在治理中发挥着"雷达""哨兵"的作用。与其等待群众拿着"问题清单"找上门，不如主动带着"解决方案"沉下去。通过数字化分析，提前发现治理中的难点、痛点、堵点，从而为治理科学化、精细化、智能化奠定基础，不断提高政府感知群众冷暖、应变社会舆情的能力。政府数字化转型的本质是成为以数据驱动的政府，确保决策、行动和流程受到数据驱动的洞察力而非政府领导者直觉的主观影响。对于政府而言，分析数据本身并不是目的，而是要通过数据"解码"公众需求，让公共服务更有温度。只有善用数字化带给我们的洞察力，才能更好地践行新时代的群众路线。

2. **数字决策力**

决策能力是整个领导过程中的关键一环，决策力直接反映领导力。党的十八大将决策科学上升到国家治理能力和治理体系建设战略层面，标志着决策能力现代化建设提升到了新的高度。数字技术的整体演进与迭代发展，给政府决策和政府治理带来新理念、新思维和新技术的同时，也带来新情况、新问题和新挑战。数字治理已经成为最鲜明的时代标志，数据正在成为治理和决策的依据。在数字时代，实现政府决策科学化，保证政府决策准确性，降低政府决策失误率，必须遵循数字治理逻辑，推进决策理念、决策思维数字化转型，在决策模式、机制、行动、资源、效率等方面进行系统性重构和创新性变革，让决策更加科学和更加精准。

3. **数字执行力**

决策的生命力在于执行。"中国之治"之所以"行得通、真管用、有效率"，是通过执行力来体现的，否则，再好的制度也只是摆设。新冠肺炎疫情防控阻击战充分体现了"中国之治"可以凭借强大的制度优势生成强大的行政执行力，这种强大执行力离不开强大数字生态体系的有力支撑，我国疫情防控实现从决策到执行的无缝衔接，并迅速织牢一张"横向到边、纵向到底、全面覆盖"的渗透到社区和农村的疫情防控网。数字执行力在统筹抓好疫情防控与经济社会发展中发挥了独特作用，在系统性、整体性、协同性、应急性大考中我们交出了优异的答卷。

4. **数字引导力**

政府引导能力无疑是政府能力的重要方面，是指舆论环境和社会氛围塑造能力，也就是政府在引导各方力量参与社会建设和社会治理时所拥有的资源和能量。就社会层面来说，数字时代的政府主要是在改善数字公共服务、提供数字公共产品、协调数字公共关系、构建数字公共规则以及主导数字社

会价值、倡导数字社会文化等方面提升引导力。在新冠肺炎疫情防控常态化下，我们总结了前期信息发布和舆论引导不力的教训和中后期引导有力有效的经验。宣传教育和舆论引导是疫情防控的重要环节，正如习近平总书记要求的，统筹网上网下、国内国际、大事小事，更好地强信心、暖人心、聚民心。[①] 进一步说，充分发挥数字引导力的牵引作用是数字时代做好政府引导工作的关键。

5. 数字组织力

组织动员能力是评价政府能力的重要维度，政府能力强，直接体现为广泛动员的组织能力。只有强大的组织动员能力，才能高效聚合资源要素，充分调动公众参与的积极性，凝聚形成集中力量办大事的强大合力。此次新冠肺炎疫情传播速度之快、影响范围之广、治理难度之大前所未有，如果没有强大的组织动员能力，很难实现有效防控。这场疫情防控阻击战，中国行动速度之快、参与规模之大、动员能力之强，让世界惊叹。数字科技是人类祛除疾病的重要法宝，也是我们战胜疫情的关键利器。强大的数字组织力对决胜疫情起到了关键作用。

（二）数字领导力的模型阐释

1. 关于数字领导力的结构维度

领导能力被形容为一系列行为的组合。数字领导力可从领导能力和行为两个方面进行勾勒与描绘，主要由数字洞察力、数字决策力、数字执行力、数字引导力、数字组织力五个能力维度构成，概而言之，表现为：在数字思维的加持下，政府及其领导者运用洞察力，发现政府建设和社会治理问题，进而感知问题、界定问题和转化问题。在此基础上，问题被列入政府决策议程，这就需要对问题的解决进行回应，并按照科学的程序，采用科学的方法作出科学的决策。在数字化决策的指导下，不仅对政策情境和外部环境具

---

① 习近平：《在中央政治局常委会会议研究应对新型冠状病毒肺炎疫情工作时的讲话》，《求是》2020 年第 4 期。

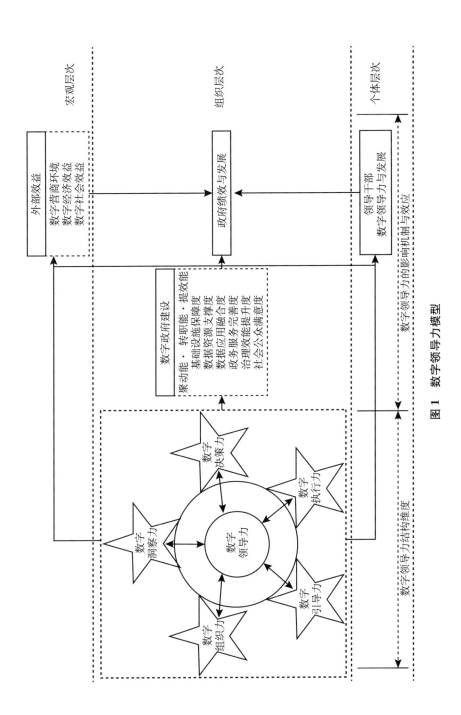

图 1　数字领导力模型

199

有调适能力，对随之伴生的数字化风险具有识别和控制能力，而且能够借助数字化的技术手段执行决策。这需要强大的数字引导能力和组织动员能力作为支撑，有效实现组织的目标追求。

2. 关于数字领导力的影响效应

基于以往研究成果和前述数字领导力评价理论结构维度可以发现，具备数字领导力的政府及其领导者更多地置身于数字思维模式和数字生态系统审视自身发展问题，这不仅影响到个体、组织数字化转型与创新，而且也会给外部发展环境带来冲击和影响。具体而言，数字领导力的影响主要体现在宏观环境、组织行为与个体发展三个层面。在宏观层面，数字领导力的应用场景会对数字营商环境、数字经济发展、数字社会治理等带来影响；在组织层面，领导者的个体特征、能力素养、角色期待等会影响到数字政府动能、职能、效能建设，进而影响政府的绩效评估和发展水平；在个体层面，影响到领导干部数字素养的提升与数字能力的建设。

（三）数字领导力的评价维度

数字领导力是数字时代政府能力的集中体现和主要标志，运用数字领导力提升治理水平是政府必须面对的重大现实课题。随着数字领导力逐渐从概念走向现实，学者们开始对其进行评价与度量。Roman 和 Van Wart 等学者提出了数字领导力的 SEC 模型，将数字领导力划分为数字化沟通、数字化社交、数字化变革、数字化团队、数字化技术及数字化信任六项能力，每项能力都包含一定数量的测量指标。[①] 智睿咨询（DDI）在大量企业调研分析基础上发布的《全球领导力展望》对数字领导力进行了归纳，数字时代的领导力需求与框架已经发生了前所未有的变化，领导者最关注五类关键领导能力，即科技驱动、迷途领航、共创整合、调动人心和全局思维。彭波对数字领导力进行了重新解构，划分为数字洞察力、数字决策力、数字执行力、

---

① Roman A. V., Van Wart M., Wang X. H., et al., "Defining E-leadership as Competence in ICT-Mediated Communications: An Exploratory Assessment," *Public Administration Review*, 2018 (3).

数字引导力四个能力项。[1] 李辉、赵家正从分类评价视角出发，认为数据领导力指标体系包括数据采集能力指标体系、数据分析能力指标体系和数据应用能力指标体系。[2] 温晗秋子认为，数字化领导力的评价维度主要包括宏观层面的数字经济洞察、专业层面的数字科技学习、微观层面的数字资产运营和组织内部的数字人才培养。[3] 综上所述，数字领导力已成为互相关联、动态调整、灵活选用的数字素养与数字技能的集合，而不是一套固定不变的能力标准或是技能堆砌。数字领导力本身是一个多维度的能力系统，基于已有的研究，构建面向政府的数字领导力框架可以从 5 个维度 15 个向度来进行指标选择。

1. 数字洞察能力维度

数字洞察能力维度是数字化领导主体在作出决策之前应具备的能力与素养，分为三个能力向度：数字基建、数字意识和数字知识。数字基建维度强调政府及其领导者要拥有敏锐观察、发现问题的工具和载体，特别是以 5G、物联网、工业互联网、卫星互联网为代表的通信网络基础设施，以人工智能、云计算、区块链等为代表的新技术基础设施，以数据中心、智能计算中心为代表的算力基础设施等。数字意识层面强调能够意识到数据分析的潜在价值，优先考虑利用数据解决问题，对数据拥有较高的敏锐度，具有广泛的数据需求意识、数据采集意识、数据共享意识、分析工具意识、数字服务意识、数字风险意识，具有数理逻辑能力，能够识别数据产品与服务、数据安全与治理中的问题，并知晓如何应对和处置这些问题。数字知识方面要求具有一定的数据科学基础知识储备，掌握获取、处理数据需要运用的原理、技术及工具等，了解数据全生命周期管理和治理的基本方法。在此基础上，充分挖掘和积极探索数据的内在价值和未来趋势，运用数据预测分析与洞察能力推动决策效能的提升。

① 彭波：《论数字领导力：数字科技时代的国家治理》，《人民论坛·学术前沿》2020 年第 15 期。

② 李辉、赵家正：《领导干部数据领导力指标体系建构及其应用价值分析》，《领导科学》2021 年第 12 期。

③ 温晗秋子：《数字经济时代亟需数字化领导力》，《中国领导科学》2021 年第 1 期。

2. 数字决策能力维度

数字决策能力维度是用数据决策时应当具备的技能集合，主要分为三个能力向度：数据应用素养、技术应用素养、信息应用素养。在此过程中，能够对数据呈现出的基本形态进行应用分解，能够用数据反映的基本信息进行辅助决策，能够将数据反映的基本问题进行执行处理。数据应用素养就是在拥有一定数据资源的前提下，在对数据进行趋势预测和因果分析的基础上，挖掘数据背后隐藏的知识和信息，综合运用跨层级、跨地域、跨系统、跨部门、跨业务协同数据解决和破除制度性、体制机制性障碍，进而有针对性、有策略性、有步骤性地基于分析结果进行决策。这将有助于政府及其领导者在面临重要决策尤其是风险决策时，能够精准把握不同事件应急处置的轻重缓急，真正实现数字领导力推动下的决策科学化。技术应用素养是指对数字技术及其影响的认知和应用能力，是利用数字化工具做好政府工作的基本技能储备。在数字化转型背景下，政府及其职能部门工作的开展以及公共服务的提供都要建立在数字化软件和平台基础之上，不掌握相关技术应用知识与技能，在进行业务协作、政务服务过程中，难以提高决策与服务的质量。信息应用素养是指对信息资源的获取、评估、分析、处理、应用等能力。数字时代下，海量信息充斥着互联网，虚假、失效、无效信息横行网络，只有能够快速、高效、精准地从海量信息中检索和获取所需内容，能够辨别信息真伪，并具有信息整合以及分析利用的能力，才能挖掘信息背后的真正价值，提升决策效率和服务效能。在数字领导力框架中，数据应用素养、技术应用素养、信息应用素养是数字素养的重要组成部分，在指标中占有非常重要的地位。

3. 数字执行能力维度

数字执行能力维度是执行主体完成目标或任务的实际程度，强调的是政府及其领导者依据数据分析结果落实决策方案、完成预定目标的能力，主要包括三个能力向度：数字政务中台、数字治理效能、数字监管能力。数字政务中台是一个一体化政务服务引擎，主要由业务中台、数据中台、运营中台构成。中台已经被广泛地应用到职能服务或共享中心政务服务场景，这是组织在执行力层面打造的响应速度。要求构建以人为中心的多端全在线、评价全闭环、事项全公开、受办一体化的全事项、全渠道、全平台、全时效、全流程政务服务体验。通过更集成、更智能、更高效的方式，提升办事效率和服务对象的体验感、获得感。数字治理效能要求以治理力强化执行力，切实把治理科技转化为治理效能。数字治理是政府治理体系变革的"牵引器"，协同治理是实现政府治理能力现代化的内在要求。数字化协同治理能有效提升决策的准确性，解决数据碎片化的问题，提升政府的协同合作能力；能有效对接数字服务和公众需求，精准获取公众的需求数据，并实时提供相应的政务服务；能实现公共数据的资源整合、价值挖掘和红利共享，既提升政府数字治理效能，又兼顾各主体利益。从"主体、理念、技术、制度"等四个方面协同发力，实现从垂直性的科层制模式向网络化协同模式转变。数字监管能力强调政府及其领导者在新时代所需具备的监管创新能力，以监管转型创新和改进监管范式。通过持续性、多维度、动态化、全覆盖的监督评议方式，推进高效的包容审慎监管、公平公正监管、协同整体监管、激励性监管、信用监管和智慧监管、技术赋能监管，是实现政府监管的善治之道。

4. 数字引导能力维度

数字引导能力维度强调的是政府及其领导者塑造数字环境的能力，主要包含三个能力向度：数字舆论引导、数字沟通引导、数字素养引导。数字舆论引导强调在数字环境下的交流互动、调研问政、引导舆论等能力。一是数字社会融入意识，要有主动参与和融入数字社会活动的意识，摸清和把握数字社会发展脉搏与规律，提高数字社会适应与驾驭能力，为参与数字舆论引导提供支撑。二是数字问政与调研，这是新时代政府和领导干部践行群众路线的必备技能。要善于利用新媒体平台开展网络调研和问政，了解群众所需所急所盼所愿，积极回应关切、解疑释惑。三是网络舆情监测。加强网络舆情监测已经成为保发展、维稳定、促和谐的重要工作内容之一，要提高通过网络组织群众、引导群众、服务群众的本领，善于为网络舆论做疏导。数字沟通引导是政府及其领导者能够借助数字技术实现政令信息的上传下达。能够解释数据分析的关键发现，并使用恰当的方式实现跨部门协作、跨政治边

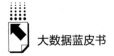

界、跨技术平台基于数据的沟通，进而将信息及时、准确、有效地传播出去。需要注意的是，在数字沟通过程中，有可能会造成信息失真的"噪声"干扰，因此，对于重要事件、复杂局面、敏感问题可以采取线上交流与线下沟通相结合的形式。数字素养引导强调政府及其领导者应注重培养"数字社会公民学习工作生活所需要的数字获取、制作、使用、评价、交互、分享、创新、安全保障、伦理道德等一系列素质与能力集合"，① 包括数字资源供给、数字生活水平、数字工作能力、数字学习体系、数字创新活力、数字安全保护、数字道德规范等重要方面。

5. 数字组织能力维度

数字组织能力维度强调政府及其领导者在数字时代需要具备广泛动员和组织群众参与社会建设和应对公共突发事件的组织能力，主要包含三个能力向度：数字动员能力、数字应急能力、数字伦理能力。数字动员能力是数字社会治理独特优势的重要表现。精准动员在数字时代扮演着重要角色，是国家治理的一种重要方式，在集聚发展资源、凝聚社会共识、促进社会整合、应对公共危机中发挥着重要作用。随着数字化、网络化、智能化的发展，国家治理的社会基础已发生改变，传统的社会动员手段难以适应时代的新变化。根据新形势、新要求，加快探索应用数字化、智能化的社会动员新手段刻不容缓。社会动员的本质是组织化，在块数据组织中，最高决策者不再关注权力和地位，而是更加关注与外部的联系。通过组织的数据化实现组织的平台化、关联度和聚合力带来的强大组织势能，可实现社会动员的自激活和自适应。数字应急能力是数字政府的重要能力组成，强调要构建全面感知、智能应急、高效监管模式，并能运用数字化技术作为辅助的应急管理全局指挥系统。用数字思维找出问题根源，推动应急处置体系重心前移，形成覆盖"应急管理+处置救援"的全生命周期闭环管理体系，最终实现"数据汇聚全覆盖、业务应用全布局、立体融合全贯通、指挥管理全联动"和"态势

---

① 《提升全民数字素养与技能行动纲要》，http：//www.cac.gov.cn/2021 - 11/05/c_1637708867754305. htm，2021 年 11 月 5 日。

全感知、风险全掌控、业务协同化、决策精准化"。数字伦理能力方面要求政府及其领导者必须遵循数据科学性和伦理性，有限开发、合理运用，具备遵守数字规则和伦理的道德素养，重点包括法律知识、道德观念、行为约束等层面。法律知识方面，强调要熟悉数字领域的法规体系，尤其是涉及网络数据安全、个人信息保护等方面的制度安排。道德观念层面，需要了解数据伦理道德基本框架，能够识别和防范数据处理过程中伦理道德风险，并能够为数据行为和数据关系划定伦理道德底线。行为约束层面，要求在数据开放、共享和利用过程中确保个人隐私和数据安全，比如疫情防控中的涉疫信息公开行为。同时，要了解并遵守约束规则和操作规程，确保相关行为符合数据伦理规范。

三　新时代数字领导力的提升路径

综上所述，本研究阐释了数字领导力评价的五个关键维度：数字洞察力、数字决策力、数字执行力、数字引导力和数字组织力。这五个维度既相辅相成又互相支撑，政府及其领导者可以在这一评价框架下开展自我检视与自我评估，识别干扰因素，查找短板弱项，从而采取相应的策略予以调整和改造，因势利导，对症下药。数字领导力提升是一项长周期、系统性、全方位的组织优化和流程再造工程，可以构建"认知—行为—文化""三位一体"的数字领导力提升路径。

（一）构建数字思维框架

人类社会经历的每一次飞跃，最核心的不是物质催化，甚至不是技术更新，其本质是思维的迭代。思维的迭代是提升数字领导力的重要动力，掌握和运用数字思维尤为关键。数字思维是数字时代的世界观、认识论、方法论，已经成为当前人类认识世界和改造世界最为重要的方式。一是强化区块链思维。区块链思维是互联网思维的升级版。区块链不仅是一种提高社会效率的技术工具，而且是构建未来的基础设施。区块链思维应该成为我们一切

数字思维的起点，其代表了一种共识、共治、共享的思维模式，即思想、理论、体系、组织、技术、体制、机制、制度、管理、效率等综合因素叠加和交结化学反应的积极结果。二是强化平台化思维。平台不仅是一种技术实现，更是一种组织模式。平台化思维的核心是连接，关键特征是模块化、标准化、共享化、服务化。不同于点性思维和线性思维，平台化思维代表了一种互联、互通、互动的思维模式，通过平台整合领导资源，提升领导能力。三是强化场景化思维。"场景"作为技术、模式、制度、业态融合落地的最佳载体，将引发一系列场景关系变革，从而解构和重构数字政府应用场景全价值链，催生场景服务范式转换与场景治理结构重塑，要构建基于场景的数据治理体系，从而再造政府服务优势和塑造政府领导能力。

（二）促进数字素养提升

在战略层面，要把数字素养战略作为数字化战略的配套战略，制定面向政府和领导干部的专门数字能力战略。把数字能力作为政府数字化转型战略实施的人力资源配套和政府治理能力现代化的重要组成部分予以定位。在国家层面，率先制定专门的政府数字能力提升战略规划，为数字能力提升提供顶层设计。在操作层面，深刻把握数字化发展趋势和规律，进一步提升领导干部数字素养和数字治理水平，着力在建立和完善评价、培育、实践长效机制上下功夫。摸清当前领导干部数字素养与技能提升方面的需求和存在的问题，科学把握领导干部在数字意识、数字能力和数字伦理等方面的差异性。构建标准化、可操作的数字素养与技能测度体系，将数字素养和能力评价纳入干部选拔任免、考核培训体系中进行全面评估和系统推进，启动一轮"数字素养"大培训，形成全方位促进数字能力建设的人事管理体系与提升自身数字素养和职业素质的内在驱动力。

（三）营造数字文化生态

当前，在数据为决策和治理服务过程中，一些领导干部不同程度地存在"不愿干、不敢干、不会干"心理，一定程度上与数字社会文化生态和机制的不适应、不配套、不健全有关。为此，要加快构建和完善数字文化生态体系，进一步增强领导干部提升数字素养能力的主动性和自觉性。既要落实领导主体、落实主体、工作主体、推进主体责任，发挥以上率下的示范带动作用，层层推进数字领导力提升工作，又要勇于消除不利于数字治理能力提升的各种制度障碍，努力营造开放、健康、安全的数字生态，积极探索提高数字领导力的新机制和新方法。对敢于创新运用数据且成效显著的领导干部要选树典型，还要在组织文化上输入数字思维、数字规则、数字安全、数字伦理、数字价值精神，创新数字化组织文化动力机制。形成基于数据的决策文化，就是在组织内部各个管理层级形成"用数据说话、用数据管理、用数据决策、用数据创新"与用数据解决实际问题的思维和理念，使政府和领导干部能够自觉自愿地作出基于数据的决策。深化数字认知、理解，形成广泛的数字文化和良好的数字氛围，筑牢数字文化新生态，构建数字命运共同体。

参考文献

李辉、赵家正：《领导干部数据领导力指标体系建构及其应用价值分析》，《领导科学》2021 年第 12 期。

贺晓丽：《如何提升领导干部数据领导力》，《中国党政干部论坛》2021 年第 8 期。

彭波：《论数字领导力：数字科技时代的国家治理》，《人民论坛·学术前沿》2020 年第 15 期。

李燕萍、苗力：《企业数字领导力的结构维度及其影响——基于中国情境的扎根理论研究》，《武汉大学学报》（哲学社会科学版）2020 年第 6 期。

门理想：《公共部门数字领导力：文献述评与研究展望》，《电子政务》2020 年第 2 期。

数字法治指数篇
Digital Rule of Law Index

B.12
中国数字法治进展与数字法治指数研究

摘 要： 2021年是我国"十四五"规划的开局之年，也是推进数字中国和法治中国建设的关键之年。这一年，我国数字法治建设持续向纵深推进，在各个领域取得了不凡的成绩，数字法治建设进入新阶段。与此同时，受百年变局和世纪疫情交织影响，数字法治面临着新形势、新任务、新挑战，数字法治的影响因素不断变化，为适应新的变化，亟须对现有评价体系进行调整。本报告在梳理数字法治进展与数字法治因素的基础上，从数据立法、数字司法、数权保护维度出发，对数字法治指数评价体系进行了优化，旨在量化评估数字法治发展状况，为数字法治能力评估工作提供参考，助力提升数字法治能力和水平。

关键词： 数字法治指数 数据立法 数字司法 数权保护

法治是人类政治文明的核心成果，是推动经济社会发展和人类社会文明进步不可或缺的重要力量。2021 年 1 月，中共中央印发的《法治中国建设规划（2020—2025 年）》明确提出，要"充分运用大数据、云计算、人工智能等现代科技手段，全面建设'智慧法治'，推进法治中国建设的数据化、网络化、智能化"。①作为智慧法治在数字时代的一种具体表现形式，数字法治是法治建设与现代科技紧密融合发展的产物，也是数字时代国家治理现代化的必然要求，是发展数字经济、建设数字中国战略部署的有力支撑，为推进国家治理体系和治理能力现代化，开辟出一条数字赋能的法治创新之路。当前，根据"数字化赋能法治化"与"法治化规范数字化"的战略定位和发展目标，必须完善数字法治体系，健全相关数字法律法规，为推动数字经济持续健康发展和建设数字中国添砖加瓦。

一　中国数字法治的新进展

（一）数据立法

1. 数据安全领域确立基础性法律

"没有数据安全就没有国家安全，数据安全已成为事关国家安全与经济社会发展的重大问题。"②2021 年 6 月，《中华人民共和国数据安全法》正式出台，并于同年 9 月正式生效。《数据安全法》的出台及实施使数据的有效监管有法可依，填补了数据安全保护立法的空白。作为我国数据安全领域的基础性法律和国家安全法律制度体系的重要组成，《数据安全法》坚持安全与发展并重，在确立"数据安全"首要目标的同时，兼顾"数据开发利用"和"个人、组织的合法权益"。该法围绕日益严峻的数据安全问题，重点确立了数据安全保护的各项基本制度，完善了数据分类分级、重要数据保

---

① 《中共中央印发〈法治中国建设规划（2020—2025 年）〉》，《人民日报》2021 年 1 月 11 日。
② 《数据安全法：护航数据安全　助力数字经济发展》，http://www.xinhuanet.com/politics/2021-06/10/c_ 1127551576.htm，2021 年 6 月 10 日。

护、跨境数据流动和数据交易管理等多项重要制度，形成了我国数据安全的顶层设计。①

2. 个人信息保护工作迈上新台阶

第49次《中国互联网络发展状况统计报告》显示，截至2021年12月，我国网民规模已达10.32亿，网站数量418万个，国内市场上监测到的移动应用程序数量达到252万款，个人信息的收集、使用越来越频繁，如何有效保护个人信息已成为国家高度关注、社会和人民群众普遍关切的一个重大现实问题。2021年8月，《中华人民共和国个人信息保护法》正式出台，并于同年11月开始实施。《个人信息保护法》的出台及实施，翻开了我国个人信息保护法治事业的新篇章。作为我国针对个人信息保护的专门性立法，《个人信息保护法》对公民在处理个人信息活动中的权利、个人信息处理者的义务等诸多方面做出了全面的规定。与此同时，该法"与《国家安全法》《网络安全法》《民法典》《数据安全法》等法律法规共同构建起个人信息保护的法治堤坝"②（见表1），为数字时代经济社会高质量发展提供了坚实有力的法治保障。

表1 个人信息保护相关法律法规及规范性文件

实施日期	文件名称	发布部门
2012年12月	《关于加强网络信息保护的决定》	全国人大常委会
2013年9月	《电信和互联网用户个人信息保护规定》	工业和信息化部
2014年3月	《网络交易监督管理办法》	国家市场监督管理总局
2014年3月	《消费者权益保护法（2013修订版）》	全国人大常委会
2015年11月	《中华人民共和国刑法修正案（九）》	全国人大常委会
2017年6月	《中华人民共和国网络安全法》	全国人大常委会
2017年6月	《关于办理侵犯公民个人信息刑事案件适用法律若干问题的解释》	最高人民法院、最高人民检察院
2019年1月	《中华人民共和国电子商务法》	全国人大常委会

① 王轶辰：《数据治理应平衡好安全与创新》，《经济日报》2021年9月4日。
② 赵精武：《〈个人信息保护法〉：构筑新时代个人信息权益保护的安全防护网》，http://www.cac.gov.cn/2021-09/08/c_1632692967516943.htm，2021年9月8日。

实施日期	文件名称	发布部门
2019 年 4 月	《国务院关于在线政务服务的若干规定》	国务院
2019 年 10 月	《儿童个人信息网络保护规定》	国家互联网信息办公室
2019 年 11 月	《App 违法违规收集使用个人信息行为认定方法》	国家互联网信息办公室秘书局、工业和信息化部办公厅、公安部办公厅、市场监管总局办公厅
2021 年 1 月	《民法典》	全国人民代表大会
2021 年 9 月	《中华人民共和国数据安全法》	全国人民代表大会
2021 年 11 月	《中华人民共和国个人信息保护法》	全国人民代表大会

资料来源：根据公开资料整理。

3. 数据跨境流动立法进一步加强

伴随着全球经济一体化的持续深入和数字经济的崛起，数据跨境流动的需求不断增加，在安全防范、法规制度和责任体系等领域必须扎实做好保障工作。"近年来，我国加强了数据跨境流动领域的决策部署，以《网络安全法》为基础，进一步进行了制度探索"[①]（见表2）。就2021年而言，我国《数据安全法》《个人信息保护法》等法律的相继出台均对数据跨境流动作出了明确规定。如《数据安全法》强化了对跨境数据活动的治理，其第十一条确立了数据跨境流动应遵循安全、自由的原则，第二十五条、第二十六条、第三十一条、第三十六条、第四十六条等进一步完善了数据跨境流动规则。我国在加强数据跨境流动制度建设的同时，也在通过试点对跨境流动方式进行积极探索。2022 年 1 月 6 日，国务院办公厅印发的《要素市场化配置综合改革试点总体方案》明确指出，要"探索数据跨境流动管控方式，完善重要数据出境安全管理制度"。

表 2 　我国数据跨境流动的相关法规与标准情况

发布时间	法规名称	相关条文
2016 年 11 月	《网络安全法》	第十二条、第三十七条
2017 年 4 月	《个人信息和重要数据出境安全评估办法（征求意见稿）》	全文

① 《数字经济发展需要法制保障》，《检察风云》2021 年第 5 期。

续表

发布时间	法规名称	相关条文
2017年8月	《信息安全技术　数据出境安全评估指南(征求意见稿)》	全文
2019年5月	《数据安全管理办法(征求意见稿)》	第二十八条、第二十九条
2019年6月	《个人信息出境安全评估办法》	全文
2021年6月	《数据安全法》	第十一条、第二十五条、第二十六条、第三十一条、第三十六条、第四十六条
2021年8月	《个人信息保护法》	第三十八条、第三十九条、第四十条、第四十一条、第四十二条、第四十三条
2021年10月	《数据出境安全评估办法(征求意见稿)》	全文
2021年11月	《网络数据安全管理条例(征求意见稿)》	第三十五条、第三十六条、第三十七条、第三十八条、第三十九条、第四十条、第四十一条、第四十二条

资料来源：根据公开资料整理。

4. 新技术新业务加速立法新探索

一是划定人脸识别司法保护界限。2021年7月，最高人民法院出台人脸识别司法解释，以列举的方式明确了侵害自然人人格权益的行为类型，以及滥用人脸识别技术处理人脸信息行为的性质和责任。二是人工智能软法硬法同步推进。2021年9月，《新一代人工智能伦理规范》正式公布，"旨在将伦理道德融入人工智能全生命周期，促进公平、公正、和谐、安全，避免偏见、歧视、隐私和信息泄露等问题"。[1] 与此同时，我国部分城市也先行先试，积极开展人工智能等新型领域立法探索。[2] 三是相关新业务领域立法强化风险管理要求。2021年，我国相继发布了《关于防范虚拟货币交易炒作风险的公告》《关于加强智能网联汽车生产企业及产品准入管理的意见》

---

[1] 《〈新一代人工智能伦理规范〉发布》，http://www.most.gov.cn/kjbgz/202109/t20210926_177063.html，2021年9月26日。

[2] 2021年7月，深圳市人大常委会办公厅公布全国首部地方性人工智能领域法规《深圳经济特区人工智能产业促进条例（草案）》，围绕"明确范围+补齐短板+强化支撑+抢抓应用+集聚发展+规范治理"等环节作出制度创新。

等行业准则和规范性文件，对虚拟货币和智能网联汽车两个领域进行先行引导，旨在指引企业加强风险防范意识，规范行业发展。

（二）数字司法

1. 智慧警务建设的步伐不断推进

近年来，随着公安"金盾工程"建设持续推进和信息化水平不断提高，我国公安机关警务改革摁下警务智能化发展的"快捷键"，朝着新的发展理念及形态发展。在此背景下，智慧警务应运而生。经过十余年的探索与实践，智慧警务建设不断取得新的成效。2021 年，全国公安机关"大力推动执法信息化建设，推进全国执法办案数据联通共享，不断升级完善网上执法办案和监督管理系统"[1]，"普遍应用执法记录仪、案卷智能保管柜等信息化设备，有效提升了执法办案和监督管理效能"。[2] 特别是在"互联网+公安政务服务"领域，"全面建成公安部'互联网+政务服务'平台 2.0，接入全国各级公安机关政务服务事项增加至 7 万余项，持续推进新开通事项'应上尽上'"。[3]

2. 智慧检务助推检察工作新发展

2021 年，最高人民检察院紧紧围绕服务司法办案和广大人民群众需求，以服务检察业务为核心，以提升司法公信力为目标，积极打造"全业务智慧办案、全要素智慧管理、全方位智慧服务、全领域智慧支撑"的智慧检务"四梁八柱"全新架构。为符合检察工作实际和适应新时代检察工作发展需要，持续深化落实科技强检战略，研发上线检答网、中国检察听证网和全国检察业务应用系统 2.0 等，检察信息化正朝着"科学化、智能化、人性化"的方向发展。与此同时，全国各级检察机关按照最高检"科学化、

---

[1] 《规范执法这一年：累计建成执法办案管理中心 2700 余个》，http://news.cpd.com.cn/n3559/202201/t20220104_1010664.html，2022 年 1 月 4 日。

[2] 《公安部：法治公安建设取得新的明显成效》，《中国日报》2021 年 12 月 3 日。

[3] 《公安部承办的二○二一年全国两会建议提案全部按时高质量办结》，《人民公安报》2022 年 3 月 2 日。

智能化、人性化"建设原则,在全面完成电子检务工程整体验收的基础上,围绕检察工作网的启用和业务系统 2.0 的上线,大力推进智慧检务建设和应用,有力保障了"六项重点工作"扎实开展、"四大检察""十大业务"全面协调充分发展。

3. 智慧法院建设向全面纵深迈进

2021 年,全国各级法院认真贯彻网络强国战略,大力加强信息化建设,智慧法院建设向全面、纵深发展。一是在服务人民群众方面,大力发展"互联网+诉讼服务",积极推进"一站式建设"①,全面建成并应用中国移动微法院、诉讼服务大厅、人民法院调解平台和 12368 诉讼服务热线等。二是在服务审判执行方面,全面推行电子卷宗随案同步生成和深度应用,建成全国统一、内外联动的执行信息化体系。三是在服务司法管理方面,普遍建设办公平台实现对公文往来和工作动态等的规范管理,通过使用电子签章满足电子诉讼平台等盖章需求,建设全国统一送达平台逐渐替代包括留置送达、邮寄送达在内的传统送达方式。

4. 智慧司法信息化体系建设加快

2021 年,全国各级司法行政机关坚持以大数据为抓手,以智能化为方向,以网络安全为底线,以综合应用为核心,紧紧围绕"大平台共享、大系统共治、大数据慧治"的发展要求,立足"一个统筹、四大职能"定位,大力开展司法行政信息化和智能化建设。目前,"覆盖行政立法、行政执法、刑事执行、公共法律服务四大职能的'大平台、大系统、大数据'初步形成,司法行政应急指挥体系基本建成,网络安全防御能力显著提高,'数字法治、智慧司法'总体框架初步形成"。② 据统计,截至 2021 年底,"我国已建成 57 万个五级公共法律服务实体平台,中国法律服务网累计访问 14 亿人次,法律咨询 3900 多万人次,在线办事 790 多万件"。③

---

① "一站式建设"即一站式多元解纷和诉讼服务体系建设。
② 张晨:《司法部加速推进司法行政智能化建设》,《中国商报》2020 年 6 月 18 日。
③ 《我国建成五级公共法律服务实体平台 57 万个》,《人民日报》2021 年 12 月 28 日。

（三）数权保护

1. 数据权益保护重要性日益凸显

进入数字时代，数据权益受到社会越来越广泛的关注和重视，对数据权益保护的重要性也愈发凸显。近年来，因数据权益引发的纠纷案件数不胜数，如腾讯与华为的数据纠纷案、新浪微博与脉脉的数据争议案、淘宝诉美景公司大数据产品不正当竞争案，以及"微信群控"不正当竞争纠纷案等，这些案例无不说明，数据权益的保护已成为迫切需要解决的法律难题之一。数据权益作为最新出现的权利客体，目前尚未进行统一、专门的立法，在司法实践中往往是通过《反不正当竞争法》对数据权益予以保护。立法虽有滞后，但司法实践则不存在滞后性。过去一年，数据权益的不正当竞争纠纷案件不断倒逼司法实践作出新判断。通过诸多案例，数据权益的法律边界已被部分划定，数据的产权保护、开发利用、行业规则已在司法实践中不断被明晰。

2. 数据确权探索取得历史性进展

厘清数据权属被视为解决数据流通使用环节中的权利关系、保障数据交易合法性、规范大数据应用秩序的先决条件，但由于数据很难通过单一的权属理论"一刀切"处理，数据确权成为困扰国内外学术界和实务界的难题，严重制约着数据要素流通与交易的发展。[①] 2021 年，我国各地紧紧围绕"制定数据资源确权、开放、流通、交易相关制度，完善数据产权保护制度"，积极开展数据确权的实践探索。一方面，数据确权立法探索初现。无论是深圳市人大常委会于 2021 年 7 月发布的《深圳经济特区数据条例》，还是上海市人大常委会于 2021 年 11 月通过的《上海市数据条例》，两部法律都明确提出了"数据权益"，并在数据确权方面进行了大胆的创新和尝试。另一方面，各地积极通过搭建场所、推进平台建设助力数据确权。如 2021 年 12 月，合肥数据要素流通平台正式上线，该平台在全国范围内率先进行了数据

---

① 中国信息通信研究院西部分院、重庆市大数据应用发展管理局、中国信息通信研究院政策与经济研究所：《数字规则蓝皮报告（2021 年）》，http：//www.caict.ac.cn/kxyj/qwfb/ztbg/202112/t20211210_ 393868.htm，2021 年 12 月 10 日。

产品确权登记探索。

3. 数字平台反垄断监管持续加强

随着数字平台的日益壮大和活跃，平台"扼杀式并购""二选一""大数据杀熟"等行为屡被曝光，损害了消费者合法权益，扰乱了市场公平竞争秩序，妨碍了技术进步和创新，引发了反垄断担忧。2020年12月，中央经济工作会议提出要强化反垄断和防止资本无序扩张。2021年2月，《国务院反垄断委员会关于平台经济领域的反垄断指南》正式发布，对数字平台"垄断协议、滥用市场支配地位、经营者集中、滥用行政权力排除限制竞争"① 等提出了明确规范要求。随后，国家市场监管总局不断加强和改进平台反垄断监管执法，先后针对阿里巴巴集团和美团实施"二选一"垄断行为分别处以182.28亿和34.42亿元罚款，禁止虎牙与斗鱼合并，责令解除腾讯网络音乐独家版权。国家反垄断局官网显示，2021年互联网领域的罚款金额占比超过96%，相关案例占比超过75%。"截至2021年11月20日，涉及垄断协议、滥用市场支配地位以及经营者集中等相关的行政处罚案件为118件"②，相关行政处罚金额超过220亿元，较2020年明显上升（见图1）。

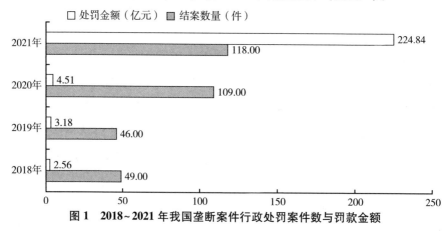

图1 2018~2021年我国垄断案件行政处罚案件数与罚款金额

注：2021年为截至11月20日数据。

---

① 《平台经济领域反垄断指南发布》，http://www.gov.cn/xinwen/2021－02/07/content_5585764.htm，2021年2月7日。

② 郑伟彬：《2021年互联网反垄断罚款超200亿元》，《新京报》2021年12月22日。

4. 数据违规收集进一步加强执法

近年来，我国通过严格执法和专项行动等举措，针对大型互联网企业、大型产品和服务提供商等运营主体多方面多层次开展执法司法活动，对危害个人信息权益及多个 App 违法违规收集使用个人信息的违法行为进行了整治。[①] 就 2021 年来看，我国有关部门大力开展 App 违法违规收集使用个人数据专项治理行动，先后印发了《常见类型移动互联网应用程序必要个人信息范围规定》、《关于开展信息通信服务感知提升行动的通知》（工信部信管函〔2021〕292 号）等法规政策规范，在全国开展了个人信息专项治理。根据《App 违法违规收集使用个人信息监测分析报告》，2021 年国家网信办组织对 39 种常见类型公众大量使用的 1425 款 App 开展了专项检测，对其中存在严重违法违规问题的 351 款 App 进行了公开通报，责令限期整改；对未在规定时限内整改的依法采取了相关处罚措施。

二　数字法治评估的测评体系

（一）概念内涵与理论模型

数字法治不是"数字"和"法治"的简单嫁接，而是"数字"和"法治"的深度融合，其反映了数字时代的生产生活规律，是平衡公权力和私权利关系，保障数字社会权利，实现数字正义的治理方式、运行机制和秩序形态。尽管数字法治发展迅速，但是目前学术界尚未对数字法治概念形成统一的定义。本报告将数字法治定义为：在数字化时代背景下，新技术与立法、司法、行政执法、守法活动相结合的而使法治呈现动态运行过程的一种新的法治形态。数字法治主要包括网络法治、数据法治和人工智能法治等，相对于传统法治而言，数字法治的突出特征在于数字法治化和法治数字化，

---

① 中国信息通信研究院西部分院、重庆市大数据应用发展管理局、中国信息通信研究院政策与经济研究所：《数字规则蓝皮报告（2021 年）》，http：//www.caict.ac.cn/kxyj/qwfb/ztbg/202112/t20211210_ 393868. htm，2021 年 12 月 10 日。

即数字活动需要法治，法治本身需要数字化。

数字法治指数理论模型的研究以法治现代化与科学技术融合应用发展相关评价指标体系研究为理论基础，其模型的构建以法治现代化发展方向、相关政策支撑、重大战略布局为导向。数字法治指标体系是从科学性、前瞻性和可操作性角度出发，通过多元评估确立评价指标，以官方统计数据、国内权威数据库平台发布数据、权威机构发布的研究报告等为依据，遵循静态与动态结合、前瞻性与实用性并重的原则，从数据立法、数字司法、数权保护三个维度，法治数字化、数字法治化两大方向构建数字法治指数理论模型（见图2），以期为全国和各地区数字法治的发展提供更为有效的理论和实践参考。

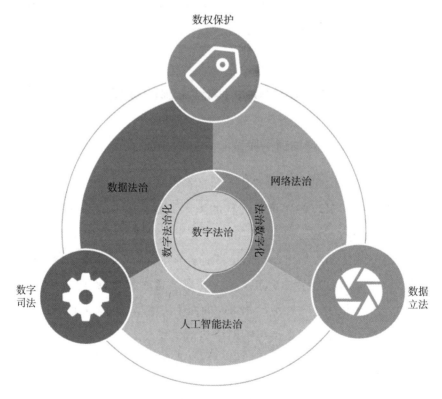

图2 数字法治指数理论模型

（二）测评重点与理论体系

数字法治指标体系是对某一地区数字法治在不同阶段的发展水平和发展特点进行的综合描述和价值判断，是理论与实践、定性与定量相结合的评价体系。基于数字法治指数理论模型的设计，结合 2021 年中国数字法治发展的主要特点和影响因素，数字法治指标体系设计思路确定为数据立法、数字司法和数权保护三个维度，进而根据对数字法治形势的全面认识，形成数字法治指标体系的基本框架。其中，数据立法是数字法治建设的力量源泉，是构建我国数字法治体系的关键所在。该维度聚焦数字领域的法律法规建设，重点针对立法计划、立法实践和政策创新方面的情况开展评价。数字司法是数字法治建设的前沿阵地，是促进我国数字法治发展不可或缺的重要元素。该维度聚焦司法信息化建设领域，重点针对智慧警务、智慧检务、智慧法院和智慧司法方面的情况开展评价。数权保护是数字法治建设的重要支撑，是推动我国数字法治发展的重要力量。该维度聚焦数据权益的保护，重点针对数据监管、权利保护和开发利用方面的情况开展评价。在此基础上，充分考虑在省域层面上各指标数据的可获取性和指标量化的难易程度，建立由 10个二级指标和 15 个三级指标组成的数字法治指标体系。

（三）指标构成与优化调整

自 2019 年以来，已连续两年开展数字法治指数研究工作，且遵循四大原则①。在四大原则下，基于当年基础性指标的变化与数字法治发展重点作出相应调整和更新。与 2020 版指标评价体系相比，2021 年数字法治指标体系在对整个测评指标体系进行分析、论证、检验的同时，对原有指标体系作了进一步修订、拓展和完善（见表3）。一是在指数名称上，为适应数字经济发展特点，契合国家宏观战略与整体政策，促进法治的整体建设和有序发

---

① 四大原则是指重要性与全面性平衡、稳定性与动态性平衡、可行性与有效性结合、定量指标与定性指标结合。

展，确保数字时代法治体系构建的系统性、规范性和协调性，将"大数据法治"更改为"数字法治"。二是在二级指标上，更改了"立法统筹""政策约束""智慧公安"3个指标的名称，增加了"智慧司法""数据监管""权利保护""开发利用"4个指标，删除了"司法判例""法律咨询""数权研究"3个指标。三是在三级指标上，更改了"智慧公安建设""智慧检务创新""规范性约束文件""警务平台支撑""检务信息公开""智慧法院创新""法院信息公开"等7个指标的名称，增加了"法律法规数""智慧司法创新案例总数""律协相关领域专委会数""数据管理机构建立数""相关领域司法判例数""数据运营平台建设数""数据交易平台设立数"等7个指标；删除了"地方性法规出台""地方性政府规章""规范性约束文件""数字审判发展""数据安全审理""个人信息保护""数据专委设置""数权理论研究"等8个指标。

表3 2021年数字法治指标体系

一级指标	二级指标	三级指标	具体指标
数据立法	立法计划	立法计划与调研项目数	立法计划与调研项目数
	立法实践	法律法规数	法律法规数
	政策创新	政策文件数	政策文件数
数字司法	智慧警务	智慧警务创新案例总数	近三年创新案例总数
		政务平台可办理业务数	政务平台可办理业务数
	智慧检务	智慧检务创新案例总数	近三年创新案例总数
		检务透明度情况	检务透明度情况
	智慧法院	智慧法院创新案例总数	近三年创新案例总数
		法院透明度情况	法院透明度情况
	智慧司法	智慧司法创新案例总数	近三年创新案例总数
		律协相关领域专委会数	律协相关领域专委会数
数权保护	数据监管	数据管理机构建立数	数据管理机构设置情况
	权利保护	相关领域司法判例数	数据权利保护司法判例数
	开发利用	数据运营平台建设数	数据运营平台设置情况
		数据交易平台设立数	数据交易平台设置情况

（四）数据获取与测算方法

1. 数据收集

在指数测评过程中，数据质量对测评结果的准确性和可靠性起到至关重要的作用。因此，数据收集是评估工作中非常关键的环节。数字法治指数的数据收集坚持以客观性、真实性和权威性为导向，数据主要来源于三个方面：第一，政府或社会机构官方网站，包括国家部委、地方政府和省级律协在内的门户网站；第二，专业权威的数据库平台，如北大法宝、法意、国信法律数据库等；三是业内知名研究机构发布的报告、白皮书，如智研咨询的《2022~2028 年中国大数据行业市场竞争态势及发展趋向分析报告》、中国信通院的《中国数字经济发展白皮书》、社会科学文献出版社的《法治蓝皮书：中国法治发展报告 No. 19（2021）》等。

2. 指标无量纲化

数字法治指数是一个具有连续性、系统性和综合性的指标集，由比例指标、合成指标和统计指标三类指标构成，构成该指标体系的数据单位存在不同的量纲和量纲单位。为了消除各指标单位不同的问题，首先对数据进行"无量纲化处理"，计算出无量纲化后的相对值。[①] 本报告采用直线型方法中的极值法对数字法治指数计算过程中的数据进行无量纲化处理。规定各指标中最小和最大指标数值分别为 0 和 1，再按下面方法进行相应的数据标准化得出对应结果，标准化计算公式为：

$$X_i = f(X_i) = \frac{X_i - X_{min}}{X_{max} - X_{min}}$$

式中，X_i 代表 i 地区某一单项指标的原始数据值，$X_i = f(X_i)$ 代表单项指标 X_i 的标准化结果值（或标准化得分），X_{max} 代表评估指标的最大值，X_{min} 代表评估指标的最小值。

---

① 张洪国主编《中国大数据发展水平评估蓝皮书（2020）》，电子工业出版社，2020。

3.指标权重分配

数字法治指数是综合评估结果，包含了 3 个一级指标、10 个二级指标和 15 个三级指标。由于每项指标对数字法治的评价结果影响存在一定差异，为了真实客观地反映某地区数字法治发展水平，需要合理设定各指标权重。按照常见的指标权重分配方法，本报告采用专家打分法（即德尔菲法）来分配影响数字法治指数的各层级指标的权重。

4.指数计算

在完成数据无量纲化处理和指标权重分配的基础上，对综合指数的结果进行测算。本报告采用以加权平均法为基础的指数综合评分法，对各分指数二级指标无量纲化处理的标准化结果值（或标准化得分）进行求和，以得出各地区数字法治指数综合得分。

三　数字法治发展趋势与展望

（一）数字法学理论创新将取得新突破

法学理论研究是法学发展的必由之路，也是法治实践创新的重要指导。人类法治文明的演进过程告诉我们，"没有成熟的法学理论的引领和支撑，就不可能有成熟的法治实践"。[①] 由此观之，无论是数字中国还是法治中国建设，都离不开数字法治实践的推动，同时也离不开正确的数字法学理论的指导和引领。然而，当前的数字法学理论研究尚处于起步阶段，数字法学体系缺乏完善的理论体系，与数字法治建设实践的需求存在不协调、不适应。数字法学理论研究服务于数字法治实践，数字法治实践呼唤数字法学理论创新。未来，随着数字法治实践的开展，数字法学理论创新将不断丰富和发展，新兴的数字法学学科将应运而生，为中国特色数字法治建设提供理论支撑。

---

① 蒋传光：《用理论引领法治中国建设》，《法制日报》2015 年 8 月 4 日。

（二）数据要素市场法治治理步伐加快

2020 年 4 月，我国首份要素市场化配置文件正式发布，该文件首次将"数据"与土地、劳动力、资本、技术等传统要素并列为要素之一，提出要加快培育数据要素市场。[①] 虽然国家高度关注和重视数据要素市场化的顶层设计，但在数据确权、流通等领域存在诸多问题，严重阻碍着数据要素的市场化配置进程。数据要素市场法治化是其健康有序发展的基本前提和内在要求，"只有在法治的轨道上才能实现大数据应用与安全的平衡，才能在应用大数据的同时，保证国家安全、公共利益和个人信息安全"。[②] 我国"十四五"规划纲要明确提出"建立健全数据要素市场规则"的要求，未来，随着数据规则体系的不断完善，数据要素市场法治化步伐必将加快，数据要素市场建设将全面进入"依法治理、有序发展"的法治化新时代。

（三）数字治理基础制度规则持续完善

数字治理已经在技术和工具领域实现了超越，逐渐成为制度创新与全局性治理范式变迁的新方向，也逐渐成为人类未来发展无法回避的根本性挑战。目前我国尚未形成完善的数字治理体系架构，尽管相继出台了《网络安全法》《数据安全法》《个人信息保护法》等，为我国数字治理提供了基准和原则，但与较早开展数字治理的英国、美国等西方发达国家相比，"我国数字治理相关的法律法规尚显不足，且法规的制定明显滞后于数字技术创新"。[③] 构建体系完备、规则合意、执行有效的数字治理架构，需要重视相关基础性制度的建立与完善。未来，随着数字法治建设的不断加快，数字治理基础制度将不断完善，通过制度建设保障数字治理持续、健康、有序开展。

---

① 《中央首份要素市场化配置文件：数据正式被纳入生产要素范围》，http：//www.cbdio.com/BigData/2020-04/10/content_ 6155542. htm，2020 年 4 月 10 日。

② 《陆书春：实现大数据法治化需解决三方面问题》，《金融时报》2017 年 11 月 27 日。

③ 陈万球、廖慧知：《新时代我国数字治理的机制创新探析》，《长沙理工大学学报》（社会科学版）2021 年第 5 期。

（四）数字空间执法体制机制不断健全

近年来，在新一代信息技术驱动下，物理世界的边界不断被打破和重塑，人类生存的物理世界和虚拟数字空间相互交织、融合，关系越来越密切。数字空间的重要性持续增强，已成为数据传输的新渠道、生产生活的新空间、国家治理的新疆域。与此同时，数字技术带来的数字行为的复杂性、复合性和数字服务的平台性，需要建立健全符合技术和服务特点的数字空间执法体制机制。2021 年 8 月，《法治政府建设实施纲要（2021—2025 年）》正式发布，明确提出要完善行政执法体制机制，大力提高执法执行力和公信力。[①] 未来，我们要适应和回应数字技术及应用的特点，不断健全数字空间执法体制机制，在已有智慧政府、互联网法院试点的基础上，逐步建立适应数字空间的规则制定、法律实施和审判执行等制度规则体系。

（五）数字人权法治保障将进一步加强

法治是人类文明进步的标志，也是人权得以实现的保障。当前，侵犯隐私、监控扩张、数字鸿沟、算法歧视、大数据杀熟等各种新型社会现象对数字人权的法治保障提出了挑战。在此背景下，如何加强数字人权法治化保障已成为一个迫切而重要的时代课题。2021 年 1 月，《法治中国建设规划（2020—2025 年）》正式发布，明确提出要加强人权法治保障，非因法定事由、非经法定程序不得限制、剥夺公民、法人和其他组织的财产和权利。[②] 未来，随着数字人权理念的确立，数据信息自主权制度化的推进，数字人权保护机制和规制策略的探索，以及"道德基础设施"的塑造，数字人权法治化保障将进一步加强。

---

① 《中共中央　国务院印发〈法治政府建设实施纲要（2021—2025 年）〉》，http://www.gov.cn/zhengce/2021-08/11/content_5630802.htm，2021 年 8 月 11 日。

② 《中共中央印发〈法治中国建设规划（2020—2025 年）〉》，《人民日报》2021 年 1 月11 日。

（六）数字正义将开辟司法文明新境界

"努力让人民群众在每一个司法案件中感受到公平正义"是习近平总书记对政法机关和政法工作提出的努力目标和明确要求。2021 年 5 月，最高人民法院院长周强主持召开最高人民法院网络安全和信息化领导小组 2021 年第一次全体会议时指出，要努力构建中国特色、世界领先的互联网司法新模式，全面建设在线法院，创造更高水平的数字正义。数字正义是人类发展到数字社会对公平正义更高水平需求的体现，是数字社会司法文明的重要组成部分，是互联网司法的最高价值目标。① 它的实现依托于互联网审判模式的完善与有效运行，互联网法院作为智慧法院建设和互联网司法模式的领跑者，是数字正义创造和输出的引领力量。未来，随着互联网法院的不断探索创新、司法体制改革和智慧法院建设的深入推进，数字正义将促进数字经济发展，也将为人类司法文明开辟新的境界。

（七）国内法治和涉外法治将统筹推进

国内法治和涉外法治既是建设我国法治体系的核心内容，也是推进依法治国及建设法治中国的两个基本面向，两者分属我国对内职能与对外政策密切联系的不同领域。尤其是在数字领域，国内法治和涉外法治之间的关系盘根错节，相互之间有着千丝万缕的联系，呈现出相互渗透、交叉和融合的错综复杂现象。相关问题的解决与治理，通常需要国内法治和涉外法治的协同配合。党的十八大以来，习近平总书记多次就国内法治和涉外法治作出重要论述、提出明确要求，强调要坚持统筹推进国内法治和涉外法治。② 只有这样，才能更好地捍卫国家利益、处理国际争端、促进国际规则的完善、提升中国法治话语权和影响力。未来，我国将加强涉外法治体系建设，进一步完

---

① 北京互联网法院：《数字正义视阈下的互联网司法白皮书》，2021 年 9 月 16 日。
② 《习近平在中央全面依法治国工作会议上强调　坚定不移走中国特色社会主义法治道路　为全面建设社会主义现代化国家提供有力法治保障》，http://www.xinhuanet.com/politics/leaders/2020-11/17/c_1126751678.htm，2020 年 11 月 17 日。

善数字领域反制裁、反干涉、反制"长臂管辖"法律法规,为更好地维护国家主权、安全、发展利益,推动构建网络空间命运共同体提供强大的力量支撑和保障。

参考文献

连玉明主编《大数据蓝皮书:中国大数据发展报告 No.5》,社会科学文献出版社,2021。

张洪国主编《中国大数据发展水平评估蓝皮书(2019)》,电子工业出版社,2020。

马长山:《智慧社会背景下的"第四代人权"及其保障》,《中国法学》2019 年第 5 期。

中国信息通信研究院:《互联网法律白皮书》,http://www.caict.ac.cn/kxyj/qwfb/bps/202112/t20211217_ 394221. htm,2021 年 12 月 17 日。

中国信息通信研究院西部分院、重庆市大数据应用发展管理局、中国信息通信研究院政策与经济研究所:《数字规则蓝皮报告(2021 年)》,http://www.caict.ac.cn/kxyj/qwfb/ztbg/202112/t20211210_ 393868. htm,2021 年 12 月 10 日。

马长山:《数字法治的理论呼求》,https://www.rmfz.org.cn/contents/12/488000.html,2021 年 5 月 28 日。

姜伟:《加强数字法治　为数字中国建设保驾护航》,《人民法院报》2021 年 11 月 1 日。

B.13
2021年数字法治指数分析报告

摘　要： 数字法治是数字技术与法治建设深度融合的产物，也是国家治理
进入数字化时代的必然结果。《法治中国建设规划（2020—2025
年）》要求，"充分运用大数据、云计算、人工智能等现代科技
手段，全面建设'智慧法治'，推进法治中国建设的数据化、网
络化、智能化"。本报告立足数字法治指标体系，从数据立法、
数字司法与数权保护三个方面综合分析我国31个省区市数字法
治发展水平，结果显示，我国数字法治呈现得分总体上升、区域
不均明显、贵州后发赶超、政策导向明晰、示范引领加强和高潜
领域浮现六大特征。有鉴于此，建议从树立数据立法边界意识、
完善数字司法协作体系和健全数权制度体系三个方面加快数字法
治进程。

关键词： 数字法治　数据立法　数字司法　数权保护

当今世界，大数据、区块链、元宇宙等新技术新应用新业态不断拓展法
律科技的应用边界，数据活动展现出"野蛮生长"的态势，依法治国的场
景、范式、路径加速变革，引发数据权属、算法歧视、网络犯罪等新问题，
给传统法治带来一场自动化、数字化、智能化变革。数字法治不仅是数字中
国建设的题中之义，也是法治中国建设的内在要求，更是新时代推进国家治
理能力和治理体系现代化的关键环节，其不仅是法律装备与法治技术的赋
能，更是法治基本原理的重构。

一 数据新引擎：数字法治新格局正构建形成

（一）总体上升：数字法治得分整体提升，数字法治建设向纵深发展

2021 年，数字法治指数评估基于数据可得性、评估可持续性、体系科学性原则对指标体系进行了系统性优化与针对性调整，持续以数据立法、数字司法与数权保护三个分指数为主要评估方面对我国 31 个省区市进行了评估（见表 1）。相较于 2019 年和 2020 年，2021 年近半数地区数字法治指数排名波动上升，其指数得分也高于过去两年。换言之，各地区数字法治经过数字化、网络化、智能化发展，整体呈现战略持续升级、布局逐步"下沉"、整体稳中向好的发展态势，数字法治建设已经成为全面依法治国的关键领域。

表 1　2019~2021 年各地区数字法治指数评价结果及排名情况

地区	总指数			排名			排名变化	地区	总指数			排名			排名变化
	2019年	2020年	2021年	2019年	2020年	2021年			2019年	2020年	2021年	2019年	2020年	2021年	
广东	45.27	48.85	59.33	3	2	1	持续↑	安徽	42.18	36.92	29.50	5	7	17	持续↓
江苏	31.45	47.13	58.34	9	3	2	持续↑	吉林	18.27	30.27	29.18	23	12	18	波动↑
北京	43.62	46.24	57.14	4	5	3	波动↑	广西	10.77	14.25	28.00	26	27	19	波动↑
山东	34.44	37.73	51.24	7	6	4	持续↑	辽宁	25.05	24.98	25.96	16	15	20	波动↓
浙江	57.03	59.51	50.36	1	1	5	波动↓	内蒙古	18.46	21.64	25.96	22	21	21	波动↑
贵州	46.09	46.39	45.85	2	4	6	持续↓	黑龙江	10.35	17.14	23.46	27	24	22	持续↑
上海	33.40	33.47	45.55	8	9	7	波动↑	湖南	16.64	22.20	22.56	25	20	23	波动↑
天津	27.15	24.38	42.42	12	17	8	波动↑	陕西	25.35	25.62	19.68	15	14	24	波动↓
四川	19.69	25.91	40.52	21	13	9	持续↑	宁夏	8.85	13.96	18.60	28	28	25	波动↑
河南	25.42	17.39	37.76	14	23	10	波动↑	河北	20.04	22.25	17.59	20	19	26	波动↓
江西	23.45	24.40	35.54	18	16	11	持续↑	云南	23.47	15.02	16.39	17	26	27	持续↓
福建	38.22	32.41	34.55	6	10	12	持续↓	山西	17.72	20.65	8.73	24	22	28	波动↓
海南	26.69	22.55	31.67	13	18	13	波动→	新疆	6.49	6.07	6.70	30	29	29	波动↓
湖北	31.38	34.26	31.16	10	8	14	波动↓	西藏	1.82	2.01	2.61	31	31	30	波动↑
甘肃	22.41	16.65	30.43	19	25	15	波动↑	青海	8.09	4.56	0.69	29	30	31	持续↓
重庆	31.33	30.52	29.65	11	11	16	波动↓								

注："排名变化"指 2019~2021 年数字法治指数排名变化。其中，"持续↑"表明该地区数字法治指数排名连续三年呈上升状态；"持续↓"表明该地区数字法治指数排名连续三年呈下降状态；"持续→"表明该地区数字法治指数排名连续三年保持不变；"波动↑"表明该地区数字法治指数排名在2019~2021 年出现波动，并且 2021 年的排名较 2019 年呈上升状态；"波动↓"表明该地区数字法治指数排名在 2019~2021 年出现波动，并且 2021 年的排名较 2019 年呈下降状态；"波动→"表明该地区数字法治指数排名在 2019~2021 年出现波动，并且 2021 年的排名较 2019 年保持不变。

（二）区域失衡：东部地区遥遥领先，中部地区较为滞后，西部地区两极分化，东北地区有待提升

在我国数字法治发展形势总体向好的大背景下，区域发展不均衡特征凸显。从区域评估结果来看（见表2），东部地区数字法治水平遥遥领先，平均值达44.82，广东、江苏、北京、山东、浙江居前5名。中部地区与东北地区的平均值虽较为接近，但东北地区得分普遍偏低，排名总体靠后，整体水平有待提升。西部地区普遍存在数字法治指数得分不均衡的问题，发展相对滞后，仅有贵州、四川、重庆、甘肃、广西排名居前20，平均值约为东部地区平均值的一半。从侧面反映出我国数字法治区域发展不均衡，这种差距在某种程度上是由经济发展水平和技术创新优势的非均衡性所引起的。

表 2　分区域数字法治指数评估结果

东部地区			中部地区			西部地区			东北地区		
地区	得分	排名	地区	得分	排名	地区	得分	排名	地区	得分	排名
北京	57.14	3	山西	8.73	28	内蒙古	25.96	21	辽宁	25.96	20
天津	42.42	8	安徽	29.50	17	广西	28.00	19	吉林	29.18	18
河北	17.59	26	江西	35.54	12	重庆	34.65	13	黑龙江	23.46	22
上海	45.55	7	河南	37.76	10	四川	40.52	9			
江苏	58.34	2	湖北	36.16	11	贵州	45.85	6			
浙江	50.36	5	湖南	22.56	23	云南	16.39	27			
福建	34.55	14				西藏	2.61	30			
山东	51.24	4				陕西	19.68	24			
广东	59.33	1				甘肃	30.43	16			
海南	31.67	15				青海	0.69	31			
						宁夏	18.60	25			
						新疆	6.70	29			
平均值	44.82		平均值	28.37		平均值	22.51		平均值	26.20	
标准差	12.82		标准差	10.17		标准差	13.86		标准差	2.34	

（三）后发赶超：策源地贵州独占鳌头，数字法治政策环境日趋成熟

从数字法治指数评估结果来看，发达地区优势突出，2021年排名前10的地区依次为广东、江苏、北京、山东、浙江、贵州、上海、天津、四川、河南，2020年排名前10的地区分别为浙江、广东、江苏、贵州、北京、山东、安徽、湖北、上海、福建。可以发现，2020~2021年，东部地区连续两年稳占十强榜一半以上的席位，而贵州作为为数不多的西部省份一直名列其中，成为西部地区数字法治发展的"排头兵"。相较于东部地区基于经济发展基础、技术先发优势、创新人才队伍所铸就的数字法治发展优势，大数据发展策源地贵州能够位列前六，得益于其抢先布局大数据法治发展战略，积极谋划大数据立法工作、强化大数据地方立法贯彻实施、推动大数据标准建设等，形成较为成熟的数字法治环境，带动后发地区数字法治健康发展。

（四）政策导向："央地互动"特征突出，各地区抢抓数据立法先机

法律是治国之重器，良法是善治之前提，数据立法为数字中国立规矩、为数字社会定方圆。2020年4月，中共中央、国务院印发《关于构建更加完善的要素市场化配置体制机制的意见》，将数据列为五大生产要素之一，引发了地方数据立法的新一轮竞速。2021年，我国"自上而下"密集性地出台了《数据安全法》《个人信息保护法》《互联网信息服务算法推荐管理规定》等系列与新兴科技行业息息相关的法律法规，对数字技术监管的态度也从宽容审慎转变为严格积极，得到了各地的积极响应。其中，上海、深圳、天津、贵州、海南、山西、吉林、安徽、山东等省市，主动回应了中央在数据领域的战略新部署，先后出台系列配套法规政策，力争将大数据作为经济发展新的增长点。总的来讲，我国数据立法具有较强的"央地互动"特征，地方政府积极落实国家政策和上位法精神，初步形成中央立法和地方立法相结合、综合性立法和专门性立法相补充的数字法治

制度体系。[①] 然而，地方政府在通过数据立法获得区域数据战略竞争先发优势的同时，需警惕和避免陷入同质化、"鸡肋化"、"内卷化"的数据立法发展陷阱。

（五）示范引领：八大国家大数据综合试验区引领数字法治建设

不同于"顶层设计"中相对垂直条块、单一通道、指令式的央地互动机制，国家大数据综合试验区的设立使地方获得更大的自主权并激发了创新活力，获得更多良性的试错空间，地方在数字法治的议题设置和实施过程中，通过不断地自我调适变革实现内部协调。评估结果显示（见图1），八大国家级大数据综合试验区的数字法治指数得分在所有地区的占比为34.69%，以1/4的地区数量贡献超1/3的得分，整体示范引领作用突出，共同引领东部地区、中部地区、西部地区、东北地区"四大板块"的大数据产业发展。各试验区充分利用国家级大数据综合试验平台，构建地方大数

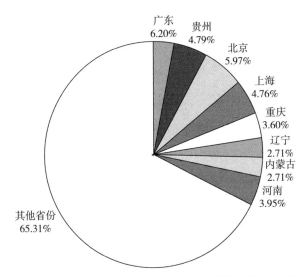

图1　国家级大数据综合试验区数字法治指数得分占比情况

① 连玉明主编《大数据蓝皮书：中国大数据发展报告 No.5》，社会科学文献出版社，2021。

据政策法规体系，以国家授权立法和授权管理的方式为大数据综合试验区提供较为宽松的政策环境和充分的试验权限，进一步推动大数据创新发展，强化大数据法治保障，引领数字法治建设。

（六）高潜领域：探索数据确权，数权保护进入法治化监管时代

评估结果显示，数权保护综合评估排名前5的省区市来自东部地区和中部地区（见图2）。同时，相较于2020年西部地区仅重庆挤进前十强，2021年以广西、贵州为代表的后发地区入选数权保护十强榜单，表明全国数权保护正在打破"东强西弱"的不均衡格局，通过出台数字经济促进条例，制定数据交易、数据分级分类保护、数据跨境交易等规则，进一步实现对数据主权的可控可管，推动形成"国家引领、地方先行、均衡发展"的数权保护立法良好生态。例如，贵州作为数据交易和数据确权的先行者，从2016年成立全国第一家大数据交易所——贵阳大数据交易所以来，先后制定《数据确权暂行管理办法》《数据交易结算制度》《数据交易规范》《数据应用管理办法》等系列规则，有力支撑贵州数据要素市场的建设和完善，为贵州数权保护打下坚实的基础，并引领带动西部地区先后成立数据管理机构，保障数据市场有序交易，有利于联动解决市场准

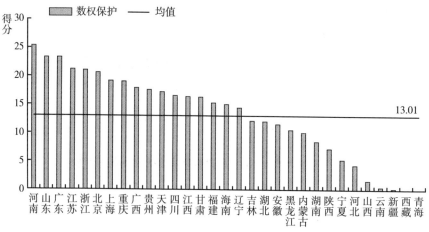

图2 2021年各省区市数权保护指数得分情况

入、交易纠纷、侵犯隐私、数据滥用等问题，推动全国数权保护进入法治化监管时代。同时，新疆、西藏、青海等地区数权保护指数得分排名靠后，数据要素市场化培育较慢，具体表现为数据管理机构数量极少、数据运营平台和交易平台建设滞后、数据治理和监管环境亟待优化等特点。

二 法治新标杆：数字法治呈全面开花态势

2021年是"十四五"规划的开局之年，也是全面开启数字法治建设新征程的一年。2021年各地区数字法治指数得分与平均值比较情况如图3所示，排名前十的省区市中东部地区有7个，中部地区有1个，西部地区有2个，首次突破以往东部地区占绝对领先地位的局面，表明我国数字法治已形成全面竞相发展的格局。根据数字法治指数得分排名情况，数字法治发展水平可进一步划分为高中低三个梯度，依次是示范引领区、蓬勃增长区、潜力发展区，其中不乏特点突出且数字法治发展水平较高的地区，成为我国数字法治建设新标杆。

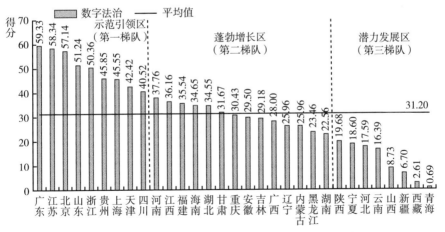

图3 2021年各省区市数字法治指数得分的梯队分布情况

（一）示范引领区：齐头并进，成为数字法治的先锋力量

1. 五强名单不变，4个省市新加入，水平整体提升

评估结果显示，数字法治示范引领区包含广东、江苏、北京、山东、浙江、贵州、上海、天津、四川共9个地区，得分均在40以上，数字法治能力全国领先，数据立法、数字司法、数权保护等指标表现突出，数字法治发展逐步加快。广东、江苏、北京、浙江、贵州等连续两年位列第一梯队，数字法治指数得分较2020年平均提高4.62，持续保持政策优势和制度优势，影响力扩大，走出了一条数字法治先行先试的新道路。同时，与2020年相比，2021年有4个省市新跨入示范引领区，分别是山东、上海、天津和四川。一方面，4个省市通过加强数字法治建设，不断提升数字法治水平，成为数字法治的先锋力量；另一方面，2021年数字法治发展整体向好，示范引领区的省区市数量大幅提升，数字法治进入提质增效发展阶段。

2. 浙江："全域数字法院"改革助推法院数字化转型

全域数字法院是一种全新的法院样态，为打造数字时代司法高地提供了一种新的可能路径和想象空间。评估结果显示，浙江数字司法指数得分排名第2，智慧法院指标得分远超平均值（见图4）。"浙江全域数字法院"改革不是信息化项目或实体法院，而是互联网法院、移动微法院从"点"到"面"的集成融合。一是将法院审判执行的各项工作全面数字化，打破空间和时间制约，全面推进法院业务流程再造、司法模式变革、组织架构重构和诉讼制度创新，推动建立流程节点智能化、类案裁判信息化、监督治理数智化的现代化法院。二是利用优质数据，加强案件审判质效评估管理、质效结果运用管理、质效责任管理，为提升法院审判管理水平、法院司法公信力和法官司法能力提供更为信息化、数字化、智能化的基础保障。三是智能化赋能，依托司法大数据服务平台实时汇聚跨层级、跨区域、跨部门的司法大数据，基于"智能算法+模型部署"进行统一管理、综合分析和智能运用，加快从"事"到"制"、从"治"到"智"的转变，为当事人提效、为法官减负、为审判赋能，实现从"司法信息化"到"司法智能化"的转变。

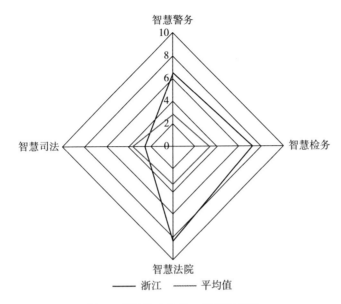

图4 浙江数字司法二级指标情况

3. 贵州："政法大数据执法监督智慧云平台"创新智慧司法

智慧政法大数据平台是以"依法治国"和"政法改革"为总体要求，遵循相关业务标准规范，将综合执法和司法行政等通用业务与个性化业务结合，利用大数据、区块链、人工智能等数字技术，为执法、司法、监督和维稳工作提供集通用业务与个性化业务于一体的"一站式"信息化综合管理平台，[①] 这将深刻改变法院生产正义的方式以及人们实现正义的途径。评估结果显示（见图5），贵州虽然数字司法分指数得分排名第13，数字法治指数得分远低于北京、山东、浙江等地，但智慧司法指数得分远超平均值，表明其智慧司法建设成效卓著。贵州"政法大数据执法监督智慧云平台"作为践行智慧司法的生动体现，荣获2021年政法智能化建设智慧治理十大创新案例，为实行案件全周期数字化智能监管、有效遏制执法司法突出问题、深入推进数字法治建设贡献了"贵州智慧"、输出了"中国经验"。一是探

———————————
① 陈甦、田禾主编《法治蓝皮书：中国法治发展报告No.19（2021）》，社会科学文献出版社，2021。

索全新的"数字智能"闭环新路径。使执法办案中的风险发现、汇聚、警示、核查形成风险处置的自动化智能闭环，将传统的"人盯人、人管人"转变为"数据管案、数据管人"，强化执法司法全流程监督。二是统一数据规范。通过跨部门流转的统一案号，采用统一规范的数据接口汇集不同来源的数据，以多维展示个案画像。三是创新风险管理。通过风险叠加公式计算案件的风险因子，将结果分级、分类、分阶段地推送给相关部门，形成智能化执法的闭环监督。

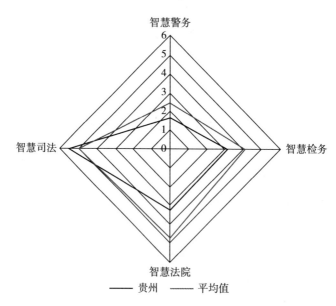

图5　贵州数字司法二级指标情况

（二）蓬勃增长区：势能突出，形成数字法治的有力支撑

1.单项优势禀赋突出，数字法治发展差异性明显

评估结果显示，数字法治蓬勃增长区包括河南、江西、福建、海南、湖北、甘肃等14个省区市，虽然半数以上省区市都在平均值以下，但其单项指数表现突出。换言之，第二梯队虽然不如示范引领区的"头部效应"显著，但以集中突破、优势创新、差异发展等方式，围绕实际发展需要，形成

特色发展驱动力，或将成为我国数字法治发展的新亮点。

2. 河南：**数据安全保护与个人信息保护呈现严厉趋势**

随着类案检索制度的实施，司法判例的作用日益突出，各界对司法案例的关注度不断提升。评估结果显示，河南数权保护指数得分排名第一，数据监管、权利保护、开发利用指数得分也远超平均值（见图6）。北大法宝案例大数据分析平台统计数据显示，截至2021年底，河南接诉审理"出售、非法获提供公民个人信息罪""非法获取公民个人信息罪""侵犯公民个人信息罪""个人信息保护纠纷"相关案件数达817件，其中认罪认罚292件，个人信息保护69件，网络犯罪6件，河南司法案例所涉案由包括刑事和执行，刑事类占比为99.76%。可以说，河南数据安全保护与个人信息保护以刑事化惩罚为主，且呈现更为严厉的趋势。

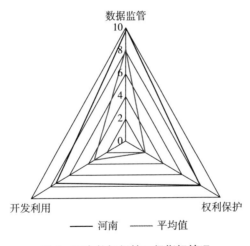

图6 河南数权保护二级指标情况

3. 广西：**数据开放赋能数据开发利用，强化数权保护**

开放数据，蔚然成林。数据的核心价值在于连接与共享，设立公共数据开放平台，可在加快释放数据要素价值、推进数据资源共享开放、有效盘活数据资源的基础上，进一步规范数据交易活动，强化数据安全治理，提高数字开放利用的规则性。随着我国各地区不断加快数据资源体系建设，地方政府数据开放平台的数据容量呈爆发式增长。其中，广西的数据运营平台建设数和数据交易平台设立数均远超全国平均水平，[①] 其开发利用指数得分也超过全国平均值（见图7），对于赋能数据共享交换与开发利用、充分释放治理价值具有借鉴意义。一是积极推动中国—东盟信息港建设，建立中国—东盟信息港工业互联网标识解析节点，与9个东盟国家分别建立政府间双边技术转移工作机制，共同打造"数字丝绸之路"。二是完善安全灾备体系，提升全区非涉密业务专网与非涉密信息系统迁移的上云水平，提高抵御数据安全风险能力。三是实施"信息网"建设大会战，扩大数据中心建设规模，提升数字基础设施支撑能力。

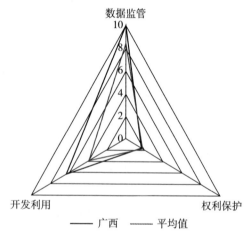

图7　广西数权保护二级指标情况

（三）潜力发展区：动力强劲，储备数字法治的有生力量

1. 近一半属西部地区，数字法治发展空间足

潜力发展区包括陕西、宁夏、河北、云南、山西、新疆、西藏、青海，

---

① 2021年12月发布的《数字广西发展"十四五"规划》显示，广西壮族自治区公共数据开放平台接入2186个单位，挂载5.4万个数据资源，资源挂载率达98.8%，数据总量超过35亿条，接口调用量近13亿次。

其中，西部省区市占75%。与东部地区、中部地区相比，西部地区虽然法治发展水平较为落后，但得益于地缘优势、资源优势和政策优势等，在数据中心存储服务、软件与信息技术服务等方面具备独特优势，为推动数字法治发展提供充足的后备有生力量。

2.宁夏：数字法治全方位发展提供赶超经验

宁夏虽然位于西北内陆，但是数字政府透明度指数和警务透明度指数分别列全国第14和第11位，[①] 这得益于其拥有丰富的能源储备，还获批建设全国一体化算力网络国家枢纽节点，具有先行先试的政策优势和能力优势，在西部地区具有一定的创新要素集聚吸引力，数字法治全方位发展具备良好的发展基础和比较优势。评估结果显示，宁夏数据立法、数字司法、数权保护指数得分都远超第三梯队的平均水平（见图8），数字法治发展方向多元、增长动力强劲、后发优势突出，为潜力发展区深入推进数字法治提供了宁夏样板。一是积极推进数据立法，加快编制《宁夏回族自治区大数据产业发展促进条例》《宁夏一体化大数据中心建设促进条例》和制定发布《宁夏回族自治区信息化建设"十四五"规划》《宁夏回族自治

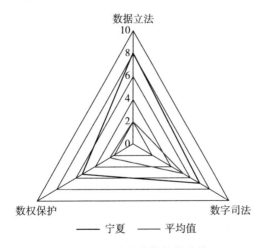

图8 宁夏数字法治指数得分情况

① 陈甦、田禾主编《法治蓝皮书：中国法治发展报告 No. 19（2021）》，社会科学文献出版社，2021。

区卫生健康委员会数据安全传输及灾备管理规范(试行)》《宁夏回族自治区科学数据管理实施细则》等系列法规政策文件,为数字经济发展的持续性和规范性提供了有力保障。二是深入强化数字司法,依据"四横三纵"的顶层架构建设思路,探索信息技术与特殊人群管理深度融合,开展"区块链+公证"、"公证电子存证"和电子证据保全等新型互联网公证服务业务。三是不断加强数权保护,建立自治区"互联网+督查"系统,加强与各重大业务系统平台的互联互通,开展重大督查事项监测评价和大数据综合分析,强化流程督查、效能督查,加大数据开发利用力度,提升数据安全保护能力。

三 发展新方向:数字法治发展路径与展望

(一)树立数据立法边界意识,把握地方立法管辖权限

立法边界意识也是规则意识,可从源头确保数据立法的合法性与合理性。地方数据立法基于发展现状和政策特色,细化解决方案并落实国家上位法,决定其适用范围应限于本行政区域内,遵循属地管辖原则,以良法善治引导、规制、保障新业态新模式健康发展。一方面,要树立数据立法的时间边界意识。数据生命周期涉及程序的先后以及顺序的要求,数据法律法规的行使因时间前后不同而产生不同的行为法律效力。如《数据安全法》明确规定,"发生数据安全事件时,应当立即采取处置措施,按照规定及时告知用户并向有关主管部门报告"。然而,何谓"及时"较为模糊,时间边界意识较弱,需要地方立法进一步增强时间边界意识,把握地方立法管辖权限。另一方面,要培育数据立法的空间边界意识。《立法法》明确规定,自治区地方立法和经济特区立法所进行的变通性规定,其适用范围仅限于本辖区内。尤其是在数字立法热潮的背景下,若坚持长臂管辖原则,极易造成不同地方数据立法之间的适用冲突。

（二）建立司法协同治理机制，完善数字司法协作体系

数字司法协作体系是推动形成"大平台共享、大系统共治、大数据慧治"信息化新格局的基础，有利于提升法检司核心业务运行与协同质效。一是搭建司法大数据协同治理平台，通过司法人工智能引擎连接司法大数据知识平台、服务平台和通用平台，建立数字司法协同治理机制，将数字司法"智能化"与"平台化"有机融合。如最高人民法院建立的"中国法律应用数字网络服务平台（法信）"，充分利用数字化、网络化、智能化手段，满足专业法官和社会大众在法律、案例和知识等方面的专业化、多元化、精准化需求，进一步实现"大平台共享"。二是强化司法机关和行政机关联动协作，以数字司法协同治理为基本共识和治理目标，建立信息互通、资源共享、案件通报等联动机制，推动形成"大系统共治"的数字司法协作体系。三是深化跨区域立案诉讼服务，充分利用大数据、区块链、人工智能等新兴数字技术，推动司法改革、案件会商、跨域立案、执行联动等领域深度合作，开辟新的司法协作增长点，打造数字司法协作体系发展的新亮点，真正实现"大数据慧治"。

（三）完善数据产权配置模型，建立健全数权制度体系

数据的产权配置是培育数据要素市场、加强数权保护的关键，也是当前数据治理的核心议题。数据的有限排他性、动态可分割性、技术依赖性等特有的产权属性，决定其产权配置不能如普通物品般按经典产权理论进行产权划分，需要进一步完善包含所有权、使用权、收益权、处置权、平台权等在内的多权分离的产权配置模型，推动健全与之相适应的数权制度体系。习近平总书记提出，完善数字经济治理体系，要健全法律法规和政策制度，完善体制机制，提高我国数字经济治理体系和治理能力现代化水平，[①] 强调数权制度对于数字经济的重要性。一方面，要完善互联网信息等数字知识产权保

---

① 习近平：《不断做强做优做大我国数字经济》，《求是》2022年第2期。

护制度，探索建立知识产权侵权惩罚性赔偿制度、举证责任转移制度、分级分类监管制度等数字知识产权保护制度体系。另一方面，要建立数据流通制度，进一步明确数据产权许可的权利内容及其法定方式，有效平衡权利确认与数据流通。

参考文献

习近平：《不断做强做优做大我国数字经济》，《求是》2022 年第 2 期。

连玉明主编《大数据蓝皮书：中国大数据发展报告 No. 5》，社会科学文献出版社，2021。

陈甦、田禾主编《法治蓝皮书：中国法治发展报告 No. 19（2021）》，社会科学文献出版社，2021。

姜伟、裴炜：《数字治理亟待构建数字法学学科》，《民主与法制》2021 年第 43 期。

B.14
从大数据地方立法比较看贵州和
贵阳的经验与启示

摘　要： 大数据产业的蓬勃发展呼唤建立健全与之相适应的法规制度体
系。从 2016 年开始，地方大数据立法开始提速，呈现出以贵州
和贵阳为引领，天津、海南、沈阳、深圳、上海等省市全面开花
的格局。本报告对大数据地方立法进行系统梳理，从立法进程、
立法区域、立法模式及适应范围等多维度呈现了大数据地方立法
总体趋势，对比分析了立法的关键领域与特色亮点，着重总结了
贵州和贵阳大数据地方立法的探索与实践，进一步提炼贵州和贵
阳大数据地方立法的经验启示，以期为其他省市大数据立法提供
参考借鉴。

关键词： 大数据　地方立法　数据要素

随着大数据产业的快速发展，数据作为新型生产要素，深刻影响着经济
社会发展各方面、各领域。为保障大数据产业健康有序发展，自获批建设首
个国家大数据（贵州）综合试验区以来，贵州和贵阳开展大数据立法先行
先试，成为全国第一个颁布大数据地方性法规且至今立法数量最多的地区，
为其他省市及国家数据相关立法提供了有益参考。自国家层面《网络安全
法》《数据安全法》《个人信息保护法》等法律颁布后，天津、海南、深圳、
上海等地也相继制定发布相关数据条例，不断推动大数据产业在法制化轨道
上发展运行。

一 大数据战略行动下大数据地方立法总体趋势

（一）立法进程：自数据上升为新的生产要素，大数据地方立法开始提速

2020年4月9日，国家明确将数据作为新型生产要素，并提出"研究建立促进公共数据开放和数据资源有效流动的制度规范"，为数据立法指明了方向。根据公开资料统计，2016年至2022年2月，共17部数据相关地方性法规出台，其中省级10部、直辖市1部、省辖市5部、经济特区1部。此外，《河南省数据条例（草案）》《重庆市大数据发展管理条例（草案）》《陕西省大数据发展应用条例（草案）》《黑龙江省促进大数据发展应用条例（草案修改稿征求意见稿）》公开征求意见。从立法数量及立法主体数量看，2016~2019年数据相关地方性法规只有零星几部，2020年至2021年两年间的立法数量为前四年的总和，而后保持平均每年出台4~6部的速度。就近6年地方立法趋势而言，立法数量整体呈现稳定增长趋势，大数据地方立法实现从无到有、从有到优，大数据地方立法体系不断健全。

表1 2016~2022年大数据地方立法一览

序号	名称	发布时间	施行时间
1	河南省数据条例(草案)	2022年3月7日	—
2	黑龙江省促进大数据发展应用条例(草案修改稿征求意见稿)	2022年2月11日	—
3	浙江省公共数据条例	2022年1月21日	2022年3月1日
4	福建省大数据发展条例	2021年12月15日	2022年2月1日
5	上海市数据条例	2021年11月29日	2022年1月1日
6	山东省大数据发展促进条例	2021年9月30日	2022年1月1日
7	重庆市大数据发展管理条例(草案)	2021年9月29日	—
8	陕西省大数据发展应用条例(草案)	2021年9月26日	—
9	深圳经济特区数据条例	2021年6月29日	2022年1月1日
10	安徽省大数据发展条例	2021年3月29日	2021年5月1日

续表

序号	名称	发布时间	施行时间
11	吉林省促进大数据发展应用条例	2020 年 11 月 27 日	2021 年 1 月 1 日
12	贵州省政府数据共享开放条例	2020 年 9 月 25 日	2020 年 12 月 1 日
13	沈阳市政务数据资源共享开放条例	2020 年 8 月 18 日	2020 年 10 月 1 日
14	山西省大数据发展应用促进条例	2020 年 5 月 15 日	2020 年 7 月 1 日
15	海南省大数据开发应用条例	2019 年 9 月 27 日	2019 年 11 月 1 日
16	贵州省大数据安全保障条例	2019 年 8 月 1 日	2019 年 10 月 1 日
17	天津市促进大数据发展应用条例	2018 年 12 月 17 日	2019 年 1 月 1 日
18	贵阳市健康医疗大数据应用发展条例	2018 年 10 月 9 日	2019 年 1 月 1 日
19	贵阳市大数据安全管理条例	2018 年 8 月 18 日	2018 年 10 月 1 日
20	贵阳市政府数据共享开放条例	2017 年 4 月 11 日	2017 年 5 月 1 日
21	贵州省大数据发展应用促进条例	2016 年 1 月 15 日	2016 年 3 月 1 日

（二）立法区域：形成了以贵州和贵阳为引领的"1269"立法分布格局

"1"即首个国家大数据（贵州）综合试验区，贵州和贵阳 2016~2020 年颁布 6 部大数据领域立法，开创了大数据领域立法先河。"2"即第二批国家大数据综合试验区。"6"即上海、重庆、深圳、沈阳、海南、天津六地竞相发展。"9"即非八大国家大数据综合试验区地区，先后发布大数据领域条例或草案的海南、山西、吉林、安徽、陕西、山东、福建、浙江、河南九地各显特色。从数量上看，除贵州和贵阳外，其他地区大数据地方立法数量均为 1 部，贵州和贵阳大数据立法数量为全国最多，且远多于其他地区。以时间为轴线，从立法区域看，2016 年至 2019 年 9 月颁布的 10 部大数据地方立法中，9 部均为获批国家大数据综合试验区的省市，之后，非国家大数据综合试验区的 9 省市先后发布大数据相关条例，形成了与大数据综合试验区旗鼓相当的立法分布格局。

（三）立法模式：从"部门立法"加快转向"开门立法""民主立法"

法规要体现地方特色，需广泛而充分地征求社会公众和各方面意见建议。各地在大数据立法过程中，充分发挥立法的引领和推动作用，坚持开门立法，多渠道、多形式听取各方意见，不断提高大数据立法质量。一方面，通过健全立法机关与社会公众的沟通机制、法规草案公开征求意见和公众意见采纳情况反馈机制，充分发挥各方优势，为大数据地方立法工作提供智力支撑。同时，充分利用互联网平台，及时发布大数据立法动态信息，积极引导社会力量参与大数据立法，有效拓展人民群众表达意见、参与大数据立法的途径，最大限度地凝聚大数据立法共识。

（四）适用范围：从"公共数据"向"非公共数据""个人数据"拓展

从各省市出台的大数据地方性法规适用范围来看，贵州省、福建省、山东省、安徽省、吉林省、山西省、海南省、天津市、贵阳市等出台的条例均为"大数据条例"，主要面向公共数据领域，公共数据主要指各级行政机关和公共服务企业在履行职责和提供服务过程中积累的大量数据，有的城市将公共数据命名为政务数据，但数据类型相似。深圳市和上海市出台的地方性法规为"数据条例"，除涉及其他省市均有提及的公共数据外，还在个人数据（信息）保护方面进行突破，立法适用范围进一步拓展。其中，深圳市就数据相关权益开展先行探索，赋予自然人法律允许范围内的合法权益，并明确了具体的权益类型。① 上海市则对公共数据和个人数据的流转、开放、共享以及相关单位和政府部门的权利与义务作了具体规定。②

---

① 《深圳经济特区数据条例》明确自然人对个人数据依法享有知情同意、补充更正、删除等权益。
② 《上海市数据条例》，上海市人民政府门户网站，https://www.shanghai.gov.cn/nw12344/20211129/a1a38c3dfe8b4f8f8fcba5e79fbe9251.html，2021年11月29日。

二 大数据地方立法的关键领域与特色亮点

（一）数据共享开放

数据开放共享是提升数据价值、激发创新活力的关键环节。从各省市公布的相关数据条例（包括草案）可以看出，各地区均通过统一的数据平台实现数据的汇集、存储、共享和开放，并进一步对公共数据分类、属性、共享类型、开放方式等关键内容进行明确统一，从立法层面推进公共数据实现标准化目录管理。

在公共数据共享方面，各地区以共享为原则，不共享为例外，对公共数据进行分类①。大多数省市明确，对于无条件共享数据通过本地区统一数据平台进行无条件共享。对于有条件共享和不予共享的数据，不同地区规定不同，其中，天津、陕西要求数据提供者向相关部门进行报备，吉林则针对不同主体进行规定，对于公共数据提供者要求明确该数据的共享条件、共享范围和使用用途，对于公共数据使用者，则需在指定平台上进行申请。

在公共数据开放方面，吉林省、深圳市、陕西省、上海市、天津市等省市将其分为无条件开放、有条件开放和不予开放（非开放）三大类别。大多数省市侧重于对公共数据开放的条件、程序等予以明确，对于无条件开放公共数据通过本地区统一数据平台进行无条件开放，对于有条件开放的公共数据通过统一的数据开放平台对公众开放，前提是数据使用者需通过数据开放平台提出数据使用申请，经数据提供者审核通过后即可使用。上海则侧重于对各类开放数据的具体类型予以进一步明确，为公共数据的进一步分类管理提供了法律依据。②

---

① 海南省、吉林省、陕西省、天津市等多省市明确将公共数据分为无条件共享、有条件共享、不予共享三大类别。

② 《上海市数据条例》明确了非开放数据和有条件开放数据类型。其中，非开放数据包括个人隐私、商业秘密、保密商务信息，或者法律、法规规定不得开放的数据；有条件开放数据为对数据安全和处理能力要求较高、时效性较强或者需要持续获取的公共数据。同时，进一步明确非开放类公共数据依法进行脱密、脱敏处理，或者相关权利人同意开放的，可以列入无条件开放或者有条件开放类。

（二）数据开发应用

关于数据的开发应用，各省市在相关数据条例（包括草案）中进行了明确说明。一方面，制定激发大数据企业创新发展的优惠政策，以加快培育、引进大数据企业，推进大数据产业集聚区建设；另一方面，不断加强数据与实体产业的融合应用，其中，制造业、服务业、农业、社会治理、公共服务等为重点领域。

为推动数据的开发应用，各地区还制定了相应的保障政策。在资金支持方面，设立大数据发展专项资金，制定税收优惠政策，并提供融资支持，此外部分地区还制定了数据中心电价补贴相关政策及数据项目建设用地优惠政策。在人才培养方面，制订人才引进计划，不断推动产学研合作及高校大数据学科建设。在标准化建设方面，积极开展数据相关标准研究和制定工作，进一步推动大数据标准试点示范及推广。在市场发展方面，建设大数据交易所，搭建数据要素交易平台，促进数据安全流通。

（三）数据交易流通

数据具有成本极低、再生性强、难以排他等特点，数据权属界定不清、要素流转无序、定价机制缺失、安全保护不足等问题也成为掣肘数据要素高效配置的痛点。《中华人民共和国数据安全法》指出，"国家建立健全数据交易管理制度，规范数据交易行为，培育数据交易市场"，自此"数据交易"成为地方立法的关键领域，各地重点明确了数据交易形式、交易机构、交易范围及相关权益保护等内容。

早在2016年《贵州省大数据发展应用促进条例》就针对数据交易，提出在法律框架下订立事项齐备、内容清晰的数据交易合同，进一步明确数据交易服务机构为数据交易的合法机构。《深圳经济特区数据条例》明确数据交易范围为"合法处理数据形成的数据产品和服务"，并从反面禁止交易。福建、海南、山西等省市提出建立健全数据要素交易平台监管机制。《上海市数据条例》着眼于促进数据流通利用，构建了数据工作的法治框架，侧重于保护数据创新活动中的合法权益，在经济、生活和治理领域实现数据赋能。

（四）个人信息保护

深圳和上海两地制定的数据条例属于各自辖区内数据领域的综合性地方法规，相较于贵州、天津等地制定的大数据条例（包括草案），涉及范围更广、更具针对性、内容更加完善。

深圳在个人信息保护方面，开展系列创新探索。在个人数据处理方面，规定进行个人数据处理需具备必要性、合理性，在处理数据前应主动告知本人，并征得其同意，尽可能避免过度处理；在个人数据保护方面，要求建立健全个人数据保护监督管理联合工作机制，建立个人数据保护投诉举报处理机制，并针对个人敏感数据建立了特别的保护制度。

《上海市数据条例》除对个人数据、公共数据进行相关规定外，还将浦东新区数据改革和长三角区域数据合作的相关内容分别成章，进行专门介绍。在浦东新区数据改革方面，提出设立数据交易所，推动公共数据深度共享，培育特色化数据产业，制定低风险跨境流动数据目录，创新性地提出将临港新片区打造成国际数据港。

（五）数字基础设施

各省市总体上以新一代基础设施建设为主要方向，不断提高信息基础设施网络化、智能化水平，加快基础设施共建共享和互联互通。各地也各有侧重，福建、上海、黑龙江、安徽等地明确了数字基础设施建设的总体布局和关键领域，贵州、陕西等地则侧重某一领域的基础设施建设。

在加快基础设施体系整体构建方面，福建省提出将数字基础设施建设和布局纳入国土空间规划。[1] 上海市侧重于重大基础设施建设，[2] 进一步明确

---

[1] 《福建省大数据发展条例》提出"构建高速泛在、天地一体、云网融合、智能敏捷、绿色低碳、安全可控的数字信息基础设施体系"。

[2] 《上海市数据条例》提出"提升电子政务云、电子政务外网等的服务能力，建设新一代通信网络、数据中心、人工智能平台等重大基础设施"。

建立健全网络、存储、计算、安全等数字基础设施体系。《黑龙江省促进大数据发展应用条例（征求意见稿）》提出，推动下一代互联网、新一代移动通信技术、大数据中心、工业互联网等新型基础设施的建设工作。安徽省侧重于大数据中心等新型基础设施建设。① 贵州侧重于以立法推进通信网络基础设施建设，降低企业网络成本，推进营商环境优化。② 《陕西省大数据发展应用条例（第二次征求意见稿）》明确建设政务信息资源共享开放基础设施。

（六）数据安全管理

各省市坚持"数据应用与安全并重"原则，在相关数据条例（包括草案）中制定了相应的数据安全管理规定，不同地区制定的具体数据安全管理制度有所差别，基本覆盖了数据全生命周期。天津、贵州等地侧重于数据安全保障制度机制建设，要求相关负责单位建立数据安全防护管理制度，制定数据安全应急预案，定期开展安全评测、风险评估和应急演练，不断筑牢数据安全防线。

此外，安徽、上海和山东在相关数据条例（包括草案）中就数据安全责任进行规定，按照"谁所有谁负责、谁持有谁负责、谁管理谁负责、谁使用谁负责、谁采集谁负责"原则。针对一份数据同时存在多个处理者的特殊情况，明确各数据处理者严格按照数据安全责任制分别承担各自的安全责任。

三 大数据地方立法的贵州和贵阳实践与探索

（一）大数据发展应用立法

贵州大数据发展应用较早迈开了步子，颁布了全国首部省级层面大数据

---

① 《安徽省大数据发展条例》明确"支持大数据中心、云计算中心、超算中心、灾备中心以及工业互联网等新型基础设施建设"。

② 《贵州省大数据发展应用促进条例》明确提出推动省内通信网络互联互通，提高城乡宽带、移动互联网覆盖率和接入能力，推进全省通信骨干网络扩容升级，提升互联网出省带宽能力。鼓励、支持网络通信运营企业加快骨干传输网、无线宽带网及新一代移动互联网建设和改造升级，优化网络通信基础设施布局，提高网络通信质量，降低网络通信资费。

地方性法规，开创了大数据立法先河，并进一步聚焦健康医疗大数据，开展专项立法，形成了以大数据综合性"促进法"[①] 为基本法、细分领域"应用法"[②] 为深化的大数据发展应用立法框架，并不断建立健全与之配套的政策制度体系。

颁布全国省级层面首部大数据地方性法规《贵州省大数据发展应用促进条例》，于 2016 年 3 月 1 日正式施行，填补了我国大数据立法空白，标志着贵州将推动大数据产业迈入法治化轨道。条例从大数据发展应用、共享开放、安全管理、法律责任等方面做了明确规定。作为贵州大数据产业发展的"基本法"，条例集中反映了国家大数据（贵州）综合试验区立法引领制度创新的全貌，为其他省市大数据地方立法提供了有益参考。

针对政务数据，建立与立法配套的政策体系。2016 年 11 月，《贵州省政务数据资源管理暂行办法》[③]（黔府办发〔2016〕42 号）发布，进一步规范全省政务数据资源管理工作，推进政务数据资源"聚通用"。2017 年 7 月 10 日，《贵州省政府数据资产管理登记暂行办法》发布，明确了"政府数据资产""政府数据资产登记"等关键概念，规定贵州省大数据发展领导小组办公室作为全省政府数据资产管理登记工作领导机构，贵州省大数据产业发展中心具体负责全省政府数据资产登记信息管理基础平台的建设、维护、管理。该办法的实施，对加强全省政务服务实施机构数据资产的管理，真实反映全省政府数据资产状况，保证政府数据资产的信息完整、全面准确，做好贵州省政府数据资产管理登记工作，推动数据资源价值化奠定了坚实基础。

率先在健康医疗大数据应用领域开展立法先行先试。贵阳市于 2018 年 10 月 9 日出台《贵阳市健康医疗大数据应用发展条例》，是健康医疗大数据应用发展方面的全国首部地方性法规。该条例以提升健康医疗服务质量和效

---

① 即《贵州省大数据发展应用促进条例》。
② 即《贵阳市健康医疗大数据应用发展条例》。
③ 《贵州省政务数据资源管理暂行办法》对全省政务数据资源目录分类分级与管理、数据采集、数据存储、数据共享、数据开放及安全管理等方面进行明确规范。

率为侧重，围绕医疗大数据采集及汇聚，明确了各级医疗卫生行政主管部门、医疗卫生机构、国有健康医疗服务企业等相关单位责任，提出强化智慧医保建设、培育健康医疗大数据应用发展市场。该条例的实施有效规范了贵阳市人口健康信息云平台（"健康云"）①，进一步通过聚合医疗数据资源、下沉优质医疗资源，有效提升了公共医疗卫生服务普惠化、便捷化水平。

（二）政府数据开放共享立法

数据共享开放是促进数据资源价值化的关键环节，据专家学者测算，政府部门手里掌握着绝大多数数据资源，② 长期以来，因缺乏具体的法规遵循及有效机制，大部分政府数据处于休眠状态，造成数据资源浪费。以立法加快数据共享开放有利于大数据发展与应用的深入推进，也是推动城市治理的法治实践，贵州和贵阳的政府开放共享立法为其他国家大数据综合试验区及各省市数字政府建设提供了更多可复制、可参考的立法经验和范例。

2017 年 5 月 1 日，《贵阳市政府数据共享开放条例》正式施行，成为全国首部市级层面数据共享开放地方性法规，填补了贵阳大数据领域的法规空白。该条例共七章三十三条，对政府数据采集、汇聚、共享、开放利用等做了全面规定，是贵阳市围绕大数据在地方立法实践上的一次重大突破，以数据汇聚为基础，以数据融通为手段，以数据应用为目标，使得政府数据"深藏闺中""束之高阁"的问题得到有效解决，在政府数据共享开放上走在了全国前列，同时，围绕该条例配套制定了系列政府规章，③ 不断提升立法的可操作性、落地性、有效性。

2020 年 9 月，《贵州省政府数据共享开放条例》出台，成为全国首部省

---

① "健康云"汇聚了市县乡三级医疗机构诊疗数据、市县乡村四级基层公共卫生数据、全市妇幼保健数据、预防接种数据等，通过互联互通不仅实现了医疗大数据的"聚、通、用"，还助推了医疗资源的下沉、不同层级医疗机构信息数据的聚集应用。

② 吕慎：《贵州："大数据"推动执法"大提升"》，https://m.gmw.cn/baijia/2021-02-27/34647183.html，2021 年 2 月 27 日。

③ 制定了《贵阳市政府数据资源管理办法》《贵阳市政府数据共享开放实施办法》《贵阳市政府数据共享开放考核暂行办法》等配套政府规章。

级层面政府数据共享开放的地方性法规。条例紧紧抓住破除数据烟囱这个关键点，通过全省统一平台、统一规划、统一建设、统一购买服务、统筹资金保障等方式，统筹基础设施集中建设、强化政府数据汇聚；实行目录管理、细化目录指标、实施开放责任清单制度，将共享开放纳入目标考核，压紧压实政府及其部门的开放共享责任；坚持以应用为目标导向，建立政府数据使用反馈机制，大力提升政府数据质量，以全省统一的数据平台为载体，促进各级、各部门数据汇聚、融通、应用，推动实现数据价值倍增效应，赋能城市发展、政府治理及公共服务。

（三）大数据安全保障立法

为深入实施大数据战略行动，推动大数据产业持续快速健康发展，贵州省和贵阳市均出台大数据安全保障条例，为大数据产业的可持续发展保驾护航，大数据成为推动全省经济社会发展的强劲动力。

颁布全国首部市级层面大数据安全管理地方性法规。2017年5月，贵阳获公安部批准成为国内第一家且唯一的大数据及网络安全示范试点城市，不断探索大数据安全城市发展新模式。2018年8月16日《贵阳市大数据安全管理条例》颁布，对涉及大数据安全管理工作的相关单位及其责任进行明确，要求安全责任单位应当建立大数据安全审计制度，对个人信息和重要数据实行加密等级安全保护，并规定了脱敏脱密信息处理的类别，提出设立统一平台监管大数据安全，规定了大数据安全第一责任人。该条例的出台，是贵阳市主动破题、精准切入、积极探索的立法创新成果，为国家大数据安全立法提供了有益借鉴。经地方提案，2018年9月《中华人民共和国数据安全法》被列入十三届全国人大常委会立法规划，深刻反映了贵阳大数据安全立法的前瞻性，意味着贵阳大数据安全地方立法实践上升为国家立法。

颁布全国首部省级层面大数据安全保障地方性法规。2019年10月1日，《贵州省大数据安全保障条例》正式施行，条例以构建全方位、全生命周期大数据安全保障体系为目标，从单位到个人明确了涉及的相关主体及其

责任，坚持包容审慎原则，明确了公共数据提供者不承担相关责任的情况①，促进数据资源流通应用。该条例的颁布实施，是贵州大数据立法的又一创新性制度成果，为进一步筑牢全社会大数据安全意识、保障地方大数据产业健康发展、其他省市及国家层面大数据安全相关法律法规研制提供了生动的地方实践。

（四）数据资源开发利用立法

2015年8月，国家层面明确提出要"研究推动数据资源权益相关立法工作"。②贵阳市围绕"数权""数据权益保护"开展系列理论研究及立法探索，为加快数据资源开发利用立法积累经验。

深化"数权"研究，不断夯实数据资源立法的理论基础。自2018年起，贵阳市连续出版的《数权法1.0：数权的理论基础》《数权法2.0：数权的制度建构》《数权法3.0：数权的立法前瞻》，成为全球首个聚焦数权的系列理论论著。专著系统翔实地论述了"数权—数权制度—数权法"的相关概念及理论架构，为数据资源权益保护立法奠定了理论基础。同时，委托浙江大学开展数据资源权益保护立法课题研究，并出版专著《数据资源权益保护法立法研究》，为数据资源权益保护立法奠定了坚实的学术基础，进一步对数据资源权益保护地方立法的必要性、立法权限、立法依据、立法空间、立法基础、立法建议等进行了充分论证，形成《贵阳市数据资源权益保护条例（草案）》及有关思考建议报告，为数据资源权益保护立法做了充分的准备。

为充分发挥数据的基础资源和创新引擎作用，开展《贵阳市数据资源条例》研究。2021年1月19日，将《贵阳市数据资源条例》列入2021年

---

① 为解决数据提供者基于安全考虑而出现的不愿、不能、不敢共享开放的情形，促进数据依法有序流动，推动数据共享开放，《贵州省大数据安全保障条例》明确大数据安全责任人因公共数据共享开放提供数据，基于提供时的合理预见无安全风险的，提供人不承担相关责任。

② 《促进大数据发展行动纲要》。

调研类项目，4月26日，正式启动立法调研工作，① 通过寻找立法依据、探索立法空间、掌握立法基础、找准立法定位、突出立法特色，形成《贵阳市数据资源开发利用条例（草案建议稿）》，立足地方数据资源现状，紧扣培育发展数据要素市场主题，以数据要素治理为切入，通过明确立法定位、确认主体责任和建立流通机制等举措，规范了数据资源制度环境建设、数据资产管理制度建立、数据交易流通规则构建、数据要素市场发展培育、数据要素监管治理等内容。

四 贵州和贵阳大数据地方立法的经验启示

（一）坚持"大块头、小快灵"多元立法形式

丰富立法形式，既要搞"大块头"又要搞"小快灵"，适时启动条件成熟领域的大数据立法工作，针对实际需要，以"小切口"形式推进立法，不断提高立法质量和效率。目前，除贵州和贵阳在大数据共享开放、数据安全、健康医疗大数据领域出台了单行性立法外，其他省市均为数据相关领域综合性立法，且相互之间差异不大。地方立法时间紧、节奏快、要求高、任务重，应尽可能不照抄照搬外地规定，减少大而全、体系化的立法体例，聚焦本地特别急需解决的大数据发展中的现实问题，坚持小切口、大视角、接地气、真管用原则，采取小而精、专题式立法体例，加强大数据重点领域、新兴领域、融合领域立法，从不同角度、不同侧面为构建统一、规范、高效的数据要素大市场积累经验。

（二）不断完善以数据立法为核心的制度体系

数据立法的出台是推进大数据领域组织管理工作走向法治化的重要举

---

① 2021年4月26日，贵阳市人大常委会办公厅印发《关于印发〈贵阳市数据资源条例〉立法调研工作方案的通知》（筑人大办字〔2021〕16号），标志着立法调研工作正式启动。

措，推进立法真正落地落实还需建立与之相配套、相适应的制度创新体系，为推动大数据产业健康发展提供保障。围绕流通交易、数据保护、开发利用、跨境流动等关键领域，加快建立与大数据产业、经济社会发展相适应的政策体系。根据地方大数据立法的特色，建立健全大数据地方立法的领导和行政协调机制，规范立法体例，提高立法质量。在大数据标准建设方面，根据地方发展实际，围绕关键领域（环节），深化开展大数据地方标准研制与试验应用，积极参与国家标准研制与示范试点，不断提高大数据标准的落地性、有效性。

（三）先行先试为国家层面数据立法奠定基础

大数据作为数字经济的重要基础和关键驱动力，在国家层面加快推进大数据立法具有必要性、紧迫性。加强大数据等新技术新应用涉及的相关立法工作，被纳入全国人大常委会 2021 年度立法工作计划，增强了国家层面大数据立法的必要性、可行性。据不完全统计，目前全国不足 20 个省市正式出台了大数据领域的相关法规，地方大数据立法的纵深探索是加快推动国家层面大数据立法的重要基础。地方大数据立法应始终坚持问题、发展导向，尤其是各大数据综合试验区要深入挖掘大数据领域先行先试、探索创新的宝贵经验，不断总结形成一套适应大数据产业发展实际的可借鉴、可复制、可推广的立法经验模式，带动其他省市大数据立法整体进入高质量发展阶段，以地方大数据立法推动和规范大数据产业发展，为国家层面立法积累经验。

参考文献

邓宁：《坚持立法先行 以法治方式助推贵州大数据战略跨越发展》，https://mp.weixin.qq.com/s/r2DjwsbkB7dEshQmULRtPg，2020 年 12 月 14 日。

贵阳市人大常委会：《立法护航大数据发展——贵阳市人大常委会让大数据立法立得住、行得通、接地气、有实效》，https://www.gzstv.com/a/00c34892a6b64f93a1dbec5e49620b07，2019 年 8 月 29 日。

刘博：《健全数字业态法治保障体系，助力贵州数字经济提质发展》，博说，https：//mp. weixin. qq. com/s/hybI194R_ 40Jjf8SAwFkrQ，2021 年 7 月 14 日。

赵越：《数据监管时代：13 个省市的数据条例对比》，零壹财经，https：//mp. weixin. qq. com/s/oZzz6o2cVRyuxZUHLlaNEw，2021 年 10 月 20 日。

《贵阳市政府数据共享开放调研报告》，贵阳市大数据发展管理局，https：//mp. weixin. qq. com/s/QxN0mFtzVoxLEXcY_ 3yh1w，2021 年 9 月 29 日。

《贵阳：用好用足地方立法权　为法治政府建设"保驾护航"》，贵阳市大数据发展管理局，http：//dsjj. guiyang. gov. cn/newsite/xwdt/xyzx/202202/t20220214_ 72544424. html，2022 年 2 月 14 日。

张亚楠：《大数据时代政府数据开放性质与立法研究——以贵州省贵阳市的立法实践为例》，《贵州省党校学报》2022 年第 1 期。

张亚楠：《论政府数据开放立法的路径及其选择——以〈贵阳市政府数据共享开放条例〉为例》，《中国行政管理》2020 年第 2 期。

陈尚龙：《大数据时代政府数据开放的立法研究》《地方立法研究》2019 年第 2 期。

张敏、朱雪燕：《我国大数据交易的立法思考》，《学习与实践》2018 年第 7 期。

数字安全指数篇

Digital Security Index

B.15
中国数字安全态势与
数字安全指数研究

摘　要： 数字化对经济社会发展的放大、叠加、倍增作用正在加速释放，针对数字领域的网络攻击使安全风险不断从数字空间向物理空间延伸。随着数字化、网络化、智能化的深入发展，安全领域正在超越传统网络安全范畴，向数字安全升级跃迁。本报告在梳理数字安全发展态势的基础上，从安全制度、安全产业、安全能力、安全生态四个维度构建数字安全指标体系，旨在通过对指标的分析和量化以及对测算方法的探索，为评估我国数字安全状况提供参考。

关键词： 数字安全指数　安全制度　安全产业　安全能力　安全生态

　　当前，新冠肺炎疫情是人类面临的重大安全威胁，与网络空间安全风险交叉转化、递进叠加，构成连锁反应，给数字安全态势带来了更多复杂性和不确定性。人工智能、量子计算等技术深入发展，零信任、元宇宙等新理念备受追捧，网络空间大国博弈持续演化，国际网络治理徘徊前进……复杂现象中隐藏共性规律，交织博弈中显现发展机理，深刻影响、共同塑造数字领域安全态势。

一 数字安全态势分析

（一）政策法规与制度分析

1. 国际：数字安全制度全面深入展开

2021 年，全球主要国家和地区在应对数字安全事件方面持续发力，顶层战略、供应链安全保障、网络安全事件机制等体系建设稳步推进，云服务安全、关键基础设施等细分领域的制度不断完善（见表 1）。一些国家和地区通过政策、战略、立法等各种形式，从国家层面明确网络安全顶层制度，为具体部门解决重点问题指明方向，如巴基斯坦发布的《2021 年国家网络安全政策》（草案）、尼日利亚发布的《2021 年国家网络安全政策和战略》、美国发布的《网络外交法案》等；同时，欧盟委员会发布的《网络弹性法案》，旨在为联网设备制定通用网络安全标准，多方面提高网络安全技术、完善网络安全标准；德国通过《供应链尽职调查法》，以解决供应链中侵犯人权的问题；日本通过新版《网络安全战略》，首次提出"数字改革"和网络安全同步发展；韩国发布《网络防御促进战略》，目的在于应对数字经济时代下融合行业的网络威胁，保障行业数字化转型等。综合来看，尽管各国网络安全立法方式存在差异，但总体呈现出综合性、全方位扩展的态势。

表 1 2021 年主要国家或地区数字安全政策出台情况

国家或地区	出台时间	政策法规	主要内容
巴基斯坦	2021 年 1 月	《2021 年国家网络安全政策》（草案）	旨在解决对信息通信技术的日益依赖导致的网络安全事件增加、威胁个人和企业的隐私和财务安全等问题

续表

国家或地区	出台时间	政策法规	主要内容
尼日利亚	2021年2月	《2021年国家网络安全政策和战略》	提出要利用私营部门、学术界和工业界的发展带动经济发展
美 国	2021年3月	《网络外交法案》	巩固美国在网络领域的全球领导地位,与其国际盟友建立更牢固的伙伴关系,以统一的方式打击网络攻击和其他网络问题,促进在法治、隐私、人权和言论自由等方面的共同价值观
	2021年3月	《临时国家安全战略指南》	提出将网络安全列为国家安全首位,增强美国在网络空间中的能力,通过鼓励公私合作、加大资金投资、加强国际合作、制定网络空间全球规范、追究网络攻击责任、增加网络攻击成本等方式保护美国网络安全
	2021年5月	《改善国家网络安全行政令》	旨在保护联邦网络,促进美国政府与私营部门间在网络问题上的信息共享,增强美国对事件发生的响应能力,从而提高国家网络安全防御能力
德 国	2021年6月	《供应链尽职调查法》	旨在解决供应链中侵犯人权的问题
欧 盟	2021年9月	《网络弹性法案》	旨在为联网设备制定通用网络安全标准
日 本	2021年9月	新版《网络安全战略》	提出"数字改革"和网络安全同步发展
韩 国	2021年2月	《网络防御促进战略》	应对数字经济时代下融合行业的网络威胁,保障行业数字化转型

资料来源:根据公开资料整理。

2.国内:综合性立法规范数字安全基线

经过"十一五"到"十三五"的铺垫,进入"十四五"起始的2021年,数据安全立法进入高潮。如表2所示,在国家层面,2021年9月,《数据安全法》施行,作为我国数据安全领域第一部专门立法,在保障我国数字主权、服务总体国家安全、推动要素化市场改革、服务数字经济发展等方面具有重大意义,影响深远。11月,《个人信息保护法》施行,立足数据产业发展和个人信息保护的迫切需求,聚焦个人信息的利用和保护,进一步完善我国数据合规领域的法律体系。《数据安全法》《个人信息保护法》《网络安全法》共同形成了数据合规领域的"三驾马车",标志着数据合规的法律架构已初步搭建完成。① 2021 年 11 月，《网络数据安全管理条例（征求意见稿）》发布，在《网络安全法》《数据安全法》《个人信息保护法》三部上

表 2　2021 年国内数据安全立法出台情况

效力位阶	名称	发布主体	发布日期	实施日期
法律	《数据安全法》	全国人大常委会	2021 年 6 月 10 日	2021 年 9 月 1 日
	《个人信息保护法》	全国人大常委会	2021 年 8 月 20 日	2021 年 11 月 1 日
行政法规	《关键信息基础设施安全保护条例》	国务院	2021 年 4 月 27 日	2021 年 9 月 1 日
部门规章	《网络交易监督管理办法》	国家市场监督管理总局	2021 年 3 月 15 日	2021 年 5 月 1 日
	《汽车数据安全管理若干规定(试行)》	国家互联网信息办公室、国家发改委、工业和信息化部、公安部、交通运输部	2021 年 7 月 5 日	2021 年 10 月 1 日
	《网络产品安全漏洞管理规定》	工业和信息化部、国家互联网信息办公室、公安部	2021 年 7 月 12 日	2021 年 9 月 1 日
法律法规配套规范性文件	《关于平台经济领域的反垄断指南》	国务院反垄断委员会	2021 年 2 月 7 日	2021 年 2 月 7 日
	《常见类型移动互联网应用程序必要个人信息范围规定》	国家互联网信息办公室秘书局、工业和信息化部办公厅、公安部办公厅、国家市场监督管理总局办公厅	2021 年 3 月 12 日	2021 年 5 月 1 日
	《网络直播营销管理办法(试行)》	国家互联网信息办公室、公安部、商务部、文化和旅游部、国家税务总局、国家市场监督管理总局、国家广播电视总局	2021 年 4 月 23 日	2021 年 5 月 25 日

① 中国信息通信研究院：《大数据白皮书》，http：//www.caict.ac.cn/kxyj/qwfb/bps/202112/t20211220_394300.htm，2021 年 12 月 20 日。

续表

效力位阶	名称	发布主体	发布日期	实施日期
	《关于加强网络安全和数据保护工作的指导意见》	国家医疗保障局	2021年4月26日	2021年4月26日
	《关于加强智能网联汽车生产企业及产品准入管理的意见》	工业和信息化部	2021年7月30日	2021年7月30日
	《关于加强车联网卡实名登记管理的通知》	工业和信息化部	2021年9月13日	2021年9月13日
	《关于加强车联网网络安全和数据安全工作的通知》	工业和信息化部	2021年9月15日	2021年9月15日
	《关于加强互联网信息服务算法综合治理的指导意见》	国家互联网信息办公室、中央宣传部、教育部、科学技术部、工业和信息化部、公安部、文化和旅游部、国家市场监督管理总局、国家广播电视总局	2021年9月17日	2021年9月17日
	《征信业务管理办法》	中国人民银行	2021年9月27日	2022年1月1日
	《互联网信息服务算法推荐管理规定》	国家互联网信息办公室、工业和信息化部、公安部、国家市场监督管理总局	2021年12月31日	2022年3月1日
司法解释	《关于办理电信网络诈骗等刑事案件适用法律若干问题的意见(二)》	最高人民法院、最高人民检察院、公安部	2021年6月17日	2021年6月17日
	《关于审理使用人脸识别技术处理个人信息相关民事案件适用法律若干问题的规定》	最高人民法院	2021年7月28日	2021年8月1日

效力位阶	名称	发布主体	发布日期	实施日期
法律法规征求意见	《互联网信息服务管理办法(修订草案征求意见稿)》	国家互联网信息办公室	2021年1月8日	
	《网络安全审查办法(修订草案征求意见稿)》	国家互联网信息办公室	2021年7月14日	
	《反电信网络诈骗法(草案)》	全国人大常委会	2021年10月19日	
	《反垄断法》修正草案(公开征求意见稿)	全国人大常委会	2021年10月23日	
	《网络数据安全管理条例(征求意见稿)》	国家互联网信息办公室	2021年11月14日	
法律法规配套规范性文件(征求意见稿)	《移动互联网应用程序个人信息保护管理暂行规定(征求意见稿)》	工业和信息化部	2021年4月26日	
	《工业和信息化领域安全管理办法（试行）（征求意见稿)》	工业和信息化部	2021年9月30日	
	《互联网用户账号名称信息管理规定(征求意见稿)》	国家互联网信息办公室	2021年10月26日	
	《互联网平台分类分级指南(征求意见稿)》	国家市场监督管理总局	2021年10月29日	
	《互联网平台落实主体责任指南(征求意见稿)》	国家市场监督管理总局	2021年10月29日	
	《数据出境安全评估办法(征求意见稿)》	国家互联网信息办公室	2021年11月1日	

资料来源：根据公开资料整理，按发布日期排序。

位法的基础上，进一步强化数据处理者主体责任的落实，弥补网络数据安全管理领域法律规则体系中行政法规层级制度的缺失。除此之外，重点行业、新兴技术的法律和司法解释也密集出台，为国家安全提供了有力的支持，为产业、技术的发展提供了清晰的合规指引，也为人民提供了更全面的权益保障。

在地方层面，各地根据实际情况出台了地方性数据保护法规及综合性数据立法，明确数据安全责任、促进数据资源高效利用，为地方率先发展数字安全提供指引。如表3所示，2021年，安徽、山东、广东、福建等地面向公共数据领域，出台大数据保护条例（包括草案）；深圳、上海则分别出台《深圳经济特区数据条例》《上海市数据条例》，不仅涉及公共数据，还涵盖了个人数据等相关规定，同时结合舆论热点、各地监管重点等加入场景化的控制和约束，有利于加强数据安全保护能力，推动数字安全生态发展。

表3　2021年地方数据安全法规政策出台情况

名称	发布主体	发布日期	主要内容
《安徽省大数据发展条例》	安徽省人大常委会	2021年3月29日	规定数据资源要素统筹管理；推动大数据开发应用；推出大数据发展促进措施；强化大数据安全管理
《深圳经济特区数据条例》	深圳市人大常委会	2021年7月6日	规定数据安全管理原则，鼓励开展数据价值评估和数据安全评估；鼓励建立数据交易平台，探索建立数据生产要素统计核算制度等
《山东省大数据发展促进条例》	山东省人大常委会	2021年9月30日	将数据资源划分为公共数据和非公共数据，强调公共数据应该依法共享；实行数据出境安全评估和国家安全审查制度
《广东省公共数据管理办法》	广东省人民政府常务会议	2021年10月25日	明确将公共服务供给方数据纳入公共数据管理范畴；首次明确了数据交易的标的，强调政府应通过数据交易平台加强对数据交易的监管
《上海市数据条例》	上海市人大常委会	2021年11月25日	明确数据具有人格权益和财产权益双重属性；提出建立数据资产评估、数据生产要素统计核算和数据交易服务体系等
《福建省大数据发展条例》	福建省人大常委会	2021年12月15日	明确公共数据共享范围和开放类型；规定数据开发利用原则；强调个人信息使用应记录数据处理全流程

资料来源：根据公开资料整理。

3.标准化工作推动数字安全体系构建

制定政府引导和市场驱动相结合的数字安全标准体系建设方案，有效提升数据安全保护能力，充分发挥标准化工作在保障数字安全、推动行业健康有序发展中的引领和支持作用。2021 年，作为法律法规有力支撑的网络安全国家标准、行业标准持续发布，涵盖算法安全、云安全、工业互联网安全、物联网安全、车联网安全等领域，以及金融、通信、广电等重要行业，例如《网络安全标准实践指南——数据分类分级指引（征求意见稿）》、《物联网基础安全标准体系建设指南（2021 版）》、《密码标准使用指南》（GM/Y 5001-2021）、《网络关键设备安全通用要求》（GB 40050-2021）、《工业互联网数据安全保护要求》（YD/T 3865-2021）等标准指南，不仅有效指导了数据安全实践工作，提高了标准技术水平、应用水平和国际化水平，也完善了网络数据安全标准体系，有力促进了行业网络数据安全保护能力提升。

（二）产业规模与结构分析

1. 数字安全市场规模持续扩大

在频发的数字安全事件和国家数字安全主要政策法规的共同作用下，安全需求持续释放，推动我国数字安全市场进入稳定增长期。数据显示，2020 年我国网络安全产业规模约为 532 亿元，受疫情影响，市场规模增速放缓，同比增长 11.3%；系列政策持续加码与技术不断进步将引领新需求并形成可观的增量市场，预计未来三年将保持 15% 以上增速，到 2023 年市场规模突破 800 亿元；[①] 政府、金融、教育、医疗卫生及能源化工等行业网络安全市场规模占比突出，未来还将持续提升；增长潜力依然存在，新兴安全市场如威胁管理、安全服务与运营、工业控制系统安全、云安全等领域开始进入加速期，成为市场的主要增长点。

2. 数字安全企业发展稳中有变

2021 年，虽受新冠肺炎疫情影响，但我国数字安全企业整体相较于上

---

① 中国网络安全产业联盟：《2021 年中国网络安全产业分析报告》，https://www.csreviews.cn/？p=2830，2021 年 10 月 11 日。

年还是呈现增长趋势。中国网络安全产业联盟发布的《2021 年中国网络安全产业分析报告》显示，2021 年上半年，我国共有 4525 家公司开展网络安全业务，相比上年增长了 27.0%。其中，生产销售网络安全产品的企业有1275 家，同比增加了 7.6%；提供网络安全服务的企业有 3557 家，同比增加了 33.2%；提供网络安全产品和服务的综合型网络安全公司有 307 家，同比增加了 15.0%。产品型企业数量小幅增加，而服务型企业数量显著增加，说明近两年网络安全服务需求增长，国内网络安全市场过去"重产品、轻服务"的情况得到改善，产品型企业更多地转型为综合型网络安全公司。①

3. 数字安全产业链条有待巩固

近年来，基于政策扶持、需求扩张、应用升级等多方面的驱动，我国数字安全产业实现高速增长，发展进入"快车道"。数字安全产业链主要包括上游基层技术、中游网络安全产品和服务、下游多领域应用三个环节。在产业链上游，我国芯片、操作系统、传感器等技术基础较为薄弱，在引擎、算法和规则库方面则较为完善。在产业链中游，我国在网络安全产品和服务方面发展态势向好，技术布局相对完整。在产业链下游，政府、企业和个人用户是网络安全产品和服务主要的消费主体，应用涵盖通信、金融、医疗、交通、水利、能源等多领域。总体看来，我国数字安全产业链逐步完善，供需关系也相对明朗，但其稳定性和竞争力仍有待进一步提升。

（三）技术开发与应用分析

1. 数字安全强调全生命周期的保护

2021 年 7 月 12 日，工信部发布《网络安全产业高质量发展三年行动计划（2021~2023 年）（征求意见稿）》明确指出，要加强数据全生命周期安全保护，保障人民群众的生命财产安全和个人隐私安全。数据全生命周期涉及采集、传输、存储、处理、交换、销毁。当前，我国的网络安全建设，主

---

① 中国网络安全产业联盟：《2021 年中国网络安全产业分析报告》，https：//www.csreviews.cn/？p＝2830，2021 年 10 月 11 日。

要仍基于传输和存储两个环节，例如"交换"之类敏感环节并未成熟，导致数据泄露和数据黑市问题频发。围绕数据全生命周期构建相应的安全体系，要求各利益相关方统一共识、协同工作，针对各应用领域和业务场景下的不同特点，形成闭环安全管理模式，针对性地识别并解决其中存在的数据安全问题，防范数据安全风险，有效保护用户合法权益，切实维护国家重要数据安全。[①]

2. 新兴技术助力数字安全创新发展

5G、区块链、人工智能等新兴技术快速演进、交叉融合，迭代交互效应持续增强，不断推进数字安全技术创新发展。一是面向人工智能的数字安全技术。人工智能算法可以发现超出正常模式的不正常网络行为，并以此识别可疑用户和个人，这将为远程办公、协同办公等应用提供有效防护，为企业发展赋能。二是基于区块链的数据安全技术。区块链基于共享账本、智能合约、机器共识等技术特征，有望解决数据交换共享过程中面临的信任鸿沟问题，提升产品制造各环节生产要素的智能配置能力，加强产业链上下游的协同合作。三是基于零信任架构的数据安全技术。零信任身份安全解决方案可有效解决传统基于边界的安全防护架构失效问题，缓解身份滥用、非法访问、终端风险等安全隐患，极大收缩攻击面，为数字安全建设提供理论和实践支撑。

3. 数字安全技术应用场景逐步成熟

在数字经济飞速发展和数字化转型如火如荼的背景下，从合规性需求以及行业数字化程度两大维度评估，数字安全技术将从政企场景双线铺开渗透。其中，政府数字化网络安全将围绕电子政务、智慧城市、智慧医疗三大主要场景展开；而企业数字化网络安全首批高成长赛道包括金融、运营商、能源、工业制造等领域。如图1所示，随着新技术和新场景的不断涌现，新兴安全技术需要满足新的 ICT 技术而产生了持续不断的适配性需求，通过在

---

① 中国信息通信研究院：《数据安全治理实践指南（1.0）》，http：//www.caict.ac.cn/kxyj/qwfb/ztbg/202107/t20210720_ 380788.htm，2021 年 7 月 20 日。

性能、效能和功能上的提升改造、差异化满足需求等方式迭代创新和集成创新,以打造自主可控、技术创新、安全升级为核心,深入结合我国数字安全现状和实际安全需求,建立长期安全规划,全面提升数字安全能力,形成数字安全保障体系。

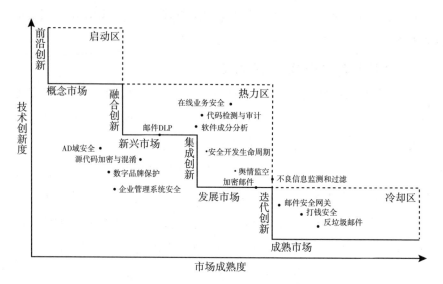

图1 2021年度数字安全技术应用场景成熟度阶梯

资料来源:数世咨询:《中国数字安全能力图谱——应用场景安全篇》,https://www.dwcon.cn/post/928,2021年11月2日。

(四)安全生态与发展分析

1.数字安全风险治理面临新的挑战

2021年以来,我国网络安全风险呈现"新旧交融、复杂交织、连锁联动"的特点,网络攻击、数据泄露、安全漏洞、远程办公风险等安全问题日益突出。第一,数据泄露引发多重风险。目前,针对大规模个人信息的窃取和倒卖已经形成了较为成熟的"黑灰产"交易链,尤其是银行卡账号、社保卡号、支付类应用登录信息等涉及个人经济信息的数据泄露将带来次级风险,引发电信诈骗和金融欺诈。第二,边缘防护薄弱暴露用户隐私。智慧城市、位置服务和远程办公等新型服务模式的大量涌现将面临联网设备数据的非法访问、用户位置隐私泄露、通信传输脆弱性导致的信号劫持与通信窃听等安全挑战，对企业数据及用户隐私构成严重威胁。第三，数据跨境流动引发合规担忧。鉴于全球尚未形成统一的数据跨境治理框架，跨境数据往往受限于数据存储当地的防护水平，可能出现数据泄露风险以及跨境数据使用权限模糊现象。

2. 需求推动组建数字安全人才梯队

近年来，我国的数字安全逐步呈现出"以人为本、以数据为中心"的特点。据《网络安全产业人才发展报告（2021 年版）》[①]，2021 年我国数字安全相关专业人才需求呈现高速增长趋势，需求总量同比增长 39.87%，网络安全专业人才累计缺口超 140 万人，最紧缺的岗位主要包括安全研究、安全审计与风险评估、安全态势分析等 13 类，而首席安全官（CSO）更是极度稀缺人才。由于受行业发展的性质和要求影响，具备互联网属性的企业（如电商、游戏类企业）基于监管的强要求，往往自建安全团队并积累深厚实战经验，安全行业已经初步出现马太效应。面对社会对数字安全人才的强烈需求，我国积极发挥领军人才带动作用，深化产教融合协同育人，从环境营造、政策出台、平台搭建等各方面多措并举，储蓄数字安全人才力量。

3. 行业自律机制促进数字安全共治

数字安全生态的主体多元性，需要各主体开展平等的交流和协作，创建融合互补的内外共治体系。目前，跨领域的安全治理方案能为数字安全治理提供多维度体系保护，实现全阶段能力赋能。例如，中国网络安全产业联盟（CCIA）征集并梳理数据安全领域有关产品，发布《数据安全产品指南》，为各行各业在加强数据安全建设方面提供参考；360 发布数据安全能力框架，提出要从顶层设计能力、人工智能安全能力、产学研协同创新能力等方面打造数字安全能力；国家新一代人工智能治理专业委员会发布了指导性的

---

① 工业和信息化部人才交流中心、工业和信息化部网络安全产业发展中心、西北工业大学等：《网络安全产业人才发展报告（2021 年版）》，2021 年 10 月 12 日。

《新一代人工智能伦理规范》，旨在将伦理道德融入人工智能全生命周期，为从事人工智能相关活动的自然人、法人和其他相关机构等提供伦理指引。① 面对日益复杂的数字安全环境，共建数字安全生态已然成为社会共识。

二　数字安全指数体系优化

（一）测评重点与理论体系

数字安全是数字时代下数字技术、数字产品、数字平台全面融入人类政治、经济、社会各领域，通过必要措施确保线上网络系统安全可靠运转、线下经济社会运行秩序稳定的状态，以及具备保障持续安全状态的能力。数字安全指数是指对某一地区在不同阶段的数字安全变动程度的综合描述和研究判断，是理论与实践、定性与定量相结合的评价体系。按照发展的内生机制"投入—转化—产出—应用"来看，可以从安全制度、安全产业、安全能力和安全生态四个维度构建数字安全指数体系模型。如图 2 所示，安全制度是数字安全的保障性条件，重点从安全立法、安全政策、安全标准等情况进行评估；安全产业是数字安全价值得以变现的应用场景条件，重点从产业收入、企业发展、政府采购等情况进行评估；安全能力是数字安全维护中最为中坚的骨干性条件，重点从技术应用、风险态势、应用加固等情况进行评估；安全生态是数字安全持续发展的功能性条件，重点从基础设施、人才培养、技术专利等情况进行评估。

（二）指数构成与指标调整

1. 指数构成

数字安全指标体系延续 2020 年数据安全指数的整体框架，包括安全制度、

① 《新一代人工智能伦理规范》，http：//www. most. gov. cn/kjbgz/202109/t20210926 _ 177063. html, 2021 年 9 月 25 日。

图 2　数字安全指数体系

安全产业、安全能力、安全生态 4 个一级指标、12 个二级指标、14 个三级指标构成，对我国 31 个省级行政区（不包括港、澳、台地区）数字安全发展状况展开评价，旨在了解数字安全发展态势，进行趋势预测和策略研究。

2.指标调整

自 2019 年开始进行大数据安全指数测评以来，每年的指标体系都会遵循系统性、权威性、可获取性、可比性、发展性的原则，基于数字安全发展特点与基础性指标的变化进行调整。与 2020 年数据安全指标体系相比，2021 年数字安全指标体系进行了较大幅度调整、充实和优化。其中调整的内容有：安全制度部分，将二级指标"政策规范"更换为"安全政策"，"标准评估"更换为"安全标准"，删除三级指标"规范性文件数量"；安全产业部分，将二级指标"产业发展"更换为"产业收入"，"安全企业"更换为"企业发展"，"人才建设"更换为"政府采购"，删除"人才建设"，新增三级指标"上市网络安全公司数"；安全能力部分，将二级指标"漏洞侦察"更换为"风险态势"；安全生态部分，将二级指标"技术先行性"更换为"人才培养"，"安全设备"更换为"技术专利"，新增二级指标"基础设施"及三级指标"一流网安学院数""相关学科专业数""相关领域专利申请量"（见表 4）。

表4 2021年数据安全指标体系

一级指标	二级指标	三级指标	指标类型	指标含义
安全制度	安全立法	法律法规数量	数量指标	反映地方数字安全制度建设情况
	安全政策	政策促进数量	数量指标	反映政策支持与保障力度
	安全标准	标准规范数量	数量指标	反映安全标准体系建设情况
安全产业	产业收入	信息安全收入	数量指标	反映数字安全相关行业市场规模
	企业发展	相关企业前100强数	数量指标	反映安全产业的整体竞争力
		上市网络安全公司数	数量指标	反映数字安全产业发展水平
	政府采购	政府采购数量	数量指标	反映数字产业的资金投入
安全能力	技术应用	网络安全技术应用试点示范	数量指标	反映相关技术协同创新和应用部署情况
	风险态势	漏洞侦察数量	数量指标	反映风险监测和安全防御能力
	应用加固	移动应用安全加固	数量指标	反映预测、检测及应对安全事件能力
安全生态	基础设施	新基建竞争力指数	综合指标	反映基础设施建设水平
	人才培养	一流网安学院数	数量指标	反映数字安全人才培养水平
		相关学科专业数	数量指标	反映数字安全领域学科建设情况
	技术专利	相关领域专利申请量	数量指标	反映数字技术创新发展水平

（三）数据来源与测算方法

1.数据来源

本报告主要通过以下途径获取数据：一是政府或社会机构官方网站，包括中国政府网、地方政府网、大数据局和统计局等门户网站；二是各类专业数据库，包括北大法宝数据库、法律法规数据库、中国行业数据库等；三是权威机构发布的相关文件、报告及白皮书，如《大数据白皮书》《互联网法律白皮书》《数据安全技术与产业发展报告》等。为了保证指标数据的客观、真实和准确，除了尽可能地通过官方统计、专题报告或年度报告等权威资料来源外，还借助来自不同渠道数据的相互比对，进行相互检验。

2.测算方法

本报告综合主观判断法和客观分析法的优点，主要基于客观数据分析中的"差异驱动"原理，对我国数字安全相关指标进行赋权。为体现指标权重设置的客观性与科学性，一级指标采用专家打分法确定权重，对二级和测量指标采用熵值法确定权重。

对于每一项指标，通过统计各省区市相关数据进行归一化处理，以算出每个省区市在这项指标数的得分。归一化处理的公式如下：

$$f(X_i) = \frac{X_i - X_{min}}{X_{max} - X_{min}}$$

X_i 代表 i 地区某一评估指标的原始值；$f(X_i)$ 表示评估指标 X_i 的标准化结果值，取值范围为 [0，1]；X_{max} 表示评估指标的最大值；X_{min} 表示评估指标的最小值。

通过归一化处理，将每项指标下各省区市得分转化为 0~1 区间内的分值，对各项指标值的计算结果进行加权平均，计算出各分项指数得分，计算公式如下：

$$Z_i = f(X_1) \times W_1 + f(X_2) \times W_2 + \cdots + f(X_n) \times W_n$$

式中，Z_i 表示 i 地区大数据安全指数综合评价值，$f(X_n)$ 代表 i 地区第 n 项评分，W_n 表示 i 地区第 n 项指标的权数，其中 n 为指标的项数，i 为地区的个数。[1]

三　数字安全趋势与展望

（一）网络产品和服务的供应链安全面临挑战

2020 年，由国家互联网信息办公室、国家发展和改革委员会、工业和信息化部、公安部等十二部门联合发布的《网络安全审查办法》为有效加强关键信息基础设施供应链安全和国家安全提供了坚实保障。2021 年 7 月，

---

[1]　连玉明主编《大数据蓝皮书：中国大数据发展报告 No. 4》，社会科学文献出版社，2020。

国家互联网信息办公室修订了该办法，并就《网络安全审查办法（修订草案征求意见稿）》向社会公开征求意见。征求意见稿将供应链安全的主体进一步扩大至数据处理者，调整范围覆盖数据处理活动，体现了数据活动在供应链安全中的风险因素。近年来，网络产品和服务面临的供应链完整性威胁问题越来越突出，恶意篡改、假冒伪劣、违规远程控制等事件频发，给供应链安全带来重大风险。面对愈加严峻的供应链安全形势，预计相关部门和企业将陆续出台供应链安全政策，开发新兴技术，为保障供应链安全提供可行的解决方案。

（二）App 纵深执法力度将进一步加强

2021 年 7 月，国家网信办先后对多家大型互联网公司展开网络安全审查工作，相关企业存在严重违法违规使用个人信息的问题，多款热门 App 被下架整改。工信部则在前期 App 专项整治的基础上，开展为期半年的互联网行业专项整治行动，聚焦扰乱市场秩序、侵害用户权益、威胁数据安全、违反资源和资质管理规定等四方面八类型问题整改完善。然而，虚假信息诱导点击、乱采滥用个人信息、广告投放方式杂多等乱象层出不穷，严重侵犯了用户权益。随着《个人信息保护法》的不断推进落实、国家监管部门整治整改力度的不断加大以及侵权救济机制的不断完善，相关运营企业更加重视个人信息保护工作，强化提升用户感知，为用户营造更安全、更健康、更干净的使用环境。

（三）"新基建"安全成为行业关注热点

伴随传统产业的数字化、网络化、智能化转型升级，越来越多的网络设备接入新型基础设施，数字化设施数量呈几何级增长，海量数据应运而生，由此衍生出的新型网络安全问题成为制约数字经济时代创新发展的关键要素，直接关乎国家关键信息基础设施安全和国家安全。以工业互联网为例，2021 年 2 月，国家工业信息安全发展研究中心发布的《2020 年工业信息安全态势报告》显示，随着工业互联网、智能制造加速发展，海量工业设备泛在互联，我国工业信息安全呈现风险威胁扩散化、攻击手段智能化等特点，传统信息安全技术在风险识别、威胁发现、安全防护等方面难以有效发挥很好的作用，各类新型网络安全威胁挑战此起彼伏地涌现出来。未来，以5G、物联网、工业互联网、人工智能、区块链等为代表的"新基建"仍然是网络攻击的重点目标，"新基建"网络安全防范任重道远。

（四）零信任将对数字安全产生重大影响

全球疫情让远程办公、业务协同、分支互联等业务需求快速增加，随着应用场景逐渐复杂化，传统远程办公存在的安全缺陷便暴露无遗，传统边界安全理念无法满足新型安全需求，亟须新的安全能力提供全面保障。2019年，工信部发布《关于促进网络安全产业发展的指导意见（征求意见稿）》将"零信任安全"列入需要"着力突破的网络安全关键技术"。2022年，身份安全体系将更加完善，基于现代密码学软硬件和人工智能、生物识别、区块链等技术形成安全"新边界"，身份安全将为网络安全技术的发展构建稳固的基础。因此，零信任安全已从概念炒作变成解决方案的落地应用，实实在在地走进企业，用于解决网络环境开放、用户角色增加、防护边界扩张带来的各类新型安全风险，这既是大势所趋，也让更多市场机会随之产生。

（五）城市网络安全成熟度开启应用元年

当前，数字城市建设热潮正在兴起，出现了众多针对智慧城市、智慧社区、智能制造、智能运维、数字服务等领域的能力成熟度模型。在网络安全领域，针对数字城市的安全能力成熟度研究和试点也开始出现。城市网络安全能力成熟度模型用于城市网络安全能力的综合评估，具有填补理论和实践空白的重要价值，目前正在试点应用中，且已入选中国管理科学学会2021年度十佳价值案例。2022年，城市网络安全能力成熟度模型将成为推进城市网络空间安全能力建设的规范工作模式，形成评价—分析—治理—评价的业务闭环，促进区域内政府、企业、公共机构与关键基础设施等在安全数据、安全情报、安全人才、安全事件响应等方面的协同，实现区域层面的信

息同步、统一调度、分守合战，为城市的网络安全管理与建设提供决策支撑，有效提升城市网络空间安全的管理水平。

参考文献

连玉明主编《大数据蓝皮书：中国大数据发展报告 No.4》，社会科学文献出版社，2020。

工业和信息化部：《网络安全产业高质量发展三年行动计划（2021—2023 年）（征求意见稿）》，https：//www.miit.gov.cn/gzcy/yjzj/art/2021/art_34f89fff961b4862bf0c393532e2bf63.html，2021 年 7 月 12 日。

工业和信息化部人才交流中心、工业和信息化部网络安全产业发展中心、西北工业大学等：《网络安全产业人才发展报告（2021 年版）》，https：//www.miitec.cn/home/index/detail？id=2657，2021 年 10 月 12 日。

中国信息通信研究院：《数据安全治理实践指南（1.0）》，http：//www.caict.ac.cn/kxyj/qwfb/ztbg/202107/t20210720_380788.htm，2021 年 7 月 20 日。

《新一代人工智能伦理规范》，http：//www.most.gov.cn/kjbgz/202109/t20210926_177063.html，2021 年 9 月 25 日。

中国信息通信研究院：《大数据白皮书》，http：//www.caict.ac.cn/kxyj/qwfb/bps/202112/t20211220_394300.htm，2021 年 12 月 20 日。

中国信息通信研究院：《互联网法律白皮书》，http：//www.caict.ac.cn/kxyj/qwfb/bps/202112/t20211217_394221.htm，2021 年 12 月 17 日。

中国网络安全产业联盟：《2021 年中国网络安全产业分析报告》，https：//www.csreviews.cn/？p=2830，2021 年 10 月 11 日。

数世咨询：《中国数字安全能力图谱——应用场景安全篇》，https：//www.dwcon.cn/post/928，2021 年 11 月 2 日。

B.16
2021年数字安全指数分析报告

摘　要： 20世纪80年代以来，围绕数据、信息、隐私等安全问题持续升温，数字安全正在成为经济发展的新焦点和新动力。本报告基于可操作性、科学性、导向性、系统性等原则，构建数字安全指数指标体系，综合运用理论分析、无量纲化、权重赋值、实践借鉴、频度统计等方法，对全国31个省、自治区和直辖市数字安全状况进行对比分析。研究发现，我国数字安全已基本形成"一超六强"格局。分领域来看，上海在安全制度方面独占鳌头，贵州在安全产业方面表现亮眼，广东在安全能力方面势头迅猛，湖北在安全生态方面取得突破。在此基础上，本报告针对数字安全发展提出了相关建议，为各地数字安全制度构建、产业布局、能力提升和生态建设提供参考。

关键词： 数字安全　安全制度　安全产业　安全能力　安全生态

数字安全至关重要，在宏观层面上关乎着国家的安全、战略和经济等，在中观层面上影响着企业的决策、收益和发展等，在微观层面上涉及个人的利益、服务和隐私等。但是，随着数字化对经济社会发展的日益渗透，数字安全问题日趋复杂，有必要将数字安全问题分解，并进行量化分析、多维比较，总结经验、发现问题、查找解决方案。唯其如此，才能客观反映各地区的安全防护现状，助力各地及时发现数字安全工作中存在的不足和问题，促进数字安全防御体系的迭代建设，持续提升数字安全防护水平。

一 数字安全发展呈现出三大特征

本报告所构建的数字安全指数评价体系由安全制度、安全产业、安全能力、安全生态4项一级指标、12项二级指标、14项三级指标构成，综合分析各地数字安全政策促进力度、法律支撑强度、信息安全收入、政府重视程度、风险感知能力、应用加固能力，以及新基建竞争力和技术创新能力等。数据来源于国家统计数据、政府官方平台、权威研究机构等，测评方法采用指标权重赋值、空间分析、变异系数计算、频度统计等，对31个省区市进行数字安全评价，评价结果及排名情况如表1所示。

表1　2021年31个省区市数字安全指数评价结果

地区	总指数	排名	安全制度	排名	安全产业	排名	安全能力	排名	安全生态	排名
北 京	80.41	1	5.41	16	25.00	1	25.00	1	25.00	1
上 海	43.29	2	20.55	1	2.42	8	10.49	2	9.84	7
广 东	40.09	3	12.25	3	6.60	2	10.43	3	10.81	5
江 苏	30.06	4	11.56	4	3.04	6	3.05	6	12.41	3
湖 北	29.42	5	8.60	7	1.63	14	3.19	5	16.00	2
四 川	28.52	6	12.72	2	2.99	7	1.35	13	11.45	4
浙 江	26.35	7	10.05	6	5.35	3	3.78	4	7.16	11
山 东	21.27	8	6.50	13	2.25	11	2.12	7	10.39	6
安 徽	18.92	9	7.59	10	0.80	20	1.52	10	9.00	9
河 南	16.64	10	5.42	15	0.78	21	1.81	9	8.63	10
福 建	15.44	11	4.25	18	3.21	5	1.52	10	6.46	12
天 津	14.15	12	3.22	21	4.06	4	1.47	12	5.40	13
广 西	13.87	13	8.43	8	1.33	15	0.49	24	3.61	17
贵 州	13.84	14	7.31	11	2.35	9	0.82	15	3.36	19
内蒙古	13.12	15	11.37	5	0.41	23	0.23	26	1.12	28
重 庆	12.07	16	8.14	9	1.08	19	0.83	14	2.02	24
陕 西	11.86	17	1.00	29	0.64	22	0.56	20	9.66	8
河 北	11.49	18	4.19	19	1.33	15	0.58	19	5.39	14
黑龙江	10.55	19	6.63	12	0.07	31	0.79	16	3.06	21

地区	总指数	排名	安全制度	排名	安全产业	排名	安全能力	排名	安全生态	排名
新　疆	10.49	20	6.15	14	1.85	13	0.55	21	1.94	26
辽　宁	9.21	21	3.02	22	2.28	10	0.49	24	3.43	18
湖　南	8.96	22	2.72	24	0.32	26	2.10	8	3.81	15
山　西	8.59	23	4.79	17	0.39	24	0.15	27	3.26	20
江　西	8.23	24	2.83	23	2.23	12	0.72	17	2.44	23
云　南	7.05	25	1.55	26	1.18	17	0.68	18	3.64	16
吉　林	5.76	26	1.25	28	1.11	18	0.54	22	2.86	22
青　海	4.18	27	3.48	20	0.14	29	0.00	30	0.54	30
甘　肃	4.09	28	1.58	25	0.37	25	0.15	27	1.99	25
宁　夏	2.97	29	1.38	27	0.19	28	0.02	29	1.37	27
海　南	2.31	30	0.78	30	0.22	27	0.54	22	0.77	29
西　藏	0.09	31	0.00	31	0.09	30	0.00	30	0.00	31

（一）从总体格局看，数字安全基本形成"一超六强"格局

数字空间作为人类生活的新空间，已经深度融入人们生产生活的方方面面。在不断满足人类需求的过程中，数字技术突出了其不可替代的优势，但数据犯罪、隐私泄露等影响数字安全的不良行为时有发生，给数据市场带来了极大的风险和挑战。各地区多措并举织密数字安全网，积极应对数字风险。特别是随着数字化进程的不断加快，在国家政策和数字技术的双重推动下，数字安全态势不断向好。同时，受不同文化、不同技术和不同环境的影响，各地数字安全发展呈现出不同的特色。测评结果显示，31 个省级行政区数字安全指数得分总和为 523.29，前七名得分总和为 278.14，超过了全国的 50%。其中北京指数分值遥遥领先，得分为 80.41，占比为 15.37%；排名第二、第三的上海和广东指数分值之和只比北京多 2.97，分别得分为 43.29 和 40.09，占比为 8.27% 和 7.66%；排名第四、第五的江苏与湖北指数分值相近，差值仅为 0.64，分别得分为 30.06 和 29.42，占比为 5.74% 和 5.62%；排名第六、第七的四川与浙江指数分值相差不大，分别得分为 28.52 和 26.35，占比为

5.45%和5.04%。其余24个省级行政区得分总和为245.15，占比为46.85%。综上，北京一骑绝尘，上海、广东、江苏、湖北、四川、浙江六省虽低于北京但明显高于其他省级行政区，基本形成了"一超六强"的格局（见图1）。

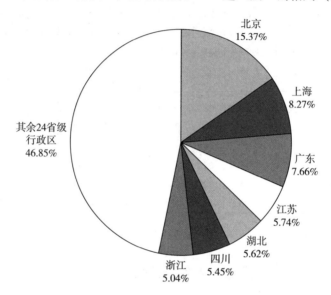

图1　2021年各地区数字安全指数得分占比

（二）从空间位置看，得分较高省域分布呈现类"德尔塔"形态

我国地域辽阔、人口众多，各地区之间不仅在自然资源上有着不小的差距，还在数字安全技术的研发、数据资源的存储和利用等方面存在落差。当前，我国数字安全区域发展呈现不平衡、不充分、不一致现状，研究在数字技术迭代更新、数字环境不断变化和数字经济快速发展中，现有的区域安全发展政策是否适用、产业布局是否合理、安全能力是否过硬、安全生态是否稳健等迫在眉睫。根据测评结果，数字安全指数得分较高的14个地区分别是北京、上海、广东、江苏、湖北、四川、浙江、山东、安徽、河南、福建、天津、广西、贵州。从地理位置来看，北京、天津位于华北地区，上海、江苏、山东、浙江、安徽、福建位于华东地区，湖北、河南位于华中地区，广东、广西位于华南地区，四川、贵州位于西南地区。在位置空间上，

数字安全发展形成了跨越华北、华中、华东、华南和西南五个地区的类"德尔塔"[①] 形态位置分布，如图2所示。

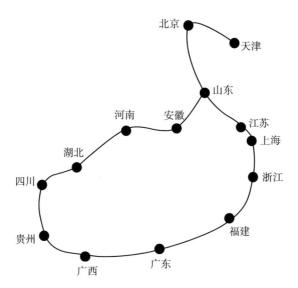

图2 数字安全指数前14名分布情况

（三）从区域竞争看，京粤苏浙的数字安全综合竞争力强劲

与传统的生产要素不同，数据要素可以加倍扩大其他生产要素的产出，如劳动生产率的提升、资本利用率和技术使用率的提高等，各生产要素在社会价值链中的流转都被数据赋予了乘数效应。由此，引发了各地区对数字安全问题的普遍关注，特别是对阻碍数字经济发展的诸多数字安全问题的关注，数字安全的降本增效也成为各地区的核心竞争力之一。近年来，各地区通过制定一系列措施促进数字安全制度、数字安全产业、数字安全能力和数字安全生态的发展，综合实力都有所提升。测评结果显示，安全制度指数的整体平均分是5.96，安全产业指数的整体平均分是2.44，安全能力指数的整

[①] Delta（德尔塔）是第四个希腊字母的读音，其大写为 Δ，小写为 δ。在数学或者物理学中大写的 Δ 用来表示增量符号。而小写 δ 通常在高等数学中用于表示变量或者符号。

体平均分是 2.45，安全生态指数的整体平均分是 6.03，四个指标均超过平均分的只有北京、广东、江苏和浙江，可见，京粤苏浙的数字安全综合竞争力较强，如图 3 所示。此外，从各地"十四五"规划也可以看出，以上四个地区都把数字安全建设纳入 2035 年远景目标，如表 2 所示。

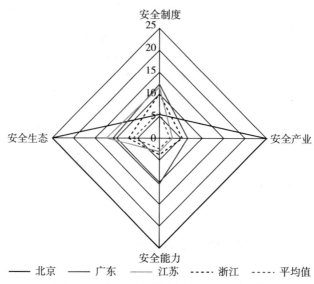

图 3 京粤苏浙数字安全四项指标得分情况

表 2 京粤苏浙"十四五"规划中关于数字安全的内容

地区	所在章节	具体描述
北京	第二章第二节 突出科技支撑	强化网络安全防护核心技术攻坚，确保城市基础设施、关键信息基础设施安全稳定运行。开展数字安全关键技术攻关和应急救援装备研发
广东	第五章第四节 优化数据要素 配置体系	强化数据资源整合和安全保护。建立数据隐私保护和安全审查制度，完善适用于大数据环境下的数据分类分级安全保护机制，加强对公共数据和个人数据的保护。运用可信身份认证、数据签名、接口鉴权等数据保护措施和区块链等新技术，提升数据安全保障能力
江苏	第五十二章第四节维护网络空间安全	加强网络安全保障体系和能力建设，健全跨行业、跨部门、跨地区的一体化防护体系，完善安全基础设施和技术支撑服务体系，加快安全自主产品部署应用，提高网络安全态势感知、监测预警和应急处置水平
浙江	五（四）加快完善数字生态 十四（四）维护社会安全稳定	运用区块链、智能合约等新技术，探索建立数据产权全链条保护机制，提升数据安全保障能力。构建数据安全风险预警与防控体系，健全重大公共安全事件数据应急采集和应用管理机制。实施网络生态"瞭望哨""之江净网"等项目，全面加强网络安全保障体系和能力建设

二 数字安全评价体系下的具体表现

（一）安全制度：呈现阶梯分布，上海独占鳌头

1.数字安全制度指数整体呈阶梯分布

数字安全不能完全依靠人类的道德和良知，也不能完全依赖行业自律和市场秩序，而是需要根据数字安全的目的给予特殊的安排，制度保护就是一种特殊的保护方式，对于特定环境下的某些问题需要在制度层面加以规定，这才是保障数字安全的有效手段。基于对各地区数字安全立法、安全政策和安全标准三个方面的综合考量和分析，安全制度指数呈现出阶梯化分布态势，如图4所示。31个地区按照指数得分情况可分为5个梯队：第一梯队分值在20以上，仅有上海；第二梯队分值在8~12，有四川、广东、江苏等8个地区；第三梯队分值在5~8，有安徽、贵州、黑龙江等7个地区；第四梯队分值在2~5，有山西、福建、河北等8个地区；第五梯队分值在0~2，有甘肃、云南、宁夏等7个地区。除第一梯队以外，其余四个梯队的得分差和地区数量接近，各地区安全制度指数的阶梯式分布态势明显。

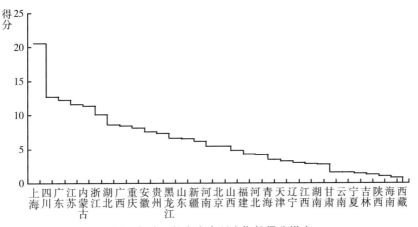

图4 各地区数字安全制度指数得分梯度

2. 数字安全地方立法已开展先行先试

数字安全的高质量发展与数字法治的理论和实践息息相关。《国家安全法》第二十五条规定,"提升网络与信息安全保护能力。实现网络和信息核心技术、关键基础设施和重要领域信息系统及数据的安全可控"。① 从《国家安全法》到《网络安全法》,再到《数据安全法》《个人信息保护法》,我国出台了一系列法律法规,为保护数字安全奠定了坚实的法律基础、提供了有效的法治保障。与此同时,各地区积极推进数字安全相关立法工作。测评结果显示,数字安全地方立法已经成为不少地方的"标配"。据统计,贵州、辽宁、山西等5个地区在 2020 年底就已经发布了相关法规,且都已正式实施;北京、上海、广东等 23 个地区也在 2021 年先后发布了相关的制度,计划在 2021~2022 年陆续生效;浙江、黑龙江和云南 3 个地区在 2021 年则开展了数字安全立法的相关研究,以"草案""征求意见稿"等形式向公众展示成果及征求意见。

3. 上海: 数字安全制度创新走在前列

在数字化转型升级的过程中,上海将数字安全制度作为"底座",推动数字安全治理。根据测评结果,在 31 个地区中,上海安全制度指数以20.55 的得分,位居第一。从分指标来看,上海在安全立法和安全标准两个方面具有领先优势,在安全政策方面稍逊一筹。据了解,上海市重点围绕数据全生命周期展开了安全制度研究,统筹制定相关数字安全法律法规和标准规范,大力开展试点示范工作。从实际行动来看,一是制定数据分级分类、监督检查、安全备案、安全评估等标准,并积极开展相关试点和推广工作;二是出台相关配套政策措施,如《上海市数据条例》《上海市公共数据开放暂行办法》等;三是基于各项标准和法律加大政策扶持力度,推动数据安全、网络安全、人工智能安全等治理。据公开资料显示,仅 2020~2021 年的两年间,上海就发布了 9 部相关法律法规(见表 3),值得一提的是,其部分下辖区也出台了相关制度和办法。

---

① 《中华人民共和国国家安全法》,http://www.gov.cn/zhengce/2015-07/01/content_2893902.htm,2015 年 7 月 1 日。

表3 上海市数字安全相关法律法规

发布年份	法律法规
2021	上海市数据条例
	长宁区公共数据管理办法
	上海市公安局关于网络安全管理行政处罚的裁量基准
	上海市规划和自然资源局网络和信息安全管理办法
	上海市普陀区公共数据安全管理暂行办法
2020	闵行区视频数据资源管理实施细则（试行）
	闵行区公共数据安全管理办法
	上海市普陀区公共数据管理办法
	上海市政府信息公开规定（2020）
2019	上海市公共数据开放暂行办法
	公共数据安全分级分类指南
2018	上海市公共数据和一网通办管理办法
	上海市公共信用信息归集和使用管理办法（2018年修正）

（二）安全产业：整体发展不均，贵州表现亮眼

1.各地区数字安全产业指数差异较大

在百年变局和世纪疫情交织的背景下，现实存在的数字挑战和数字危机尚未完全解决，潜藏的数字风险又接踵而至，导致数字产业安全问题加速爆发，数字安全产业成为全国各地重点关注的对象。测评结果显示，安全产业指数的平均值为2.44，中位数为1.33，平均值比中位数略高；在31个地区中，有24个地区的安全产业指数分值比平均值低，仅7个地区的安全产业指数分值比平均值高（见图5）。少数地区引领全国安全产业发展，说明整体数字安全产业发展呈现不均衡状态。数字经济是驱动国民经济发展的新引擎，已经成为各地关注的重点，北京、广东、浙江等地区超前布局，通过制定数字产业发展规划、建立数字产业基地等举措形成了一定的先发优势。总的来说，各地区安全产业指数得分差异较大。

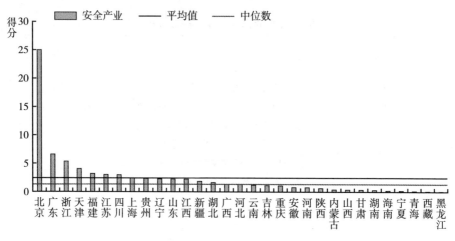

图5　各地区数字安全产业得分情况

2.贵州：数字安全产业发展跻身前十

2017年贵阳大数据安全产业园正式启动建设，2018年获批创建全国首个大数据安全认证示范区和全国首个大数据安全标准技术创新基地，2021年入选2021年度数字经济特色产业园区五强榜单。贵州依托贵阳大数据安全产业园和国家大数据安全靶场，打造了完整的数字安全产业链。作为西部欠发达地区，贵州安全产业指数位列第9，跻身全国前十行列。这一结果并不意外，据中国信通院发布的《中国数字经济发展白皮书（2021年）》，贵州的数字经济增速已经连续六年排名全国第一。"东数西算"工程"贵州云服务基地+东部云服务市场""贵州数据交易市场+东部数据流通资源""贵州算力网络枢纽+东部算力资源需求"等合作模式推动着贵州数字产业的发展壮大。① 2021年12月31日，贵州发布的《贵州省"十四五"数字经济发展规划》提出，"要形成'一核引领、两带协同、多点支撑'的数字经济发展布局"。可以看出，贵州在数字安全产业规划和布局方面，大胆实践、积极探索、不断创新，走出了一条有特色、有成效、有创新的发展道路。

---

① 张云：《贵州大数据产业布局领先全国》，《贵阳日报》2021年5月29日。

（三）安全能力：东西差异明显，广东势头强劲

1. 数字安全能力呈"东强西弱"态势

随着数字经济的快速发展，数字安全能力成为数字产业可持续发展的基础动力，各地区纷纷通过技术应用、风险感知、应用加固等方式增强数字安全能力。根据测评结果，东部地区的北京、上海、广东、江苏和浙江5个地区安全能力指数得分高于平均值；中部地区只有湖北安全能力指数得分高于平均值；而西部地区和东北地区没有任何地区安全能力指数超过平均值（见图6）。总体看来，东部地区的数字安全能力要强于其他地区。此外，关注数字安全能力，各地还需要注意到，数字空间的攻防对抗实际上就是人与人之间的对抗，数字技术、数字系统和数字平台等都只是手段。每一个数字安全背后的威胁都是不法分子的黑客思维与攻击技术的融合体和结合体，各地要摒弃以技术堆砌的传统防护方式，转变为基于对抗维度的视角，以数字思维引领安全能力的建设，将"以安全能力为核心"贯穿于数字经济的方方面面。

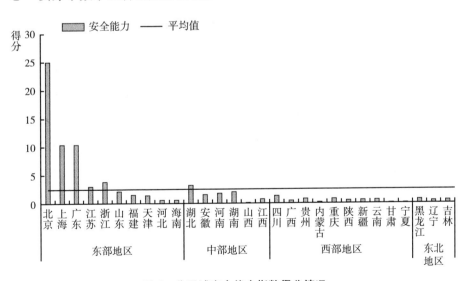

图6　分区域安全能力指数得分情况

2.应用加固成为各地防范风险的关键

应用加固就是允许开发者或使用者根据自身需求添加加固保护程序,实时监测应用的运行环境,拦截恶意攻击,防止恶意程序利用应用漏洞实施数据窃取、系统破坏、非法访问等行为。从移动应用安全加固指数的分区域情况来看,北京、广东、湖北、上海、湖南、浙江、江苏、福建、安徽和四川的移动应用安全加固占比最高,移动应用安全加固指数位居前十。据统计,北京占所有地区总和的 25.12%,其中内蒙古、新疆、宁夏、青海、西藏的占比较小,合计占所有地区总和的 0.51%。总体来看,应用加固在数字安全防护方面起到了一定的作用,可以有效防止反编译、破解、调试等威胁开发者利益的行为发生。

3.广东:数字安全能力建设势头迅猛

根据测评结果,广东安全能力指数得分位居第三。从分指标来看,在技术应用方面的网络安全技术应用试点示范指数得分排名第 2;在风险态势方面的漏洞侦察数量指数得分排名第 3;在应用加固方面的移动应用安全加固指数得分排名第 2。综合来看,广东数字安全能力较强。从实践来看,广东通过开展网络安全攻防演习、建立首个数字安全港、举办网络安全大会等方式加强数字安全能力建设。2020 年 12 月,在开展"粤盾-2020"活动期间,广东省发布了国内首个省级"数字政府网络安全指数",提出未来会更加关注数字安全,进一步落实数字安全政策和明确网络安全责任,持续推进数字安全能力建设工作。2021 年 11 月,在"数字政府网络安全指数"的基础上,广东省编制并发布了《广东省数字政府网络安全指数指标体系》,从安全管理、安全建设、安全运营和安全效果四个维度进行评估,客观地评价广东省各地市的数字政府网络安全防护现状,助力数字安全能力建设。

(四)安全生态:东北更加平均,湖北取得突破

1.东北地区数字安全生态稳定性较高

通过计算,安全生态指数平均分为 6.02,标准差为 5.31;东部地区的

平均分和标准差分别为 9.36 和 6.13；中部地区的平均分和标准差分别为 7.19 和 4.70；西部地区的平均分和标准差分别为 3.39 和 3.41；东北地区的平均分和标准差分别是 3.11 和 0.24。从计算结果发现，平均分和标准差并不完全一样，因此选择变异系数①来衡量安全生态指数的稳定性。从离散度来看，东部地区、中部地区、西部地区、东北地区安全生态指数的变异系数分别是 0.69、0.72、0.96、0.04（见图 7）。通过比较可以看出，东北地区的变异系数是最小的，那么其对应的安全生态指数得分的地区间差异最小。

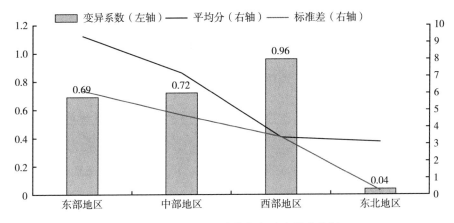

图 7　分区域安全生态指数得分离散度分析

2. 基础设施是数字安全生态的奠基石

数字新基建贯穿于数据的采集、存储、处理、应用等全生命周期，将会催生安全意识、安全技术和安全人才等升级，实现数字安全生态全面升维。目前，我国已建成的 5G 基站超过 115 万个，占全球的 70% 以上，5G 终端用户数量达 4.5 亿户，是全球规模最大、技术最先进的 5G

---

① 变异系数是衡量测试数据中各观测值变异程度的统计量，其值越高说明目标数值的离散程度越大，反之则离散程度越小。当比较两个或两个以上数值的离散程度时，如果度量单位和平均值相同，那么就可以直接使用标准差进行比较，但是当两者不同时，就不能使用标准差进行比较，而是需要采用标准差与平均值的相对值，也就是使用变异系数来进行比较。

独立组网网络。① 从测评结果来看，各地区的基础设施建设都在有条不紊地进行着，这可以从各地区的数字基础设施建设规划得到进一步证明（见表4）。这为增强数字新基建竞争力奠定了重要的基础，也为构建数字安全生态奠定了牢固的基础。从数字安全制度的内容到数字安全产业的升级再到数字安全能力的建设，科学技术都在其中发挥着重要的作用甚至起着决定性作用，而"数字新基建"将成为构建数字安全生态的核心驱动力。

表4 2021年各地区5G建设规划

地区	5G 建设规划
北 京	计划新增 6000 个 5G 基站,并推广应用千兆固网、IPv6 等
上 海	计划新建 5G 室外基站 8000 个,加快建设国际数据港
重 庆	计划新建 2.1 万个 5G 基站,同时扩大千兆光纤网络接入覆盖面
广 东	计划加快数据中心、工业互联网等新型基础设施建设,实现 5G 网络主要城区全覆盖,打造珠三角 5G 网络城市群
浙 江	2020 年底浙江已经建成了 6.26 万个 5G 基站,并计划于 2022 年底建成 5G 基站 12 万个
河 北	5G 用户将达到 2900 万户,5G 基站总数将达到 6.2 万个,实现全省县级以上主城区 5G 网络覆盖
山 东	2021 年山东省计划新建 4 万个 5G 基站;截至 2022 年,山东省建成 5G 基站 11.2 万个,提升了城区 5G 网络覆盖率
福 建	新建 5G 基站 3 万座;截至 2022 年底,全省计划建成 5G 基站 8 万个
辽 宁	将新建 5G 基站 2.3 万座,重点建设 100 个"5G+工业互联网"示范工程和园区
安 徽	将新建 2.5 万个 5G 基站,并建成应用场景 100 个;截至 2022 年,5G 网络基础设施布局等高沪苏浙,建成 5G 基站超 4.5 万个
湖 北	计划新建 5G 基站 3.3 万个
湖 南	重点推进广电 5G 建设,培育 5G 应用、人工智能、云计算等新兴产业
四 川	截至 2022 年底,计划新建 5G 基站达 12 万个
河 南	初步计划投资 132.1 亿元,拟新建 5G 基站 5.1 万个
黑龙江	计划再建 1.8 万个 5G 基站,5G 网络将基本覆盖全省县城以上及重点乡镇
贵 州	计划新建 5G 基站 2 万个,"六网会战"完成投资 2000 亿元左右
江 西	实施 5G 网络覆盖提升工程等项目,实现重点地区 5G 网络连续覆盖

---

① 《工信部召开〈"十四五"信息通信行业发展规划〉新闻发布会》，https：//www.miit.gov.cn/gzcy/zbft/art/2021/art_ c8650b489552421daf55fca47cbc67aa.html，2021 年 11 月 16 日。

续表

地区	5G 建设规划
陕 西	优化 5G 建设环境,务实推进 5G 规模部署
甘 肃	有序推进 5G 网络建设,推动 5G 技术在重点行业领域的应用
宁 夏	大力推进 5G 等"新基建"发展
吉 林	计划新建 5G 基站 2.5 万个,5G 网络覆盖县级以上区域
海 南	4 月前将基本实现 5G 场景全覆盖
河 北	加大 5G 网络、人工智能等新型基础设施投资力度
新 疆	加快构建"5G+工业互联网"产业生态
内蒙古	系统布局 5G 基站等新型基础设施
广 西	计划新建 5G 基站 2 万个,扩大 5G 网络覆盖面
青 海	加快 5G 网络、大数据中心、物联网等新型基础设施建设
西 藏	加快推进 5G 网络建设
山 西	计划新建 5G 基站 1.5 万个,加快推进 5G 网络全覆盖
江 苏	计划新建 5G 基站 6 万个,基本实现 5G 全覆盖
天 津	到 2023 年,全面建成 5G 创新示范城市和"双千兆"网络标杆城市

3. 湖北:聚焦人才推进数字安全生态建设

测评结果显示,湖北基础设施、人才培养和技术专利指数得分分别排第 10 位、第 1 位和第 9 位,安全生态指数得分排名第 16,与排名前 15 的地区相比,湖北的人才培养指数表现十分突出。近年来,湖北大力支持数字安全生态建设,以技术人才培育新动能,以新动能建设数字安全新生态,5G 技术、大数据、一流网络安全学院、相关学科专业、相关技术专利等新技术、新人才、新基建交互发力、成效显著。其中,湖北充分发挥了网安学院和专业人才方面的优势,持续开展数字安全培训活动,全面提升全省数字安全创新力及竞争力,构建了以人为本的数字安全生态体系。此外,湖北省发布的《关于全面推进数字湖北建设的意见》提出,"提升'国家网络安全人才与创新基地'影响力。实施更加积极的数字人才引育政策。建立数字人才评价机制,推动人才激励办法落实落地"[①]。

---

① 湖北省人民政府:《关于全面推进数字湖北建设的意见》,http://www.hubei.gov.cn/zfwj/ezf/202111/t20211102_3840810.shtml,2021 年 11 月 2 日。

三 数字安全发展的新策略与新路径

（一）双轨并行，数字安全制度创新与数字安全技术研发齐头并进

"十三五"期间，国内数字安全取得了长足的发展；"十四五"期间，数字安全建设要立足新发展阶段、贯彻新安全理念，进一步加强数字安全制度的制定和数字安全技术的研发，为数字经济的发展提供持久动力，进而为数字安全发展提供核心支撑。一方面，在宪法的总体框架下，立足于《网络安全法》《数据安全法》《个人信息保护法》三部法律的基础架构、规范要求和价值引领，加快完善数字安全配套制度和政策，完善数据合规标准和安全应用指南，为数字安全的发展提供更为有效的制度体系和规则体系，促进数字安全实践与制度的良性互动。另一方面，数字安全的发展离不开数字技术的支持，从底层架构的系统性，到网络协议的适用性，再到应用的方便性，都需要数字技术的切实支撑。数字安全的事前预防、事中监测、事后处理的安全闭环都将在安全技术的加持下更有效率、更为科学。基于此，要提升安全技术在不同场景、不同行业的适配能力，在满足需求的同时保障数字安全，探索加密算法、去标识化、匿名化等技术在数字安全发展中的可用性。结合数字安全的实际，借鉴成熟的数字安全制度以提升制度的完备性，以前沿的数字安全技术助力数据安全应用，通过"制度—技术"双轨道运行机制，建立数字安全预警机制、监督机制和响应机制，降低数字安全风险。

（二）因地制宜，立足地区独特优势，破解数字安全难点、堵点、痛点

各地区在进行数字安全建设布局时要最大限度地利用自身优势，集中突破短板弱项和克服关键制约因素。为此，可以从以下三点进行考虑：第一，厘清优势，各地要对照数字安全建设所需的安全制度、安全产业、安全能力、安全生态等多维要素及其对应的具体应用，从中找出优势项目、厘清优

势领域，为科学布局提供依据。第二，重点突破，各地区要针对数字安全建设中存在的难点、痛点和堵点等进行专门部署，如制度不完善、产业不发达、能力不够强、生态不稳健等，根据导致数字安全发展不平衡的不同原因，对症下药，重点突破一些关键点，杜绝出现"一刀切"的现象。第三，统筹协调，数字安全建设是一项系统性、体系性、多学科、多行业工程，不是要创造一个全新的数字安全生态，而是要充分发挥各地优势、依托各地特色，在现有的数字安全基础上，统筹协调本地的人力、物力、财力、数据资源等，形成符合本地发展的特色数字安全布局。

（三）强化合作，推动构筑共商共建共治共享的数字安全治理体系

当前，数字环境日益复杂，数字安全已经成为全域化的共性问题，各区域应加强合作，整合各方资源和力量，共建数字安全生态。2022年1月7日，中国人民银行发布的《金融科技发展规划（2022—2025年）》指出，要"切实防范算法、数据、网络安全风险，共建数字安全生态"。从测评结果也可以发现，数字安全不是单个企业、单个行业或者是单个地区的事情，各区域只有协同合作，才能织好这张数字安全"防护网"。为此，各区域应该从根本上改变传统固守的安全观念，塑造"共同安全"意识，并加强数字新基建、数字产业发展和数字生态建设等方面的合作。首先，要加强数字基础设施的互联互通，以新一代通信技术5G为载体，加强各区域的基站互联、网络互通，拓宽"新基建"应用场景和应用空间，推动数字安全建设一体化。其次，要加强数字产业发展的共商共建，各区域要共同把握数字产业化和产业数字化的机遇，探索数字产业的新动能、新能源和新途径，拓展数字产业合作模式的深度和广度，共同协商数字产业发展的规则和秩序，建立多边参与、透明和谐的数字安全体系。最后，要加强数字安全环境的共治共享，在立法方面，制度制定应兼顾各区域需求，确保制度在不同场景下的统一性和权威性；在监管方面，各地政府部门应切实发挥监管职能，共同治理"数字乱象"；在自律方面，应注重多方协同，组织多方力量参与数字环境综合治理，提升数字安全生态的抗风险能力和应急管理能力。

参考文献

连玉明主编《中国大数据发展报告 No.5》，社会科学文献出版社，2021。

张云：《贵州大数据产业布局领先全国》，《贵阳日报》2021 年 5 月 29 日。

陈慧慧、夏文：《"数字新基建"安全态势分析与技术应对》，《信息安全与通信保密》2020 年第 10 期。

王欢：《构建高效、可靠、安全的移动应用安全体系》，《通讯世界》2020 年第 7 期。

石菲：《"安全定义边界"，信息安全迈入新时代》，《中国信息化》2020 年第 4 期。

《中华人民共和国政府采购法实施条例》，中国政府采购网，http：//www.ccgp.gov.cn/zcfg/mof/201502/t20150227_5029424.htm，2015 年 2 月 27 日。

湖北省人民政府：《关于全面推进数字湖北建设的意见》，http：//www.hubei.gov.cn/zfwj/ezf/202111/t20211102_3840810.shtml，2021 年 11 月 2 日。

B.17
国际比较视野下《数据安全法》
出台的现实意义

摘　要： 随着数字经济的高速发展，把数据安全问题纳入法治轨道、防控
数据安全风险，已成为国际共识。本报告从《全球数据安全倡
议》切入，分析了数字经济背景下的数据安全治理态势。通过
对比研究欧盟、美国、俄罗斯及中国在数据安全领域的立法模式
和优势特色，从法律层面、制度层面、民生层面和规则体系层面
探讨《数据安全法》出台的现实意义和时代价值。同时，对我
国数据安全治理体系的完善提出对策建议，以期增强我国的数字
安全治理能力和全球数字竞争能力。

关键词： 数据安全　《数据安全法》　数据安全治理

2021 年，在疫情防控常态化背景下，全球数字化进程日益加快，数字
世界和物理世界融合加速，网络攻击、数据泄露、数据灾备等数据安全问题
凸显，国家、产业和个人的安全需求与日益显著的安全风险形成鲜明对比。
世界开始聚焦数据安全带来的连锁反应，不断加大数字基建和数据安全产业
投入，提升隐私保护、数据权益保护、数据合规等法律法规影响力，营造健
康有序的网络空间环境，为数字经济、数字治理和数字文明的良性发展提供
有力支撑。

一　全球数据安全态势与《全球数据安全倡议》

2020 年 9 月 8 日，国务委员兼外交部长王毅在出席全球数字治理研讨

会时提出《全球数据安全倡议》（以下简称《倡议》）。《倡议》明确提出，中国主张构建一个国际社会普遍接受的全球数据安全治理规则体系，共同维护全球数据安全、促进数字经济发展，打造和平、安全、开放、合作、有序的网络空间命运共同体。围绕促进全球经济复苏繁荣、降低网络空间冲突风险、打击网络犯罪、维护国家安全利益、提升国际网络空间依存度等内容，《倡议》从人类命运共同体的角度为国际数据安全议题提供了中国方案和中国样本。①

（一）数字经济成为国际竞争新赛道

从数字化储存、传播和利用到数字化大生产，数据已经成为新的生产要素和经济发展的关键性资源，其基础性、战略性地位不断凸显。伴随指数级增长下的数据大爆发，新一轮科技革命浪潮席卷全球。新一代信息技术带来的产业变革加速推进，数字经济的蓬勃发展成为时代必然。在中共中央政治局第三十四次集体学习会议上，习近平总书记强调，近年来，数字经济发展速度之快、辐射范围之广、影响程度之深前所未有，正在成为重组全球要素资源、重塑全球经济结构、改变全球竞争格局的关键力量。② 全球数字经济在起步时间、资源条件、人才缺口、机遇挑战、路径选择等方面都存在差异，但大力发展数字经济助力整体经济实力提升，已基本成为国际社会共识。

对此，《倡议》也明确提出，"全球数据爆发式增长，海量集聚，事关各国安全与经济社会发展"，"确保信息技术产品和服务的供应链安全对于提升用户信心、保护数据安全、促进数字经济发展至关重要"，"平衡处理技术进步、经济发展与保护国家安全和社会公共利益的关系"，"各国应致力于维护开放、公正、非歧视性的营商环境，推动实现互利共赢、共同发展"③，围绕

---

① 《〈全球数据安全倡议〉为全球治理注入新动力》，https：//www.fmprc.gov.cn/web/wjb_673085/zzjg_673183/jks_674633/jksxwlb_674635/202011/t20201124_7667460.shtml，2021年11月24日。

② 习近平：《不断做强做优做大我国数字经济》，《求是》2022年第2期。

③ 《全球数据安全倡议（全文）》，http：//www.gov.cn/xinwen/2020-09/08/content_5541579.htm，2020年9月8日。

数据爆发集聚、数据供应链安全、数字技术、数据营商环境安全等可能对数字经济发展产生影响的问题，呼吁达成国际共识。期待在数字经济这条国际竞争的新赛道上，世界各国能以协商共赢的方式找到平衡点和交叉点。加强国际数据保护力度、提升数据资源流动和利用效力，是世界各国进一步稳固本国数字经济基础、营造良好国际数字竞争生态、不断释放数字经济潜力的必然选择。

（二）数据安全成为大国博弈新战场

在国际数字经济竞争的这条新赛道上，数据安全已成为大国博弈的新战场。网络的互通性拓宽了数据安全问题的波及面，而数据的可复制性则增加了数据安全问题解决的复杂性。一些国家以数字安全名义，提升自身的数字攻防能力，企图扰乱全球数字经济规则，在国际上占据网络空间的治理权和规则制定权。还有一些国家照搬单边主义、地方保护主义等方法，在网络空间范围内试图实现对其他数字经济体的制裁、打压和破坏，在很大程度上扰乱了国际网络秩序，加剧了全球数据安全的恶性循环。获取重要价值数据已经成为网络恶意攻击和犯罪的重要目标，占有优势数据资源和开展数字领域制裁，已经成为数字领域"霸权主义"的博弈行为。

正是基于频繁的、无规则的数字博弈，《倡议》明确提出"反对利用信息技术破坏他国关键基础设施或窃取重要数据，以及利用其从事危害他国国家安全和社会公共利益的行为"，"应尊重他国主权、司法管辖权和对数据的安全管理权"，"国家间缔结跨境调取数据双边协议，不得侵犯第三国司法主权和数据安全"等，从国家数据安全、数据基础设施安全、跨境数据流动安全等方面呼吁形成国际共识。《倡议》为解决数据安全问题带来的政治、经济、外交、军事、技术等多重属性问题，提供了可讨论的框架。在各国联系密切、跨国交流活跃的全球化背景下，此举对促进国际交流和提升全球数字用户的信心至关重要。

（三）《倡议》为全球数据治理注入新动力

从全球范围来看，数据治理正面临巨大挑战。国家、个人和企业的关键数据、隐私数据和商业数据安全，成为全球数据要素流动和利用过程中的掣肘问题。数据安全问题的多面性、复杂性及交织性，需要各国提高认识，站在人类命运共同体的高度，以维护和促进人类数字世界良好健康发展为初衷，实现全球网络环境优化、确保全球数据资源合理流动、建立全球治理框架和机制，维护全球共同利益。尤其是，各国要在数字空间的治理理念、治理范式上达成共识，从顶层战略设计层面提高全球数字经济依存度和共赢度，减少网络空间利益冲突风险，维护网络空间的整体稳定和繁荣。

《倡议》提出以来，受到了国际社会各方的高度关注。《倡议》聚焦全球数据安全治理领域的核心问题，为政府和企业提出了化解数据安全风险的思路和方案，并厘清了各方的行为规范和责任义务，筑牢了合作应对安全风险的务实举措，为制定全球规则提供了蓝本。《倡议》有利于维护国家主权，打击非法获取、拦截用户数据的行为，促进数字经济发展，惠及更多民众。这是数据安全领域的首份国际倡议，更是中国履行大国国际责任的集中体现。《倡议》是中国在后疫情时代，对构建数字治理国际规则的立场主张与政策实践的样板，为加强全球数据安全治理、促进数字经济可持续发展贡献了中国方案和中国智慧。一是表明了中国积极接入国际数据安全治理轨道的强烈意愿；二是提出了形成国际联动的数据安全防范体系的基本框架；三是厘清了国家、个人、企业的数据在生产、存储、流动各环节的安全风险，防止网络空间陷入文明冲突论和冷战思维的陷阱。

二　数据安全领域立法的国际比较

面对日趋严峻的国际数据安全态势，世界主要国家和国际组织纷纷加快了数据安全立法的步伐。欧盟、美国、俄罗斯和中国作为世界主要的数字国家或地区，都在自身的法律框架中逐渐部署数据安全治理的法律法规，一场关系着国家安全、经济利益的数据安全监管博弈早已在全世界拉开序幕。然而，各国家或地区在数字安全监管的起步时间、发展阶段、立法程序和理念方案等方面存在差异，对此进行对比研究，有利于突破固有认识，为中国的立法实践提供有益借鉴。

（一）欧盟：构筑统一的数据安全治理规则框架

欧盟在数据安全立法方面，具有系统性、前瞻性和引领性，始终致力于利用完备的法律框架消除数据安全潜在风险，促进欧洲本土数字经济的健康发展。2018 年起，欧盟先后出台了有关数据安全、个人信息保护和数字经济反垄断的一系列法律法规政策，构筑了全方位、多角度的数据安全治理规则框架，以法律为尺，规范数据收集标准、明确数据交易方式、促进数据科学化流动、提高数据利用率、防范和破解数据要素垄断，大力发展欧洲单一数字市场，不断释放数据潜力，"在这里，来自世界各地的数据开放个人以及非个人数据，包括敏感的商业数据都是安全的，企业也可以方便地获取几乎无限量的高质量工业数据，促进增长和创造价值"。[①]

在法律层面，2018 年 5 月 25 日，欧盟发布被誉为"史上最严数据信息保护条例"[②] 的《通用数据保护条例》（GDPR），进一步强化了个人对数据的控制权，简化了欧盟内部国际业务的通用规范，力图重振公众对数据保护的信心。2019 年 6 月 27 日，欧盟《网络安全法案》正式施行。该法案加强了对数字技术的掌控、优化了网络安全处理结构，确保个人、组织和企业的网络安全问题得到良好解决，并详细规定欧盟机构在处理网络安全工作中具体的保护措施、技术手段、财政和基础设施建设、公众网络安全意识教育以

---

① 於兴中：《他山之石：欧盟的数据空间制度》，http：//www.zgzcinfo.cn/news/show/19-23371.html，2021 年 4 月 20 日。

② 沈敏：《欧盟史上最严数据保护条例生效　影响全球在欧有业务企业》，https：//www.guancha.cn/europe/2018_05_26_457990.shtml，2018 年 5 月 26 日。

及成员国之间的互助合作等问题。2020 年 11 月，欧盟出台《数据治理法案》，旨在促进整个欧盟及各部门之间的数据共享，为欧盟经济发展提供更多具有使用价值的数据。可以说，GDPR 增强和提升了个人和企业对数据的掌控力和信任度，而《数据治理法案》则实现了数据的流动和利用，为欧盟经济发展和社会治理提供支撑。2020 年 12 月，欧盟出台《数字市场法》和《数字服务法》两份数字领域重大法案，通过遏制科技巨头在欧洲的垄断、不正当竞争行为，打通成员国之间的市场和法律壁垒，促进欧洲数字中小企业的发展和扩张，重塑欧洲的数字竞争力，谋划欧洲的数字未来。《数字服务法》则是在《电子商务指令》的基础上，对数字中介机构出现的问题作出了回应，并力图创造安全数字空间，平等保障所有用户的基本权利。2022 年 2 月 23 日，欧盟发布了《数据法》（草案），旨在为数据共享、公共机构的访问条件、国际数据传输、云转换及其互操作性等提供统一的法律框架。

在政策战略层面，实施严苛的数据安全保障措施，为数据流动营造良好的网络安全环境。2001 年，欧盟联合美国、加拿大、日本等国的专家研究发布的《欧洲委员会计算机犯罪公约》，成为首部关于互联网犯罪的国际条约，尤其是针对侵犯版权、计算机诈骗、儿童淫秽刊物和危害网络安全等互联网犯罪。2020 年 6 月，《欧洲数据保护监管局战略计划（2020～2024）：塑造更安全的数字未来》发布，欧洲数据保护监管局旨在通过此项极具前瞻性的计划，从顶层设计上规避数据泛滥和技术依赖带来的数据安全风险，并为实现欧洲个人数据隐私权和欧洲数据保护的国际领导权提供方案。从全球范围来看，欧盟在数据安全与个人信息保护上已经建立相对成熟的体系与框架，对推进全球数据安全的发展进程有着重要借鉴作用。

（二）美国：以隐私权为基础开展灵活分散立法

美国的立法体系分为联邦立法和州立法两个部分，覆盖面广泛，既相互独立又遥相呼应。在数据保护方面，美国没有一部联邦层面的综合保护法，而是以《隐私法案》为基础，开展灵活分散立法，着眼于特定公民、特定行业和特定数据的安全保护细节，向"个人数据收集""数据隐私保护""数据安全保护"方面延伸，形成立体联动的数据保护立法体系。1974 年，美国实施《隐私法案》，对政府机构如何收集个人信息，收集到的个人信息如何向公众开放、信息主体的权利归属等做出了较为详细的规定。但其明确的主体仅为美国的公权力机关，无法覆盖个人和企业等细分权利主体。因此，在后续的立法进程中，美国采取分行业的分散立法模式，如针对电子通信领域的《电子通信隐私法》、金融服务领域的《金融服务现代化法》、消费贸易领域的《联邦贸易委员会法》、个人隐私数据保护领域的《数据泄露预防和赔偿法案》和《基因信息非歧视法案》等，不断更新行业细分领域的数据安全问题相关立法。

此外，美国各州在欧盟出台 GDPR 后，参照相关条款原则，对照修订出符合自身实际的个人信息保护法规条例，不断完善法规。全美约 50 个州都提出了数据保护相关法案，但仅加州、内华达州、缅因州、弗吉尼亚州和科罗拉多州的法案正式通过。2018 年，加利福尼亚州颁布综合性的数据和隐私保护立法——《加州消费者隐私保护法》（CCPA）。同年，美国还出台了有关跨境数据调取利用的《澄清境外数据的合法使用法案》，进一步体现了数据立法在国际数据资源竞争中的重要性。2019 年，《联邦数据战略 2020 年行动计划》发布，确立了利用联邦数据相关的程序和数字政府在能力和工作协调性方面的建设目标，为未来数十年的联邦数字政府愿景奠定了坚实的基础。2021 年，美国统一法律委员会通过了《统一个人数据保护法》，旨在统一州隐私立法，试图避免"与加利福尼亚和弗吉尼亚制度相关的合规和监管成本"，并将于 2022 年被州立法机构引入。2021 年，加利福尼亚州参议院通过《遗传信息隐私法案》，进一步规范了细分领域数据使用和披露的合规性。

在网络安全方面，美国从 1977 年起在加快信息基础设施建设、优化数字空间环境、降低网络犯罪率等方面制定多部法律，成为世界上拥有网络安全立法数量最多、内容最全面的国家。1977 年出台的《联邦计算机系统保护法》，首次将现实领域法治引入网络空间。1986 年，出台的《计算机

欺诈与滥用法》，明确规定了计算机相关的违法犯罪行为。1987 年出台的《计算机安全法》，旨在保护联邦政府内的敏感信息，成为当时美国其他州立法的依据。1996 年，《电信法》明确规定了互联网中的违法行为。《国家信息基础设施保护法》加强了对国家信息基础设施的法律保护力度。2000 年，《政府信息安全改革法》建立了联邦政府部门信息安全监督机制。2002 年，《电子政府法》详细规定了政府机构的信息安全问题。《关键基础设施信息保护法》则建立了一套完整详细的关键基础设施信息保护程序。

（三）俄罗斯：注重网络安全纲领性文件的制定

近年来，俄罗斯互联网快速发展，与此同时，互联网安全态势严峻，电脑病毒、社交网站账户泄露、个人数据被窃、网络攻击等安全漏洞造成了巨大经济损失。为应对网络袭击和威胁，俄罗斯采取了多种手段，通过制定战略、政策和法律法规等，加强互联网治理，保障网络安全。其中，网络安全战略的顶层设计，规定了国家在建立信息资源库、信息网络化以及维护网络安全等方面的责任。[1] 2013 年 1 月，俄罗斯国家计算机信息安全机制建立。这一机制是俄罗斯对国家信息安全、计算机网络安全和个人重要数据安全防范保护的一次重要探索。2013 年 7 月，俄罗斯总统普京为应对信息安全威胁，签发纲领性文件《2020 年前俄罗斯联邦国际信息安全领域国家政策框架》。2021 年 7 月，俄罗斯出台新版《国家安全战略》，确定了数据安全领域的国家利益和战略优先方向，并制定了相关国家安全保障措施和政策法规。2006 年，《信息、信息技术和信息保护法》的出台奠定了俄罗斯信息化建设和信息安全建设的基础。

除纲领性机制和法律文件外，俄罗斯还陆续出台了一系列法令法规以明确具体规则，[2] 如《有关电子数字签名法令》《有关 2020 年前国际信息安

① 李媛：《俄罗斯网络安全治理及其启示》，《中国社会科学报》2017 年 3 月 27 日。
② 赵路：《俄罗斯通过立法构建网络安全"防火墙"》，《检察日报》2020 年 3 月 4 日。

全的国家基本政策法令》《俄罗斯联邦信息和信息化领域立法发展构想》等，这些都对俄罗斯的网络空间秩序建设和涉及网络安全的事项与活动起到了系统性的规范作用。此外，俄罗斯还建立了多重网络安全监管和威胁应对机构。国内层面，在内务部、安全局、国防部均设立了网络信息安全相关的调查局处理境内网络犯罪相关事宜，并针对利用网络空间便利危害国家和经济安全的他国情报机构和犯罪组织进行有力打击。国际层面，俄美双方在爱尔兰"八国峰会"期间协商共建"网络空间安全工作组"，专门处理两国信息通信技术领域的威胁问题和国际安全领域的信息通信技术问题。

（四）中国：综合性立法划定数据安全风险红线

中国围绕数据安全领域广泛适用的行业及场景，制定了三部符合我国现实的综合性法律，构成了以《中华人民共和国网络安全法》《中华人民共和国数据安全法》《中华人民共和国个人信息保护法》为代表的覆盖网络安全、数据安全和个人信息保护三个交叉领域的数据安全立法体系，夯实了数据安全保护的基础性"法律堡垒"。2017年，《网络安全法》施行，对基础设施及个人信息的保护进行强调，提出数据泄露通知、个人删除权、个人信息境内存储及出境评估等规定。2021年9月1日，《数据安全法》施行，对数据处理利用、数据安全保障、数据合法权益、国家数据安全作出了明确规范。2021年11月1日，《个人信息保护法》施行，对收集个人信息、大数据杀熟、人脸信息等敏感信息的处理作出规制。我国的三部单行法立法与俄罗斯的纲领性立法类似，中国的这三部单行法在国家数据立法层面起到了"领头羊"的作用，为数字治理的专门领域规制提供了基本框架，充分回应了社会关切，为破解数据安全保护中的热点难点问题提供了强有力的法律保障。

除三部基本法以外，中国还出台了一系列的数据安全领域的管理条例，形成了"一点多面"配套式的地方性法规及文件规范体系。2021年8月，为规范与汽车数据相关的处理活动，国家互联网信息办公室审议

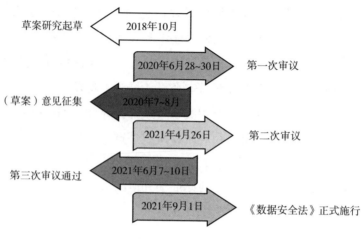

草案研究起草 　2018年10月

2020年6月28~30日　第一次审议

（草案）意见征集 　2020年7~8月

2021年4月26日　第二次审议

第三次审议通过 　2021年6月7~10日

2021年9月1日　《数据安全法》正式施行

图1　《数据安全法》立法过程

通过《汽车数据安全管理若干规定（试行）》。2021 年 11 月，《网络数据安全管理条例（征求意见稿）》发布，以我国数据安全领域的三部单行法为基础，细化规定了数据处理者在实施操作、责任界定、惩罚措施等方面的责任内容，弥补了网络数据安全管理领域法律规则体系中行政法规层级制度的缺失。同年 11 月，国家互联网信息办公室审议通过《网络安全审查办法》，进一步为保障关键信息基础设施供应链安全筑牢防线。

此外，我国各地近年来结合自身发展情况，积极制定出台了与数据相关的条例。例如，贵州、天津、海南、山西、吉林、安徽、山东、辽宁、黑龙江、陕西、宁夏等地面向公共数据领域，出台了大数据保护条例（包括草案）。上海、河南、深圳则分别发布《上海市数据条例》、《河南省数据条例（草案）》（征求意见稿）、《深圳经济特区数据条例》，不仅涉及公共数据，还涵盖个人数据等相关规定。随着我国自上到下逐步建立层次分明、重点突出的数据安全法规监管体系，针对侵害个人信息行为的相关监管也逐步呈现出多部门监管、执法常态化、监管措施多样等特点（见表1）。

表 1　《数据安全法》重要地方配套条例

地区	名称	通过/征求时间	施行时间
深　圳	《深圳经济特区数据条例》	2021 年 6 月	2022 年 1 月 1 日
山　东	《山东省大数据发展促进条例》	2021 年 9 月	2022 年 1 月 1 日
上　海	《上海市数据条例》	2021 年 11 月	2022 年 1 月 1 日
福　建	《福建省大数据发展条例》	2021 年 12 月	2022 年 2 月 1 日
陕　西	《陕西省大数据发展应用条例(征求意见稿)》	2021 年 11 月	—
黑龙江	《黑龙江省促进大数据发展应用条例(征求意见稿)》	2021 年 11 月	
辽　宁	《辽宁省大数据发展应用促进条例(草案)》	2021 年 12 月	—
河　南	《河南省数据条例(草案)》(征求意见稿)	2022 年 3 月	—

三　《数据安全法》出台的现实意义和时代价值

(一)填补了数字时代我国重要的法律板块

2003 年,我国开始关注个人信息保护立法,国务院信息化办公室正式开展立法研究工作,并于 2005 年完成《个人信息保护法(专家建议稿)》。2012 年全国人大常委会《关于加强网络信息保护的决定》出台,2016 年《网络安全法》出台,2017 年《电子商务法》出台。[①] 随着数字化的深入,其他领域的立法也兼顾了数据安全问题,如 2013 年的《消费者权益保护法(修订)》、2015 年的《刑法修正案》和 2020 年的《民法典(人格权编)》都有个人信息保护相关内容,但尚未全面建立数据安全保护相关的法律体系,而《个人信息保护法》的出台,进一步为保障个人信息的宪法性权利奠定了基础。直至 2021 年 11 月《数据安全法》出台,我国的网络法律体系才得以完整,形成了覆盖个人、数据和网络三维立体的基础法律制度保障体系。

---

① 王融:《〈个人信息保护法〉——五个划时代意义》,《大数据时代》2021 年第 9 期。

（二）确立了与数字大国相匹配的法律制度

二十多年前，中国是国际互联网世界的起步者和跟随者，但经过 20 余年的飞速发展，中国已然屹立于全球数字大国之列。数字技术、数字消费、数字交通、数字医疗等蓬勃发展，数字产业的规模化和巨大变革让整个中国经济实现了跨越式发展，中国速度再一次在数字领域得以证明。但长期以来，在大跨步向前挺进的数字化步伐中，滞后的法律制度体系制约了我国数字经济的高质量发展。在数字经济发展生机勃勃的今天，中国已经无法回避数据保护、数据安全、数据控制、数据流动交易等一系列问题，必须给出可行的制度性回应和法律回应。《数据安全法》的出台，是继《网络安全法》后针对数字安全领域的专门立法。从法律制度层面补齐了数据分类分级、确保数据合法有序流动、数据合理利用等方面的重大法律规定，具有极其重要的意义。一是建立数据分级分类制度。精准管理数据类别和数据级别，最大化数据保护效能和利用效能。二是确立应急处置机制应对可能出现的数据安全风险。从法律层面确立应急处置规定和规范，可以高效科学地应对数据安全事件，降低损耗。三是确立数据安全风险预警机制。通过对数据安全风险开展评估、报告、信息共享和监测预警，先控先知数据安全风险，高效防范化解公民、企业和社会在数字经济运行中可能出现的风险。四是确立数据安全审查制度。严格审查事关国家安全的数据，维护国家安全和公民利益。可以说，《数据安全法》中四个标志性制度的建立，是我国作为网络强国和数字大国进一步加快健康法治数字进程的重大助推器。

（三）彰显了以人为本、立法为民的新作为

享受数字化技术便利的每位个体，也在为无所不在的数据处理感到深深不安。尤其是对老年人、残疾人来说，数字智能技术服务下的世界好似存在一道无形的屏障，把他们挡在便捷之门外。数字鸿沟成为老龄化社会中不可回避的话题。破解老年人在数字时代的困境，是重建弱势群体在数字时代的人本之路，也是重建数字时代个体的信心与信任，实现数字社会公平、文

明、和谐的文明探索之路。国家支持开发利用数据，提升公共服务的智能化水平。提供智能化公共服务，应当充分考虑老年人、残疾人的需求，避免对老年人、残疾人的日常生活造成障碍。① 恰逢疫情背景下大数据的公共服务应用迅速推广，倒逼了一部分高龄和视障群体学习智能设备和适应数字生活。但我国在老年人、残疾人智能化公共服务的改善方面仍有较长的路要走。法律制度保障将在很大程度上成为数字发展进程中以人为本、立法为民的护身符。

（四）形成了与国际通行规则衔接的新体系

在数据安全成为大国博弈新战场的今天，各国在网络空间争夺和数据资源争夺方面摩擦频发。美国、欧盟早已意识到利用法律法规对境外企业和数据实施管辖的重要性。例如美国的《澄清境外数据的合法使用法案》《外国投资审查现代化法》等，均是以保护国家安全为由，对涉外数据调用和对境外企业制裁的合法化处理方式。欧盟也不断通过《数字服务法》等法律法规保护单一市场企业，创造良好的数据流动规则和健康的数字竞争环境。面对这样的国际通行规则体系，我国《数据安全法》的出台，既旗帜鲜明地维护了国家安全和利益，又明确了禁止关键数据出口的合法依据。如《数据安全法》明确规定了针对数据跨境流动要实施出口管制和报批，这正是全球数字化背景下保护国家重要数据安全的反制措施。这有助于开展跨境国际数据交流合作，促进数据跨境安全自由流动，履行数据相关主体的责任义务和报批流程，实施国家利益的数据出口管制。应对境外数据活动的歧视性政策和反制措施，不仅使得我国境内数据安全保护有法可依，而且使得对外数据调用的反击措施也有法可依。②

---

① 《中华人民共和国数据安全法》，http://www.npc.gov.cn/npc/c30834/202106/7c9af12f51334a73b56d7938f99a788a.shtml，2021 年 6 月 10 日。
② 张莉：《〈数据安全法〉对数据安全风险设置"红线"》，《中国对外贸易》2021 年第 7 期。

（五）提供了全球数据安全治理的中国方案

《数据安全法》为中国的数据治理探索踏出了坚实一步，同时也为全球数据安全治理提供了可行的中国方案。通过对其中条款的拆解，可以看到我国数据安全治理的框架体系。首先是由风险评估、报告和信息共享构成的数据安全事前保护义务；其次是由数据安全监测预警起到的事中保护义务；最后是由应急管理处置机制实现的事后保护义务。此外，该法案始终秉持安全与发展并重的原则，与国际数据安全治理的总目标一致。在数据经济时代，提高数据开发程度、利用效率和交易成功率，就是充分释放数字红利，回馈相关主体的数据创造贡献，是国际社会致力于保护数据安全、营造良好安全生态的终极意义所在。该法案还积极回应社会关切，紧贴时代脉搏。通过对重要数据管理、行业自律管理、数据交易管理等制度的建设，对社会弱势群体的数字体验的关切，以及对国内国际数据流通问题的回应，《数据安全法》为后疫情时代下的全球数字治理探索了一条具有法律刚性和人文柔性的刚柔并济之路。

四　完善我国数据安全治理体系的对策建议

（一）构建"攻防兼备"的涉外数据安全制度

习近平总书记法治思想"十一个坚持"的重要内容之一，就是要坚持统筹推进国内法治和涉外法治。[①] 要加快完善中国特色社会主义法律体系，以良法促进发展、保障善治，统筹推进国内法治和涉外法治是对国家重点领域、新兴领域、涉外领域立法提出明确要求。面对日益严峻的国际数据安全形势，无论是针对跨境数据犯罪、数据长臂管辖还是数据领域的非常规反垄断行为，

---

① 马怀德：《在法治建设中贯彻落实好"十一个坚持"》，https：//m. gmw. cn/baijia/2020-12/09/34444431. html，2020 年 12 月 9 日。

构建"攻防兼备"的涉外数据安全制度都是大势所趋。要构建合理的涉外数据安全制度，强化利用法治思维和法治方式，坚决维护国家主权尊严和核心利益，在国际上敢于开展法律层面的软实力斗争，进一步完善数字领域反制裁、反干涉、反制"长臂管辖"法律法规。要加快数据安全涉外立法工作的战略布局和顶层设计，对可能发生的全球性数据安全风险作出准确预判，并结合国际上现有的法律规制提出符合中国国情的法理构想。要重点关注对国民经济有关键性支撑作用的重点领域数据保护，确保涉外法治真正维护国家核心利益。要加快研究制定能够有效应对外部挑战的法律防备体系，充实国际反制的法律"工具箱"，完善阻断立法、推进反干预防渗透立法，适时制定阻遏和威慑反华势力的"对外制裁法"和"国家豁免法"，构建强大的"法律盾牌"，为中华民族伟大复兴和构建人类命运共同体提供坚实的法律保障。

（二）构建"三位一体"的数据安全治理体系

在《数据安全法》的总领下，亟须在政策层面、市场层面和技术层面构建"三位一体"的数据安全治理框架，形成完备的数据安全治理体系，形成模式新颖、形式多样、布局优化的数据安全治理新局面。在国家和政府层面，要持续完善数据安全标准规范和相关实施细则。以政策为引领，抓准数据安全产业需求，持续孵化相关项目、企业和组织，在高精尖网络安全防控的关键技术研发和成果转化上发力。以政府为主导，开展各行业、各领域数据安全情况调研，制定要求合理、覆盖范围广、分类明确的标准规范和条令条例。在市场层面，需要建立具有政府公信力的第三方数据安全评估、服务、监管与审计平台。为需要使用进行数据获取、数据挖掘、数据分析和数据交易的个人或组织提供专门的数据安全服务、监管和审计业务。在技术层面，可以利用区块链去中心化、可溯源、不可篡改等技术特点，把技术运用到技术之上，确保平台的过程留痕，合理规避大多数人为风险。

（三）构建全球统一的跨境数据流动规则体系

当前，我国尚未与欧盟或美国等大的数据经济体签订明确可供执行的跨境数据流动协议，而且相较于美欧推进的数据战略和顶层设计，尚无一套清晰的跨境数据规制和国际战略。① 这可能会导致国家间独立为"数据孤岛"，国际数字治理能效削弱。面对世界各国政府争相通过数据政策争夺跨境数据流动话语权的现状，我国应积极在《全球数据安全倡议》的基础上，与主要数字大国一起努力，共商共建全球统一的跨境数据流动规则体系。该体系应遵循数据分级分类流动原则，优先开放文化数据，促进国际文化多样性的绽放；建立能促进国际经济良性循环的经济领域数据交易规则，促进全球数字经济振兴；签订符合各国利益的国家关键数据保护条例，维护本国根本利益。在规则之下，各国还应共享数据跨境跨组织流动共享的关键隐私保护技术，解决跨组织的数据授权管理和数据流向追踪问题等。

参考文献

习近平：《不断做强做优做大我国数字经济》，《求是》2022 年第 2 期。

全国人大常委会办公厅研究室：《国外网络信息立法情况综述》，《中国人大》2012 年第 22 期。

法规应用研究中心编《数据安全法一本通》，中国法制出版社，2021。

李媛：《俄罗斯网络安全治理及其启示》，《中国社会科学报》2017 年 3 月 27 日。

赵路：《俄罗斯通过立法构建网络安全"防火墙"》，《检察日报》2020 年 3 月 4 日。

王融：《〈个人信息保护法〉——五个划时代意义》，《大数据时代》2021 年第 9 期。

张莉：《〈数据安全法〉对数据安全风险设置"红线"》，《中国对外贸易》2021 年第 7 期。

张茉楠：《跨境数据流动：全球态势与中国对策》，《开放导报》2020 年第 2 期。

《中华人民共和国数据安全法》，http：//www.npc. gov. cn/npc/c30834/202106/7c9af12f51334a73b56d7938f99a788a. shtml，2021 年 6 月 10 日。

於兴中：《他山之石：欧盟的数据空间制度》，http：//www. zgzcinfo. cn/news/show/19-23371. html，2021 年 4 月 20 日。

沈敏：《欧盟史上最严数据保护条例生效　影响全球在欧有业务企业》，https：//

---

① 张茉楠：《跨境数据流动：全球态势与中国对策》，《开放导报》2020 年第 2 期。

www. guancha. cn/europe/2018_ 05_ 26_ 457990. shtml，2018 年 5 月 26 日。

马怀德：《在法治建设中贯彻落实好"十一个坚持"》，https：//m. gmw. cn/baijia/2020-12/09/34444431. html，2020 年 12 月 9 日。

《〈全球数据安全倡议〉为全球治理注入新动力》，https：//www. fmprc. gov. cn/web/wjb _ 673085/zzjg _ 673183/jks _ 674633/jksxwlb _ 674635/202011/t20201124 _ 7667460. shtml，2021 年 11 月 24 日。

附 录

B.18
大数据大事记

2021年

2021 年 2 月 7 日 国务院反垄断委员会发布《关于平台经济领域的反垄断指南》，旨在预防和制止平台经济领域垄断行为，促进平台经济规范有序创新健康发展。

2021 年 2 月 8 日 中国首款量子计算机操作系统——"本源司南"正式发布，标志着国产量子软件研发能力已达国际先进水平。

2021 年 2 月 18 日 贵州首条国际互联网数据专用通道——贵安国际互联网数据专用通道竣工验收。

2021 年 2 月 20 日 银保监会办公厅印发《关于进一步规范商业银行互联网贷款业务的通知》，进一步细化《商业银行互联网贷款管理暂行办法》审慎监管要求。

2021 年 2 月 24 日 银保监会办公厅、中央网信办秘书局等联合印发《关于进一步规范大学生互联网消费贷款监督管理工作的通知》，以大学生互联网消费贷款业务为重点，进一步加强放贷机构客户营销管理和风险防范要求，切实维护学生合法权益。

2021年3月10日 中国太保产险上海分公司为临港集团旗下上海临港新片区经济发展有限公司项目公司签发了上海市第一张数字人民币保单，实现了通过数字人民币服务国家战略的首次创新实践落地。

2021年3月12日 国家互联网信息办公室、工业和信息化部、公安部、市场监管总局四部门联合印发《常见类型移动互联网应用程序必要个人信息范围规定》，明确移动互联网应用程序（App）运营者不得因用户不同意收集非必要个人信息而拒绝用户使用App基本功能服务。

2021年3月15日 由国家市场监督管理总局制定出台的《网络交易监督管理办法》正式发布，对相关法律规定进行细化完善，制定了一系列规范交易行为、压实平台主体责任、保障消费权益的具体制度规范。

2021年3月15日 辽宁省大连市两家燃油贸易企业通过数字人民币（e-CNY）支付方式在航运产业数字平台上完成一笔燃油交易的结算业务，这是中国首笔用数字人民币来实现B2B的支付结算。

2021年3月17日 交通运输部会同工业和信息化部、国家标准化管理委员会联合印发《国家车联网产业标准体系建设指南（智能交通相关）》，推进先进技术在智能交通领域的应用，促进自动驾驶和车路协同技术应用和产业健康发展。

2021年3月23日 北京市经济和信息化局发布《北京市"十四五"时期智慧城市发展行动纲要》，提出到2025年，将北京建设成为全球新型智慧城市的标杆城市。

2021年3月24日 科技部分别发函支持苏州市、长沙市建设国家新一代人工智能创新发展试验区。至此，我国国家新一代人工智能创新发展试验区拟将扩容至14市1县。

2021年3月24日 浙江省首笔基于区块链"电子票据+电子病历"的商保理赔在绍兴市上虞区完成赔付，这是由浙江省财政厅联合省卫生健康委在全省推广的商保直赔试点。

2021 年 3 月 26 日　中国人民银行印发《人工智能算法金融应用评价规范》，为金融机构加强智能算法应用风险管理提供指引。

2021 年 4 月 5 日　由深圳市税务局、国家电网、公安第三研究所、腾讯等机构参与发起的《基于区块链技术的电子发票应用推荐规程》国际标准，正式通过 IEEE-SA（电气和电子工程师协会标准协会）确认发布，这是全球首个基于区块链的电子发票应用国际标准，也是国内税务系统首个国际标准。

2021 年 4 月 20 日　中国开通全球规模最大互联网试验设施主干网——"未来互联网试验设施 FITI"高性能主干网。FITI 主干网核心节点分布在全国 31 个省区市，核心节点间的带宽达到 200G。

2021 年 4 月 21 日　欧盟委员会提出一项旨在加强人工智能（AI）技术监管的法规草案——"制定关于人工智能的统一规则，并修订部分欧盟法条"，欧盟拟成为全球首个就如何使用人工智能出台规则的大型司法管辖区。

2021 年 4 月 27 日　国务院第 133 次常务会议通过《关键信息基础设施安全保护条例》，指出国家对关键信息基础设施实行重点保护，采取措施，监测、防御、处置来源于中华人民共和国境内外的网络安全风险和威胁，保护关键信息基础设施免受攻击、侵入、干扰和破坏，依法惩治危害关键信息基础设施安全的违法犯罪活动。

2021 年 5 月 17~27 日　工信部信息技术发展司和科技司共同指导的数字化供应链国际标准——《数字化供应链成熟度模型》（*Maturity Model of Digital Supply Chain*）在国际电信联盟正式立项。该标准是国际电信联盟首个数字化供应链领域国际标准，其立项是我国贡献数字化供应链中国方案的重要里程碑。

2021 年 5 月 24 日　国家发展改革委、中央网信办、工业和信息化部、国家能源局联合印发《全国一体化大数据中心协同创新体系算力枢纽实施方案》，明确提出布局全国算力网络国家枢纽节点，启动实施"东数西算"工程，构建国家算力网络体系。

2021 年 5 月 26 日　由国网科技部、国网互联网部指导，国网电商公司牵头的"区块链+碳交易"国际标准——P3218《基于区块链的碳交易应用标准》获 IEEE-SA（电子电气工程师协会标准协会）批准正式立项，成为全球首个碳交易领域的区块链国际标准。

2021 年 5 月 27 日　工业和信息化部、中央网络安全和信息化委员会办公室联合发布《关于加快推动区块链技术应用和产业发展的指导意见》，提出到 2025 年，区块链产业综合实力达到世界先进水平，产业初具规模。

2021 年 5 月 27 日　国家统计局发布《数字经济及其核心产业统计分类（2021）》，从经济测算角度对数字经济的范畴和分类做出明确划分。

2021 年 5 月 27 日　由大数据战略重点实验室研究编著、社会科学文献出版社出版的《大数据蓝皮书：中国大数据发展报告 No.5》在 2021 年数博会上发布。课题组在此前基础上对评估体系进行了完善优化，进而形成了"数典贵阳指数"。其包含的六大指数既各有侧重，又形成有机整体，具有系统性、延续性、前瞻性等特点，已成为记录大数据发展进程、评测大数据发展现状、把脉大数据发展趋势的重要工具。

2021 年 5 月 28 日　数字中国智库论坛海外学术峰会暨《大数据百科术语辞典》全球首发仪式在贵阳举行。该辞典是全球首套系统研究大数据术语的多语种智能化专业辞典，创新性地提供汉语与阿拉伯语、英语、法语、德语、意大利语、日语、韩语、葡萄牙语、俄语、西班牙语、柬埔寨语、希伯来语、印尼语、马来语、蒙古语、波斯语、塞尔维亚语、泰语、土耳其语和乌尔都语等二十种语言文字的对照。

2021 年 6 月 1 日　北京智源人工智能研究院发布全球最大的超大规模智能模型"悟道 2.0"。"悟道 2.0"模型的参数规模达到 1.75 万亿，打破了之前由谷歌预训练模型创造的 1.6 万亿的纪录，是中国首个、全球最大的万亿级模型。

2021 年 6 月 10 日　十三届全国人大常委会第二十九次会议表决通过《中华人民共和国数据安全法》，这部法律是数据领域的基础性法律，也是国家安全领域的一部重要法律，将于 2021 年 9 月 1 日起施行。

2021 年 6 月 29 日　深圳市第七届人民代表大会常务委员会第二次会议通过《深圳经济特区数据条例》，这是国内数据领域首部基础性、综合性立法。

2021 年 7 月 1 日　教育部等六部门印发《关于推进教育新型基础设施建设构建高质量教育支撑体系的指导意见》，提出到 2025 年，基本形成结构优化、集约高效、安全可靠的教育新型基础设施体系。

2021 年 7 月 4 日　工信部印发《新型数据中心发展三年行动计划（2021—2023 年）》，明确用 3 年时间，基本形成布局合理、技术先进、绿色低碳、算力规模与数字经济增长相适应的新型数据中心发展格局。

2021 年 7 月 5 日　浙江省市场监管局批准发布《数字化改革　公共数据分类分级指南》《数字化改革　公共数据目录编制规范》省级地方标准，以指导浙江省数字化改革。其中，《数字化改革　公共数据分类分级指南》是浙江省针对公共数据分级分类发布的首个省级地方标准。

2021 年 7 月 9 日　工业和信息化部联合中央网信办发布《IPv6 流量提升三年专项行动计划（2021—2023 年）》，围绕 IPv6 流量提升总体目标，明确了未来三年的重点发展任务，标志着我国 IPv6 发展历经网络就绪、端到端贯通等关键阶段后，正式步入"流量提升"时代。

2021 年 7 月 11 日　广东省人民政府印发全国首份数据要素市场化配置改革文件——《广东省数据要素市场化配置改革行动方案》，明确从释放公共数据资源价值、激发社会数据资源活力、加强数据资源汇聚融合与创新应用、促进数据交易流通、强化数据安全保护等方面着力，加快培育数据要素市场。

2021 年 7 月 12 日　工业和信息化部、中央网络安全和信息化委员会办公室、国家发展和改革委员会等十部门联合印发《5G 应用"扬帆"行动计划（2021—2023 年）》，提出打造 IT（信息技术）、CT（通信技术）、OT（运营技术）深度融合新生态，实现重点领域 5G 应用深度和广度双突破，构建技术产业和标准体系双支柱。

2021 年 7 月 14 日　广东省人民政府发布《广东省数字政府改革建设

"十四五"规划》，为广东未来五年的数字政府改革建设制定了"任务书""路线图"。

2021年7月20日 广东省第十三届人民代表大会常务委员会第三十三次会议通过《广东省数字经济促进条例》，聚焦"数字产业化、产业数字化"两大核心，突出制造业数字化转型，做好数据资源开发利用保护和技术创新，加强粤港澳大湾区数字经济规则衔接、机制对接。

2021年7月20日 商务部、中央网信办、工信部联合印发《数字经济对外投资合作工作指引》，提出完善对外投资备案报告制度，用好境外企业和对外投资联络服务平台，加强监测与分析，做好风险预警。提升对外投资合作数字化管理水平，加强部门间信息共享和协同监管。

2021年7月23日 中央网信办、国家发改委、工信部印发《关于加快推进互联网协议第六版（IPv6）规模部署和应用工作的通知》，提出到2023年末，基本建成先进自主的IPv6技术、产业、设施、应用和安全体系，形成市场驱动、协同互促的良性发展格局。

2021年7月27日 工业和信息化部、公安部、交通运输部联合印发《智能网联汽车道路测试与示范应用管理规范（试行）》，旨在加快制造强国、科技强国、网络强国、交通强国建设，推动汽车智能化、网联化技术应用和产业发展，规范智能网联汽车道路测试与示范应用。

2021年8月16日 国家互联网信息办公室、国家发展和改革委员会、工业和信息化部、公安部、交通运输部联合发布《汽车数据安全管理若干规定（试行）》，以期规范汽车数据处理活动，保护个人、组织的合法权益，维护国家安全和社会公共利益，促进汽车数据合理开发利用。

2021年8月20日 十三届全国人大常委会第三十次会议表决通过了《中华人民共和国个人信息保护法》，明确了个人信息处理和跨境提供的规则、个人信息处理者的义务等内容。

2021年8月27日 浙江省市场监督管理局发布全国首个平台企业竞争合规指引——《浙江省平台企业竞争合规指引》，归纳提炼了7类具有平台企业特性的竞争违法行为，以及14类具有平台企业特性的高风险敏感行为。

2021年9月8日　贵州获批建设"省部共建公共大数据国家重点实验室",该实验室也成为当前我国大数据领域首个国家重点实验室。

2021年9月22日　英国数字、文化、媒体和体育部(DCMS)正式发布《国家人工智能战略》,旨在使英国成为人工智能领域的超级大国。

2021年9月29日　国家互联网信息办公室、中央宣传部、教育部、科学技术部、工业和信息化部、公安部、文化和旅游部、国家市场监督管理总局、国家广播电视总局等九部门联合印发了《关于加强互联网信息服务算法综合治理的指导意见》。

2021年10月2日　英国国防大臣本·华莱士(Ben Wallace)表示,英国政府将耗资50亿英镑建立国家网络部队(NCF)总部(数字战中心),使英国位于能够发动进攻性网络攻击的国家的领先位置。

2021年10月8日　美团公司因"二选一"垄断行为被国家市场监督总局罚款34.42亿元。

2021年10月11日　贵州新的大数据交易中心正式运行,标志着贵州数据流通交易进入2.0时代。

2021年10月13日　七国集团(G7)财政部领导人在美国华盛顿举行会议,讨论央行数字货币(CBDC),并发布指南及有关金融系统、金融普惠、促进数字化及反洗钱措施等13项公共原则。

2021年10月15日　中国移动通信联合会元宇宙产业委员会获批成立,是国内首家获批的元宇宙行业协会,致力于推动元宇宙产业健康持续发展。

2021年10月16日　广东省开出中国首张公共数据资产凭证,率先为数据要素市场化配置改革破局。

2021年10月18日　中共中央政治局就推动我国数字经济健康发展进行第三十四次集体学习,习近平提出要把握数字经济发展趋势和规律,推动中国数字经济健康发展。

2021年10月30日　工信部印发《"十四五"大数据产业发展规划》,这也是我国大数据产业的第二个五年规划,指出在当前我国迈入数字经济的关键时期,大数据产业将步入"集成创新、快速发展、深度应用、结构优化"的高质量发展新阶段。

2021 年 11 月 1 日　工业和信息化部发布《"十四五"信息通信行业发展规划》，描绘了信息通信行业的发展蓝图，是未来五年加快建设网络强国和数字中国、推进信息通信行业高质量发展、引导市场主体行为、配置政府公共资源的指导性文件。

2021 年 11 月 1 日　中国商务部部长王文涛致信新西兰贸易与出口增长部长奥康纳，代表中方向《数字经济伙伴关系协定》（DEPA）保存方新西兰正式提出申请加入 DEPA。

2021 年 11 月 3 日　首尔市政府正式宣布，将建立一个元宇宙平台，通过在线虚拟世界为广大市民提供新型智慧公共服务，届时，首尔市政府将成为韩国首个提供元宇宙服务平台的大都市政府。

2021 年 11 月 10 日　位于北京城市副中心的征信数据共享链平台实现首笔跨链交易，为两家银行提供了贷前、贷后企业数据信息查询，拓展征信数据共享应用场景。

2021 年 11 月 11 日　迪拜王储哈姆丹宣布阿拉伯联合酋长国的迪拜政府已完成其数字化转型战略，成为世界上第一个"无纸化"政府。

2021 年 11 月 15 日　工信部正式发布《"十四五"软件和信息技术服务业发展规划》，围绕高质量发展主题，聚焦产业基础高级化、产业链现代化，提出"四新"发展目标。

2021 年 11 月 17 日　工业和信息化部正式印发了《"十四五"信息化和工业化深度融合发展规划》，全面部署"十四五"时期两化深度融合发展工作重点，加速制造业数字化转型，持续做好两化深度融合这篇大文章。

2021 年 11 月 18 日　张家界元宇宙中心在武陵源区大数据中心正式挂牌。自此，张家界成为全国首个设立元宇宙研究中心的景区，揭开了元宇宙与旅游融合发展的大幕。

2021 年 11 月 25 日　上海数据交易所在沪揭牌成立，并全国首发数商体系、首发数据交易配套制度、首发全数字化数据交易系统、首发数据产品登记凭证、首发数据产品说明书，有望成为引领全国数据要素市场发展的

"上海模式"。

2021 年 11 月 25 日 联合国教科文组织在法国巴黎发布了《人工智能伦理建议书》，这是全球首个针对人工智能伦理制定的规范框架。

2021 年 11 月 26 日 国务院印发《关于支持北京城市副中心高质量发展的意见》，提出支持北京城市副中心大力发展数字经济，推进智慧城市建设。

2021 年 12 月 3 日 湖南省第十三届人民代表大会常务委员会第二十七次会议通过了《湖南省网络安全和信息化条例》，将从 2022 年 1 月 1 日起施行。该条例是我国第一部同时规范网络安全和信息化工作的省级地方性法规。

2021 年 12 月 7 日 工信部正式复函支持苏州创建区块链发展先导区，这也是全国首个正式获批创建的国家级区块链发展先导区。

2021 年 12 月 8 日 国家发改委、中央网信办、工信部、国家能源局联合印发了《贯彻落实碳达峰碳中和目标要求 推动数据中心和 5G 等新型基础设施绿色高质量发展实施方案》。

2021 年 12 月 8 日 英国数据伦理与创新中心（CDEI）发布全球首份人工智能保障生态系统路线图，阐述了建立世界领先的人工智能保障生态系统所需完成的工作。

2021 年 12 月 17 日 清华大学发布了新一代数据确权与交易关键技术，提出了以经济学机制设计和公钥密码学为基础的数据交易解决方案，为解决大规模数据交易提供了有效解决方案。

2021 年 12 月 20 日 华为云计算技术有限公司贵安园区开园，这也是华为全球最大的云数据中心。

2021 年 12 月 21 日 工业和信息化部等八部门联合印发了《"十四五"智能制造发展规划》，作为制造业发展的顶层纲领性文件，将为促进制造业高质量发展、加快制造强国建设、发展数字经济、构筑国际竞争新优势提供有力支撑。

2021 年 12 月 21 日 工信部、国家发改委等十五部门正式印发《"十四五"机器人产业发展规划》，提出到 2025 年我国成为全球机器人技术创新策源地、高端制造集聚地和集成应用新高地。

2021 年 12 月 21 日　上海市委经济工作会议指出，要"引导企业加紧研究未来虚拟世界与现实社会相交互的重要平台，适时布局切入"。这被业内称为"我国地方政府对元宇宙相关产业发展的第一次正面表态"。

2021 年 12 月 24 日　国家发展改革委印发《"十四五"推进国家政务信息化规划》，提出加强政务数据资源的归集汇聚、共享交换和开发利用，系统性提升用数据决策、用数据管理、用数据监管、用数据服务的能力，变"建系统"为"用数据"满足业务需求。

2021 年 12 月 24 日　广州市国有资产监督管理委员会发布《广州市国资委监管企业数据安全合规管理指南（试行 2021 年版）》，细化完善了上位法要求，成为地方国资监管部门首部针对数据合规专项领域的操作指南。

2021 年 12 月 27 日　中央网络安全和信息化委员会印发《"十四五"国家信息化规划》，指出"十四五"时期我国信息化进入加快数字化发展、建设数字中国的新阶段。

2021 年 12 月 27 日　上海市经信委印发《上海市人工智能产业发展"十四五"规划》，以进一步发挥人工智能的"头雁效应"。

2022年

2022 年 1 月 5 日　深圳市市场监督管理局印发《深圳经济特区数据条例行政处罚裁量权实施标准》，对其职权范围内的数据执法事项裁量标准进行界定，数据交易、不正当竞争、算法歧视等在列。

2022 年 1 月 5 日　浙江省数字经济发展领导小组办公室发布了《关于浙江省未来产业先导区建设的指导意见》，元宇宙与人工智能、区块链、第三代半导体并列，是浙江到 2023 年重点未来产业先导区的布局领域之一。

2022 年 1 月 6 日　国务院办公厅印发《要素市场化配置综合改革试点总体方案》。方案围绕"探索建立数据要素流通规则"提出，完善公共数据开放共享机制，探索开展政府数据授权运营；建立健全数据流通交易规则，探索"原始数据不出域、数据可用不可见"的交易范式；拓展规范化数据开发利用场景；加强数据安全保护，强化网络安全等级保护要求，推动完善数据分级分类安全保护制度，探索数据跨境流动管控方式，完善重要数据出境安全管理制度。

2022 年 1 月 11 日 电气与电子工程师协会（IEEE）标准委员会正式发布了基于可信执行环境的隐私保护机器学习的国际标准（IEEE Std 2830™），这也是国际上首份此类标准。

2022 年 1 月 12 日 国务院印发《"十四五"数字经济发展规划》，这是我国数字经济领域的首部国家级专项规划，明确了"十四五"时期推动数字经济健康发展的指导思想、基本原则、发展目标、重点任务和保障措施，将作为指导"十四五"时期各地区、各部门推进数字经济发展的行动指南，助力我国数字经济健康发展。

2022 年 1 月 12 日 中央网信办、农业农村部、国家发展改革委、工业和信息化部、科技部、住房和城乡建设部、商务部、市场监管总局、广电总局、国家乡村振兴局印发《数字乡村发展行动计划（2022—2025 年）》，指出数字乡村是乡村振兴的战略方向，也是建设数字中国的重要内容。

2022 年 1 月 16 日 《求是》发表中共中央总书记、国家主席、中央军委主席习近平的重要文章《不断做强做优做大我国数字经济》。

2022 年 1 月 19 日 国家发展改革委等九部门发布《关于推动平台经济规范健康持续发展的若干意见》，提出对人民群众反映强烈的重点行业和领域，加强全链条竞争监管执法，依法查处平台经济领域垄断和不正当竞争等行为。

2022 年 1 月 19 日 北京城市副中心产业高质量发展推进大会首次发布实施《关于加快北京城市副中心元宇宙创新引领发展的八条措施》，将围绕文旅产业发展，瞄准数字赋能、文化和科技融合领域，打造实数融合的文旅新场景，为企业提供丰富的技术展示创造空间。

2022 年 1 月 21 日 中国人民银行印发《金融科技发展规划（2022—2025 年）》，提出以加强金融数据要素应用为基础，将数字元素注入金融服务全流程，将数字思维贯穿业务运营全链条，高质量推进金融数字化转型，健全适应数字经济发展的现代金融体系。

2022 年 1 月 27 日　上海市出台了首份《企业数据合规指引》。指引从数据合规管理体系、数据风险识别、数据风险评估与处置、数据合规运行与保障等方面引导企业加强数据合规管理。

2022 年 2 月 8 日　中国人民银行会同市场监管总局、银保监会、证监会联合印发《金融标准化"十四五"发展规划》，提到要稳妥推进法定数字货币标准研制，探索建立完善的法定数字货币基础架构标准。

2022 年 2 月 15 日　由国家互联网信息办公室、国家发展和改革委员会、工业和信息化部、公安部、国家安全部、财政部、商务部、中国人民银行、国家市场监督管理总局、国家广播电视总局、中国证券监督管理委员会、国家保密局、国家密码管理局等十三部门联合修订发布的《网络安全审查办法》正式施行，确保关键信息基础设施供应链安全，保障网络安全和数据安全，维护国家安全。

2022 年 2 月 21 日　国家发改委、中央网信办、工业和信息化部、国家能源局联合印发通知，同意在京津冀、长三角、粤港澳大湾区、成渝、内蒙古、贵州、甘肃、宁夏等 8 地启动建设国家算力枢纽节点，并规划了 10 个国家数据中心集群。至此，全国一体化大数据中心体系完成总体布局设计，"东数西算"工程正式全面启动。

2022 年 3 月 2 日　中央网信办、教育部、工业和信息化部、人力资源社会保障部联合印发《2022 年提升全民数字素养与技能工作要点》。

2022 年 3 月 3 日　北京市通州区政府印发《关于加快北京城市副中心元宇宙创新引领发展的若干措施》，提出依托通州产业引导基金，采用"母基金+直投"方式联合其他社会资本，打造一支覆盖元宇宙产业的基金，或将成为国内第一支元宇宙基金。

2022 年 3 月 5 日　国务院总理李克强代表国务院向十三届全国人大五次会议作政府工作报告，首次以"单独成段"的方式对数字经济进行表述。在2022 年政府工作任务第四条"深入实施创新驱动发展战略，巩固壮大实体经济根基"中强调"促进数字经济发展，加强数字中国建设整体布局"。

Abstract

In 2021, profound changes unseen in a century accelerated their evolution worldwide. The development of emerging technologies and the COVID – 19 pandemic have profoundly changed the global economic development model, social lifestyle, international political relations and global competition landscape. At the 34th group study session of the Political Bureau of the 19th CPC Central Committee, General Secretary Xi Jinping emphasized that we should give full play to the advantages of massive data and abundant application scenarios, promote the in – depth integration of digital technologies and the real economy, empower the transformation and upgrading of traditional industries, foster new industries, new forms and new models, as well as constantly strengthen and optimize China's digital economy. Facing multiple challenges, including unbalanced fight against COVID–19, rising trade protectionism, digital security and hegemony, countries all over the world, including China, are trying to find more opportunities from digital technologies innovation, digital industry integration, digital society reshaping, digital government building, creation of digital rule of law, and implementation of digital security. This book, based on the findings of related research, innovatively puts forward six indexes, i. e., digital competitiveness index, digital economy index, digital society index, digital government index, digital rule of law index and digital security index. Apart from partial innovation and systematic updating of the evaluation system, it comprehensively evaluates the development of big data in all fields in 2021 on the basis of authoritative statistical data, so as to systematically judge the development efficiency and overall situation of big data in all fields, as well as to provide basis for decision-making and research by relevant institutions.

The digital competitiveness index chapter focuses on the five aspects: digital innovation capability, digital industry capability, digital governance capability, digital service capability and digital security capability. By increasing the number of index levels and expanding data sources, it comprehensively evaluates the digital development levels of the G20 countries and 22 key cities around the world, comprehensively analyzes the advantages and disadvantages of digital development in selected countries or regions, as well as traces the global digital development process. In this way, it provides useful reference for all countries or regions to comprehensively enhance their digital competitiveness.

The digital economy index chapter, proceeding from the theoretical framework of digital economy, focuses on the four evaluation dimensions: data value, digital industry, digitalization of industries and ecological governance. It carries out comprehensive evaluation of 31 provincial−level administrative regions and 31 large and medium−sized cities in China, aiming to measure and evaluate the competitive advantages of these regions during digital transformation and development of economy as well as their capability to boost the development of other fields with these advantages. As for exerting the value of data as a factor of production as well as for the development and utilization of data resources, this chapter offers suggestions on suitable paths based on systematic analysis of related situations and problems.

The digital society index chapter takes the digital service universality, digital life convenience and digital livability in urban and rural areas as three supporting points, constructs a data − driven digital social ecosystem model and index framework, as well as carries out comprehensive evaluation for 31 provincial−level administrative regions in China. It focuses on objectively reflecting the development efficiency of digital society construction in these regions from the aspects of development scale, application effect and sustainable development ability. This chapter also focuses on the construction and governance of trusted digital identity and the practical innovation of digital citizens, as well as explores the realization path of building a digital social governance community.

The digital government index chapter, based on the governance modernization theory, the new public governance theory and the technology governance theory, constructs a digital government index framework which

includes six dimensions: infrastructure support, data resource support, data application integration, government service perfection, governance efficiency improvement and social public satisfaction. It aims to objectively present the digital government construction process and its achievements in 31 provincial – level administrative regions in China, as well as to provide reference for the digital reform and development of local governments. This chapter constructs the theory and evaluation model of digital leadership for the government and its leaders, thus providing a reference framework for the in-depth understanding and evaluation of government digital leadership.

The digital rule of law index chapter, on the basis of comprehensively sorting out the progress and factors of digital rule of law, constructs the theoretical model and evaluation system of digital rule of law from three dimensions: data legislation, digital justice and digital rights protection, as well as comprehensively evaluates the development level of digital rule of law in 31 provincial-level administrative regions in China, with a view to providing effective evaluation and reference for the development of digital rule of law, as well as helping improve the ability and level of digital rule of law in various regions. This chapter also systematically analyzes the general trend of big data – related local legislation from the aspects of legislative process, legislative area, legislative mode and scope of application, and makes a comparative analysis of the key areas and characteristic highlights of local legislation.

The digital security index chapter, on the basis of comprehensively sorting out the development trends in various fields of digital security, constructs a digital security index evaluation system from four dimensions: security system, security industry, security capability and security ecosystem, as well as systematically presents the digital security situations and development trends of 31 provincial-level administrative regions in China, with a view to providing useful reference for the construction of digital security system, industrial layout, capacity improvement and ecological construction in various localities. This chapter also compares and analyzes the international development pattern of legislative practice in the field of data security, comprehensively summarizes the practical significance and era value of China's "Data Security Law", as well as puts forward corresponding improvement suggestions.

Keywords: Digital Competitiveness Index; Digital Economy Index; Digital Society Index; Digital Government Index; Digital Rule of Law Index; Digital Security Index

Contents

I Global Digital Competitiveness Index

Abstract: The ups and downs of global COVID − 19 pandemic have profoundly changed the global economic development model, social life style, international political relations and global competition landscape. Meanwhile, global digital transformation is accelerating, the digital economy is growing against the downward trend, and the digital transformation has become an important choice for countries around the world to cope with the impact of the COVID − 19 pandemic. Amid continuous digital globalization and in−depth understanding in this regard, the digital competitiveness indexes of G20 countries are improved and adjusted, showing new features and trends in the process of digitalization in 2021.
  Keywords: Digital Globalization; G20 Countries; Digital Competitiveness

Abstract: Digital transformation has become the main theme of global economic development, while urban digitalization has become a new track for countries to compete for the commanding heights. This report continues the research vision of the previous year, focuses on the digital practice and achievements of 22 important cities around the world, comprehensively evaluates the comprehensive strength of each city's annual digital development, as well as analyzes their characteristics and trends. Research findings: China's urban digital development has achieved a breakthrough against the downward trend; European and American cities have significantly cooled down in this regard; the track race is relatively fierce; and the digital advantage highlights the city's resilience. Digital innovation depends on the foundation; the digital industry is fully prosperous; wisdom is important in digital governance; digital services focus on people's livelihood; and the digital security situation is not good.

Keywords: Important Cities in the World; Digital Competitiveness; Digital Transformation; Smart Cities

II Digital Economy Index

Abstract: The COVID−19 pandemic has profoundly changed the mode of economic and social growth, the situation of international division of labor and cooperation and the global competition landscape. In order to cope with the downward pressure of the economy and meet the challenge of reshaping the international landscape, countries around the world have accelerated policy adjustment, and the global digital economy is accelerating in the direction of comprehensiveness, intelligence and greenness. This chapter, focusing on the four evaluation dimensions: data value, digital industrialization, digitalization of industries and ecological governance, comprehensively constructs the digital economy index, aiming at measuring and evaluating the competitive advantages of various regions in the process of digital transformation and development and their

ability to drive the development of other fields by these advantages, so as to provide reference for various regions to grasp the situation of local digital development.

Keywords: Digital Economy; Big Data; Digital Economy Index

B.4 2021 Analysis Report on the Digital Economy Index / 064

Abstract: Developing digital economy is a strategic choice for China based on international and domestic conditions and facing the future, as well as a key link to enhance China's digital competitiveness. It is of great practical significance to strengthen the index analysis, comparison and summary of the development of digital economy in China's provinces and cities. Evaluation results show that the "five new manifestations" of digital economy development have surfaced, the digital economy development of 31 provincial-level administrative regions has basically shown the overall pattern of "1 + 5 + N", and the digital economy development of 31 large and medium-sized cities has entered the "25618" era of comprehensive competition. In the face of new challenges and opportunities, all localities should follow the "twenty-four-character tactic" for raising awareness, creating opportunities, returning to the original intention, strengthening tackling key problems, resolving contradictions and accelerating research, so as to promote the digital economy development.

Keywords: Digital Economy; Digital Economy Index; Data Element Market

B.5 Research on the Value of Data Elements and the Development
and Utilization of Data Resources / 089

Abstract: During the 14th Five-Year Plan period, the development of China's digital economy entered a critical stage, with data becoming a new production factor, the value release of data elements becoming a proposition to be solved urgently, and the development and utilization of data resources entered a new era of deep value release. This chapter, guided by accelerating the release of the value of data elements, analyzes the current situation and problems of data resources development and utilization on the basis of fully studying the value of data elements, and then puts forward the method path of data resources development and utilization, so as to promote the construction of the data elements market system with orderly flow, efficient allocation and fair governance of data resources, as well as to build the core driving force for the healthy and rapid development of digital economy.

Keywords: Digital Resources Development and Utilization; Data Elements Market; Data Value

Ⅲ   Digital Society Index

B.6   Research on Digital Society Construction and Digital

Society Index   / 103

Abstract: With the rapid development of new technologies such as mobile internet, cloud computing, big data, Internet of Things and intelligent terminals, the era of "big data + intelligence" has come quietly, which provides powerful technical support for the construction of digital society and promotes the innovation of public services and social operation. This report, focusing on the key elements of digital society construction, constructs a set of digital society index evaluation system that meets the requirements of social governance in the new era from three aspects: digital service universality, digital life convenience and digital village livability, and strives to objectively describe the process and characteristics of social digitalization in China.

Keywords: Digital Life; Public Service; Digital Urban and Rural Areas; Digital Society Index

B.7 2021 Analysis Report on the Digital Society Index   / 115

Abstract: The construction and development of digital society have taken solid steps in many different countries and regions around the world, as well as accumulated experience and practices in practical exploration. This report, based on the reality of China's digital society construction and development, establishes the digital society index, as well as comprehensively evaluates the digital society construction levels of 31 provinces (autonomous regions and municipalities directly under the Central Government in China) from three aspects: digital service universality, digital life convenience and digital livability in urban and rural areas. Evaluation results show that the eastern part of China is improving as a whole, the central part is in the middle level, and the western part has a strong improving momentum. Digital infrastructure has shown a comprehensive layout; digital technologies has activated new consumption; and digital construction in urban and rural areas has started the digital life for residents; The development of digital society has become an inevitable trend in the development of contemporary human society.

Keywords: Digital Society Index; Digital Services; Digital Life; Digital Urban and Rural Areas

B.8 Research on Digital Identity, Digital Citizenship and

Digital Social Governance Community   / 134

Abstract: The COVID−19 pandemic has accelerated the global digitalization process and brought an important opportunity for the wide application of digital technologies in the world. The "metaverse" that emerged in 2021 has further promoted the migration process of human society from physical space to digital space. A more intelligent and ubiquitous digital society is in full swing. Therefore, it is urgent to speed up the digital transformation of social governance. So far, some countries and regions have formulated corresponding policies, taking digital social governance as an important way to shape new competitive advantages. Against the digital society background, digital identity has become the embodiment of people's survival, interaction and social relations in the digital space, while digital citizens have become the mapping and copy of citizens in the digital world. With digital identity and digital citizens as the fulcrum, social governance innovation can be instigated with the blessing of digital technologies. This paper, based on this, focuses on the construction and governance of trusted digital identity, as well as the practice of digital citizens, to analyze the transformation of governance space and governance mode in digital society, and to explore the path of building a community of digital social governance, so as to provide reference for the digital transformation of social governance.

Keywords: Digital Identity; Digital Citizen; Digital Society; Metaverse; Social Governance Community

Ⅳ Digital Government Index

Abstract: Digital government has become an important part of the Digital China strategy, an important support for serving the people, and an important kinetic energy for the modernization of governance system and governance capacity. The Chinese government is actively exploring and practicing, and has embarked on a road of digital transformation of government with Chinese characteristics. Amid construction of a new era, based on the situation and judgment of digital government construction, we construct the digital government index evaluation system, with a view to objectively presenting the situation of digital government construction in various regions of China as well as to helping the digital transformation and development of local governments.

大数据蓝皮书

Keywords: Digital Government; Governance Modernization; Digital Government Index; Digital Transformation

B.10   Digital Government Index Analysis Report in 2021   / 168

Abstract: The Fourth Plenary Session of the 19th CPC Central Committee and the 14th Five-Year Plan of China put forward and made clear the contents of "promoting the construction of digital government" and "accelerating the construction of digital government" respectively. The construction of digital government has become a national strategy. It is also a key measure to comprehensively enhance China's comprehensive competitiveness and global influence. This report, based on the condition of 2021 digital government construction and principles of scientificity, orientation, sustainability and systematicness, comprehensively evaluates the construction of digital government in 31 provinces, autonomous regions and municipalities, analyzes the new development trend of digital government construction, summarizes typical cases of digital government construction, as well as offers some thoughts and suggestions as reference for the reform and development of digital government.

Keywords: Digital Government; Government Services; Integrated Reform; Satisfaction

B.11   Digital Leadership: Research on Theory,

Evaluation and Solutions   / 190

Abstract: With the human society striding towards the digital era, digital transformation has become the inevitable choice to promote the modernization of governance of governments at all levels. Meanwhile, how to cultivate and promote digital leadership has become a common topic faced by governments, organizations and individuals. This study focuses on the government and its leaders to trace the source and evaluate the theory of digital leadership, construct the structural dimension and theoretical model of digital leadership, and clarify the understanding of digital leadership and its influence on macro − environment, organizational behavior and individual development from the five capability dimensions: digital insight, digital decision − making, digital implementation, digital guidance and digital organization, so as to provide a reference framework for the evaluation of government digital capability and leadership capability. Government leaders should have a deep understanding of the theoretical connotation and evaluation system of digital leadership, as well as examine, shape and promote digital leadership.

Keywords: Digital Transformation; Digital Government; Digital Leadership; Digital literacy

Ⅴ Digital Rule of Law Index

Abstract: 2021 is the first year of China's 14th Five−Year Plan, as well as a crucial year for promoting the construction of Digital China and building the rule of law in China. In the year, China's digital rule of law construction continued to advance in depth and width. Remarkable achievements have been made in various fields, and the digital rule of law construction entered a new stage. Meanwhile, under the interweaving influence of changes unseen in a century and the global COVID−19 pandemic, the digital rule of law construction is facing new situations, new tasks and new challenges. The influencing factors of digital rule of law are constantly changing. In order to adapt to the new changes, it is urgent to adjust the existing evaluation system. This report, on the basis of combing the progress and factors of digital rule of law, optimizes the evaluation system of digital rule of law index from the dimensions of data legislation, digital justice and digital rights

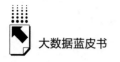
protection, aiming at quantitatively evaluating the development of digital rule of law, providing reference for the evaluation of digital rule of law ability, and helping improve the ability and level of digital rule of law.

Keywords: Digital Rule of Law Index; Data Legislation; Digital Justice; Digital Rights Protection

B.13 2021 Analysis Report on Digital Rule of Law Index / 227

Abstract: Digital rule of law is the product of in‑depth integration of digital technologies and rule of law construction. It is also the inevitable result of state governance entering the digital era. The *Plan on Developing the Rule of Law in China* (2020‑2025) requires that "modern scientific and technological means such as big data, cloud computing and artificial intelligence should be fully utilized to build a 'smart rule of law' in an all‑round way and promote the digitalization, networking and intelligence of building the rule of law in China." This report, based on the index system of digital rule of law, comprehensively analyzes the development level of digital rule of law in 31 provinces (autonomous regions and municipalities directly under the Central Government in China) from three aspects: data legislation, digital justice and data rights protection. The results show that China's digital rule of law shows six characteristics: overall rising score, obvious regional inequality, Guizhou's later‑mover advantage, clear policy orientation, strengthening demonstration and leading, and emergence of high‑potential fields. In view of this, it is suggested to speed up the process of digital rule of law from three aspects: establishing the boundary consciousness of data legislation, improving the digital judicial cooperation system and improving the data rights system.

Keywords: Digital Rule of Law; Data Legislation; Digital Justice; Data Rights Protection

Abstract: The vigorous development of big data industry calls for the establishment and improvement of the corresponding laws and regulations system. Since 2016, the big data‐related local legislation has started to speed up, showing a comprehensive boom pattern in Tianjin, Hainan, Shenyang, Shenzhen, Shanghai and other provinces and cities, led by Guizhou and Guiyang. The report systematically combs the local legislation of big data, presents the general trend of local legislation of big data from the aspects of legislative process, legislative area, legislative mode and scope of application, compares and analyzes the key areas and features of legislation, and emphatically summarizes the exploration and practice of local legislation of big data in Guizhou and Guiyang, as well as further refines the experience and enlightenment of local legislation of big data in Guizhou and Guiyang, with a view to providing reference for big data legislation of other provinces and cities.

Keywords: Big Data; Local Legislation; Data Elements

VI   Digital Security Index

Abstract: The amplification, superposition and multiplication of digitalization on economic and social development are accelerating. Cyber attacks in the digital field make the security risks extend continuously from digital space to physical space. With the in‐depth development of digitalization, networking and intelligence, the security field is going beyond the traditional network security category to digital security. This report, on the basis of sorting out the

development trend of digital security, constructs the digital security index system from four dimensions: security system, security industry, security capability and security ecosystem, aiming at providing reference for evaluating the digital security situation in China by analyzing and quantifying the indexes and exploring the estimate methods.

Keywords: Digital Security Index; Security System; Security Industry; Security Capability; Security Ecosystem

B . 16 2021 Analysis Report on Digital Security Index / 277

Abstract: Since the 1980s, data, information, privacy and other security issues have attracted more and more attention. Digital security is becoming the new focus and new impetus of economic development. This report, based on the principles of operability, scientificity, orientation and systematicness, constructs the digital security index system, as well as makes a comparative analysis of the digital security status of 31 provinces, autonomous regions and municipalities directly under the Central Government. Research findings show that China's digital security has basically formed a pattern of "one super and six strong localities". By field, Shanghai is the leader in terms of security system, Guizhou is outstanding in terms of security industry, Guangdong has a rapid momentum in terms of security capability, and Hubei has made a breakthrough in terms of security ecosystem. This report, on this basis, puts forward relevant suggestions for the development of digital security, as well as provides reference for the construction of digital security system, industrial layout, capacity improvement and ecological construction in various localities.

Keywords: Digital Security; Security System; Security Industry; Security Capability; Security Ecosystem

B . 17   The Significance of the *Data Security Law* from the

Perspective of International Comparison   / 295

Abstract: Amid rapid development of digital economy, it has become an international consensus to bring data security issues into the rule of law and to prevent and control data security risks. This paper, proceeding from the *Global Initiative on Data Security*, analyzes the data security governance situation in the context of digital economy. Through a comparative study of the legislative models and advantages of data security in the EU, the USA, Russia and China, this paper summarizes the practical significance and value of the *Data Security Law* from the perspectives of law, system, people's livelihood and rule system. Last but not the least, it puts forward some suggestions for and solutions to the improvement and optimization of China's data security governance system, with a view to enhancing China's digital security governance capability and global digital competitiveness.

Keywords: Data Security; *Data Security Law*; Data Security Governance

社会科学文献出版社

皮 书

智库成果出版与传播平台

❖ 皮书定义 ❖

皮书是对中国与世界发展状况和热点问题进行年度监测，以专业的角度、专家的视野和实证研究方法，针对某一领域或区域现状与发展态势展开分析和预测，具备前沿性、原创性、实证性、连续性、时效性等特点的公开出版物，由一系列权威研究报告组成。

❖ 皮书作者 ❖

皮书系列报告作者以国内外一流研究机构、知名高校等重点智库的研究人员为主，多为相关领域一流专家学者，他们的观点代表了当下学界对中国与世界的现实和未来最高水平的解读与分析。截至2021年底，皮书研创机构逾千家，报告作者累计超过10万人。

❖ 皮书荣誉 ❖

皮书作为中国社会科学院基础理论研究与应用对策研究融合发展的代表性成果，不仅是哲学社会科学工作者服务中国特色社会主义现代化建设的重要成果，更是助力中国特色新型智库建设、构建中国特色哲学社会科学"三大体系"的重要平台。皮书系列先后被列入"十二五""十三五""十四五"时期国家重点出版物出版专项规划项目；2013~2022年，重点皮书列入中国社会科学院国家哲学社会科学创新工程项目。

权威报告·连续出版·独家资源

皮书数据库
ANNUAL REPORT(YEARBOOK)
DATABASE

分析解读当下中国发展变迁的高端智库平台

所获荣誉

- 2020年，入选全国新闻出版深度融合发展创新案例
- 2019年，入选国家新闻出版署数字出版精品遴选推荐计划
- 2016年，入选"十三五"国家重点电子出版物出版规划骨干工程
- 2013年，荣获"中国出版政府奖·网络出版物奖"提名奖
- 连续多年荣获中国数字出版博览会"数字出版·优秀品牌"奖

皮书数据库　　　"社科数托邦"
　　　　　　　　微信公众号

成为会员

　　登录网址www.pishu.com.cn访问皮书数据库网站或下载皮书数据库APP，通过手机号码验证或邮箱验证即可成为皮书数据库会员。

会员福利

- 已注册用户购书后可免费获赠100元皮书数据库充值卡。刮开充值卡涂层获取充值密码，登录并进入"会员中心"—"在线充值"—"充值卡充值"，充值成功即可购买和查看数据库内容。
- 会员福利最终解释权归社会科学文献出版社所有。

数据库服务热线：400-008-6695
数据库服务QQ：2475522410
数据库服务邮箱：database@ssap.cn
图书销售热线：010-59367070/7028
图书服务QQ：1265056568
图书服务邮箱：duzhe@ssap.cn

社会科学文献出版社　皮书系列
SOCIAL SCIENCES ACADEMIC PRESS (CHINA)
卡号：465189826374
密码：

基本子库
SUB DATABASE

中国社会发展数据库（下设 12 个专题子库）

　　紧扣人口、政治、外交、法律、教育、医疗卫生、资源环境等 12 个社会发展领域的前沿和热点，全面整合专业著作、智库报告、学术资讯、调研数据等类型资源，帮助用户追踪中国社会发展动态、研究社会发展战略与政策、了解社会热点问题、分析社会发展趋势。

中国经济发展数据库（下设 12 专题子库）

　　内容涵盖宏观经济、产业经济、工业经济、农业经济、财政金融、房地产经济、城市经济、商业贸易等 12 个重点经济领域，为把握经济运行态势、洞察经济发展规律、研判经济发展趋势、进行经济调控决策提供参考和依据。

中国行业发展数据库（下设 17 个专题子库）

　　以中国国民经济行业分类为依据，覆盖金融业、旅游业、交通运输业、能源矿产业、制造业等 100 多个行业，跟踪分析国民经济相关行业市场运行状况和政策导向，汇集行业发展前沿资讯，为投资、从业及各种经济决策提供理论支撑和实践指导。

中国区域发展数据库（下设 4 个专题子库）

　　对中国特定区域内的经济、社会、文化等领域现状与发展情况进行深度分析和预测，涉及省级行政区、城市群、城市、农村等不同维度，研究层级至县及县以下行政区，为学者研究地方经济社会宏观态势、经验模式、发展案例提供支撑，为地方政府决策提供参考。

中国文化传媒数据库（下设 18 个专题子库）

　　内容覆盖文化产业、新闻传播、电影娱乐、文学艺术、群众文化、图书情报等 18 个重点研究领域，聚焦文化传媒领域发展前沿、热点话题、行业实践，服务用户的教学科研、文化投资、企业规划等需要。

世界经济与国际关系数据库（下设 6 个专题子库）

　　整合世界经济、国际政治、世界文化与科技、全球性问题、国际组织与国际法、区域研究 6 大领域研究成果，对世界经济形势、国际形势进行连续性深度分析，对年度热点问题进行专题解读，为研判全球发展趋势提供事实和数据支持。

法律声明

"皮书系列"（含蓝皮书、绿皮书、黄皮书）之品牌由社会科学文献出版社最早使用并持续至今，现已被中国图书行业所熟知。"皮书系列"的相关商标已在国家商标管理部门商标局注册，包括但不限于LOGO（▇）、皮书、Pishu、经济蓝皮书、社会蓝皮书等。"皮书系列"图书的注册商标专用权及封面设计、版式设计的著作权均为社会科学文献出版社所有。未经社会科学文献出版社书面授权许可，任何使用与"皮书系列"图书注册商标、封面设计、版式设计相同或者近似的文字、图形或其组合的行为均系侵权行为。

经作者授权，本书的专有出版权及信息网络传播权等为社会科学文献出版社享有。未经社会科学文献出版社书面授权许可，任何就本书内容的复制、发行或以数字形式进行网络传播的行为均系侵权行为。

社会科学文献出版社将通过法律途径追究上述侵权行为的法律责任，维护自身合法权益。

欢迎社会各界人士对侵犯社会科学文献出版社上述权利的侵权行为进行举报。电话：010-59367121，电子邮箱：fawubu@ssap.cn。

社会科学文献出版社